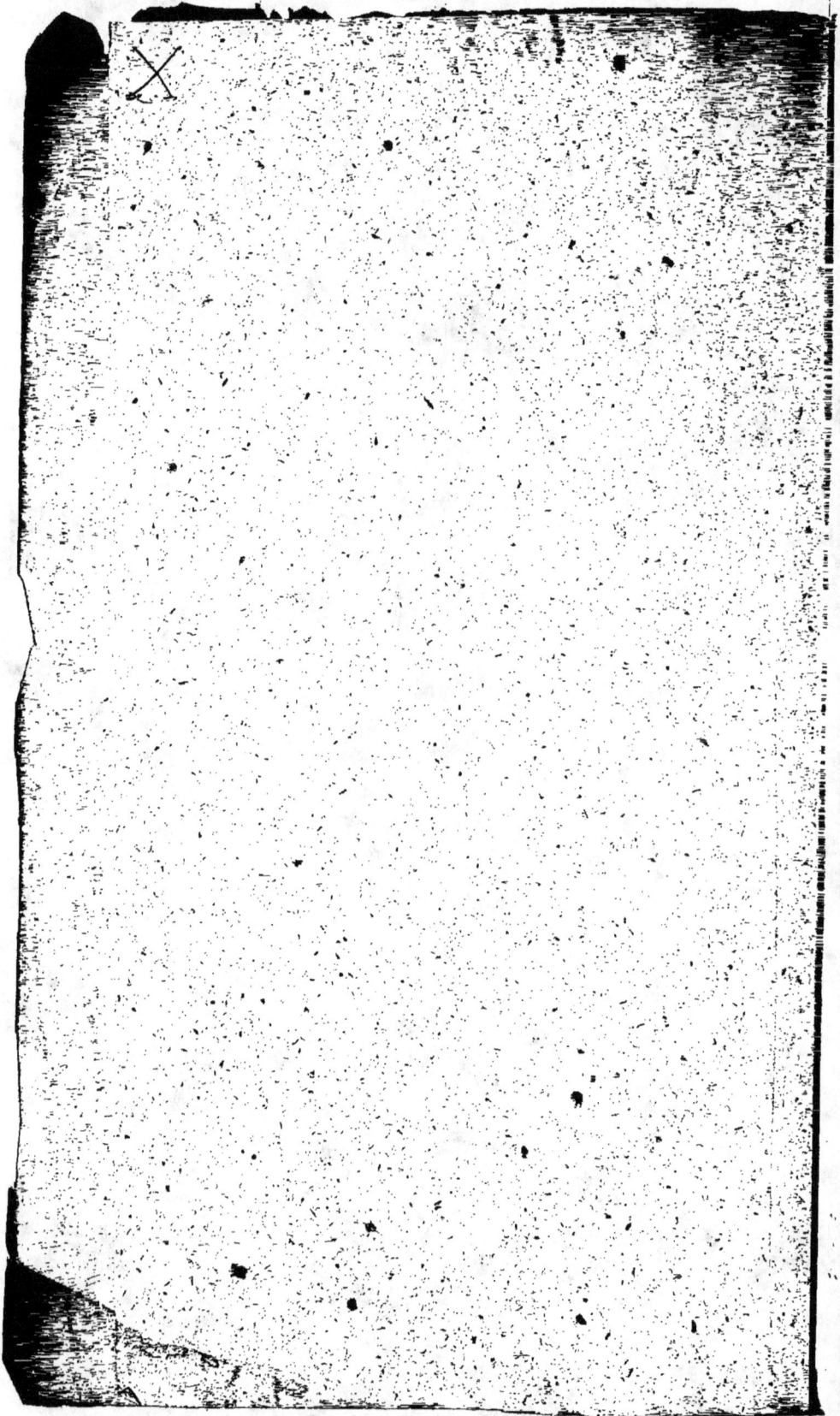

COURS COMPLET

D'ORTHOGRAPHE.

(PREMIER DEGRÉ.)

PARIS. — IMPRIMERIE DE FAIN ET THUNOT,
Rue Racine, 28, près de l'Odéon.

COURS COMPLET D'ORTHOGRAPHE.

(PREMIER DEGRÉ.)

L'ORTHOGRAPHE

ENSEIGNÉE PAR LA PRATIQUE

AUX ENFANTS DE 7 A 9 ANS,

RECUEIL

de dictées faciles et d'exercices gradués
propres à graver dans la mémoire les notions les plus essentielles
de notre orthographe;

PAR Mme CHARRIER-BOBLET

L'UNE DES FONDATRICES DU COURS D'ÉMULATION,

Auteur de : *Chronologie des Rois de France;* — *Analyse grammaticale, etc.;* —
Traité complet de l'emploi de la majuscule, de l'accent, etc., etc.

SECONDE ÉDITION,

REVUE, CORRIGÉE ET CONSIDÉRABLEMENT AUGMENTÉE.

> La science ne doit entrer que goutte à
> goutte dans le cerveau de l'enfance.
> ROLLIN.

PARIS.

DEZOBRY, MAGDELEINE ET Cie, LIBRAIRES-ÉDITEURS,

RUE DES MAÇONS-SORBONNE, 1.

L'AUTEUR,

RUE PAVÉE-SAINT-ANDRÉ-DES-ARCS, 12.

1846

Tout exemplaire non revêtu de la signature de l'auteur est contrefait.

PLAN ET BUT DE L'OUVRAGE.

Jamais, peut-être, on n'a cherché plus réellement à simplifier les méthodes ; jamais, peut-être, une sollicitude plus vraie, une sympathie plus vive n'a guidé dans leurs travaux ceux qui s'occupent de la première enfance ; jamais, peut-être, il faut le dire, on n'a obtenu de résultats plus prompts et plus décisifs ; car, dans l'espace d'un demi-siècle à peine, on a su rendre agréables, et par conséquent accessibles à l'enfant, les éléments de la Géographie, de l'Histoire, de la Musique, etc., dont l'étude lui faisait naguère encore verser tant de larmes : d'où vient donc qu'on n'a pas obtenu cet heureux résultat pour la première et la plus importante de toutes les études, celle de la langue française ? C'est que ceux dont les travaux ont rapport à cette branche de l'instruction ont négligé d'interroger les conditions du développement intellectuel de l'enfant ; c'est que, devant agir sur des êtres

a.

chez lesquels l'imagination est la seule faculté qui soit éveillée encore, on lui présente dès l'abord et presque uniquement de la théorie, c'est-à-dire la quintessence de l'abstraction, sans l'avoir, en éveillant, en formant son intelligence, rendu capable de la comprendre.

Ce n'est donc pas *à l'élève* qu'il faut s'en prendre de la lenteur, du peu de sûreté de sa marche, et parfois même de l'absence de résultats ; — ce n'est pas *au maître* qui suit péniblement et avec conscience les sentiers ardus que lui ont faits ses devanciers, privé qu'il est, au reste, des matériaux qui lui ouvriraient une voie large et sûre ; — c'est *à la méthode* et uniquement à la méthode généralement suivie qu'il faut attribuer le peu de succès des élèves: — c'est donc à la méthode d'enseignement qu'il devient indispensable d'apporter les modifications et les changements dont une expérience de chaque jour fait sentir la nécessité.

L'expérience seule peut instruire : voilà dans l'ordre moral une vérité généralement reconnue ; appliquons ce précepte à l'étude des langues, nous dirons : **La pratique seule peut instruire**, et nous aurons énoncé un axiome d'une vérité aussi absolue, aussi mathématique que le précédent ; — et nous aurons dévoilé à toutes les personnes qui s'occupent d'enseigner les langues

le secret des résultats, nous dirions presque sur-
prenants, que nous obtenons depuis vingt années
et plus : — mais initions complétement les instituteurs à notre méthode.

La mémoire, et la mémoire venue des sensa-
tions, précède, dans l'enfance, le raisonnement;
le professeur doit donc offrir d'abord à son élève
des images; aussi faisons-nous précéder chaque
règle d'un exemple destiné à la faire comprendre,
exemple que nous appelons *phrase-type*, dont le
professeur doit donner à l'enfant la pleine intelligence, et dont la disposition typographique
frappe ses sens : — cependant le jeune enfant, que
nous considérons d'abord comme un être uniquement instinctif, est une créature essentiellement
intelligente, la mission de ceux qui s'occupent de
lui est de développer toutes les facultés de son esprit, et le moment est venu d'exercer son raisonnement; aussi, après la phrase-type, nous plaçons
la règle qui, formulée d'une manière très-simple,
est à la portée de l'âge le plus tendre; et l'enfant
peut facilement établir le rapport qui existe entre
l'*image* et l'*abstraction* : cependant, ce rapport n'est
encore pour lui qu'une particularité individuelle,
il doit s'élever à des généralités pratiques; alors,
commençant en quelque sorte *notre tâche spéciale*,
nous offrons à l'élève, sous le nom de thèmes
et de dictées, une multitude d'exercices pratiques,

contes, historiettes, fables, etc., tous à la portée de
sa jeune intelligence, afin que, par des applications cent et cent fois réitérées de la règle, il se
rende propres les notions orthographiques qu'elle
renferme ; — ces exercices, l'enfant les fait avec
goût, avec plaisir même, car ils sont disposés de
manière que chaque phrase qu'il écrit lui donnant
la conscience de son savoir, de son propre mérite,
lui faisant remporter une sorte de victoire, il s'in-
téresse à son travail, il s'y anime, il s'y échauffe :
et cependant quelques mois se sont écoulés à peine
que ces exercices, qui semblaient si puérils peut-
être, ont modifié l'enfant, et l'ont fait pénétrer dans
la sphère des abstractions ; il est désormais capable
de commencer des études tout intellectuelles.

**La science ne doit entrer que goutte à
goutte dans le cerveau de l'enfance,** a dit le
maître des maîtres, le sage et judicieux Rollin :
autre vérité fondamentale trop souvent méconnue,
vérité sous l'impression de laquelle nous avons
conçu et composé ce petit ouvrage, introduction
modeste à l'étude approfondie de la grammaire,
et dans lequel nous ne présentons que les notions
les plus élémentaires, les points les plus journelle-
ment pratiques de notre orthographe : — l'accord
de l'adjectif, l'orthographe et l'accord si difficiles
du verbe, voilà presque uniquement la matière des
devoirs qu'il renferme.

Les inconvénients, les dangers même de la ca-
cographie ont depuis longtemps frappé tous les
esprits justes ; nous y avons obvié en remplaçant,
dans les thèmes, le *son* dont l'orthographe fait le
sujet de la difficulté par un chiffre destiné à peindre
ce son difficile, chiffre dont nous avons soin de
donner la clef à chaque page ; — ainsi l'enfant n'a
jamais sous les yeux de forme défectueuse, tout ce
qu'il voit est modèle pour lui, et toujours il peut,
contractant ainsi l'habitude de travailler seul, appliquer les règles sans que le professeur soit présent à la leçon et spécialement occupé de lui ; car
une de nos préoccupations habituelles a été de simplifier la tâche si pénible de la mère ou de l'insti-
tuteur.

Nous avons placé dans nos exercices beaucoup
d'homonymes dont l'élève apprend à la fois l'orthographe et la signification ; — et nous avons fait
suivre les derniers thèmes des règles les plus élémentaires de l'orthographe d'usage.

Nos exercices pratiques sont disposés de telle
sorte qu'ils amèneront des *résultats certains* pour
tous les élèves, quelle que soit la grammaire qu'ils
étudient ou qu'ils doivent étudier ; néanmoins, et
comme préparation pour les enfants qui n'ont
pas encore commencé l'étude de l'analyse, nous
avons ajouté à cette édition un *Supplément* où sont

exposées les seules notions élémentaires d'analyse dont la connaissance soit indispensable pour l'intelligence des règles d'orthographe que nous donnons; — et nous y avons joint les modèles de la conjugaison des verbes réguliers, ainsi que la conjugaison du verbe *être* et du verbe *avoir*.

Le soin le plus minutieux a été apporté à la correction du texte.

Enfin, profitant de notre propre expérience comme des avis qu'on a bien voulu nous donner, et que nous réclamons toujours, nous avons fait dans cette édition toutes les corrections et les modifications que nous avons jugées utiles.

Nous ne terminerons pas sans témoigner aux instituteurs et aux parents notre gratitude pour la bienveillance avec laquelle ils ont accueilli la première édition de cet ouvrage, et sans réclamer leurs avis pour les éditions subséquentes.

—◁❈◯❈▷—

PREMIÈRE SECTION.

AVIS TRÈS-ESSENTIEL.

Avant de faire commencer l'étude d'une leçon, et pendant le temps qu'on y consacre, on devra toujours :

1° Expliquer et faire étudier à l'élève, dans le *Supplément* placé à la fin de ce volume, le paragraphe où sont exposées les notions de grammaire indispensables pour l'intelligence de la leçon qui va suivre (nous en indiquons à chaque leçon le numéro), — et lui faire faire également, pendant qu'il étudie la leçon d'orthographe, les verbes indiqués en tête de cette leçon ;

2° Faire copier correctement et apprendre par cœur la *phrase-type* destinée à rappeler la règle que l'élève va étudier, en lui faisant remarquer et comprendre l'application qu'elle renferme de cette règle ;

3° Expliquer ensuite et faire bien comprendre la règle dont la phrase-type a présenté une première application ;

4° Faire faire à l'élève, et lui faire faire *seul* dès qu'il le pourra, les thèmes qui suivent la règle et en sont l'application la plus élémentaire ;

5° Enfin, faire passer aux copies (1) ou aux dictées (1) que renferme cette leçon (remarquant qu'il pourrait être bon de ne faire faire d'abord que la moitié de ces exercices, afin de revenir quelque temps après, en en faisant faire l'autre moitié, sur la difficulté qui y est appliquée).

Nota. Il faut dicter à l'élève la ponctuation, et exiger qu'il la mette telle qu'on la lui a dictée, ou qu'il la copie exactement ; — et il faut également exiger toujours une accentuation correcte, que l'élève doit mettre de lui-même.

---

(1) Tous les devoirs intitulés *dictées* pourront être indifféremment ou copiés, ou écrits sous la *dictée ;* — mais on devra préférer la *copie* et pour les élèves qui, commençant, n'ont aucune notion d'orthographe, et pour ceux qui, dépourvus de la mémoire des yeux, feraient par trop de fautes en dictant.

COURS COMPLET
D'ORTHOGRAPHE.

(PREMIER DEGRÉ.)

PREMIÈRE SECTION.

PREMIÈRE LEÇON.

DES GRANDES LETTRES OU MAJUSCULES.

Faire étudier le § 1er et le § 2 du Supplément, à la fin du volume.

PHRASE-TYPE. *Voici l'hiver. Tu vas apprendre l'orthographe, Caroline* (1).

RÈGLE Ire. 1° On commence par une grande lettre (ou majuscule) le premier mot qu'on écrit dans une dictée, une lettre, etc., etc.;

2° On commence aussi par une grande lettre le premier mot qui est après un point (.);

3° On commence encore par une grande lettre tous les noms propres de personnes, d'animaux, de peuples, de contrées, de villes, de mers, de fleuves, de montagnes, de fêtes, de mois, de jours, etc., etc.

---

(1) Il faut faire remarquer à l'élève les grandes lettres qui figurent dans la phrase-type, et celles qui sont dans la dictée ou la copie qu'il fait, — et surtout lui faire bien comprendre pourquoi on a dû les employer.

1

PREMIÈRE LEÇON.

1re DICTÉE (ou COPIE).

Maman, je voudrais bien apprendre l'orthographe
et la géographie. *Quand* ma sœur *Léonie* travaille et
qu'*Eugène* est à la pension, je m'ennuie. *Je* ferai bien
tous mes devoirs. *J'*apprendrai bien mes leçons. *Mon*
papa sera content de moi. *Tu* verras que je suis assez
grande.

Faire dicter ou copier ici l'exercice qui termine le § 2 du Supplément.

2e DICTÉE (ou COPIE).

Faire continuer à l'élève l'étude du § 1er et du § 2 du Supplément pendant qu'il fait
les dictées de cette première leçon, — et lui faire mettre un S sous chaque substantif.

Ta sœur *Caroline* est une bonne petite fille. *Ton* frère
Eugène est un garçon courageux. *Notre* tante *Zoé* vient
de perdre *Azor*, son chien favori.

Voilà Victor qui arrive de l'école, et puis *Jules*, et
puis *Émile. Ah!* voilà aussi vos cousines. *Bonjour*,
ma chère *Clara;* bonjour, ma bonne *Aline;* bonjour,
Cécile. Vous venez tous passer la soirée ici. *Je* suis
bien aise de vous voir.

3e DICTÉE (ou COPIE).

Vous avez bien froid. *Chauffez*-vous. *Le* mois de
Novembre n'est pas chaud.

Comment pourrai-je vous amuser ce soir? *Ah!* bon,
je vous ferai voir la lanterne magique. *Ce* sont les *Sa-*
voyards qui montrent à *Paris* la lanterne magique,
et qui ramonent. *Ah !* voilà un savoyard (A) qui passe.

(A) PHRASE-TYPE. *Voilà un* **s**avoyard *qui passe.*

On ne met pas de grande lettre au substantif qui désigne un seul
naturel d'un pays, d'une province, etc.; — on n'en met pas non plus
au substantif qui ne désigne qu'un petit nombre de ces naturels.

4° DICTÉE (ou COPIE).

La France est une contrée de l'*Europe*; tous ceux qui y sont nés sont des *Français*; vous, *Ernest*, vous êtes un français (A). Les hommes qui sont nés dans l'*Angleterre* se nomment les *Anglais*; *John* est anglais.

L'hiver est venu. *La* fauvette ne chante plus. *Aucun* oiseau ne fait entendre son ramage. — *Où* le rossignol est-il maintenant, petite mère? — *Je* n'en sais rien, *Gaston*.

5° DICTÉE (ou COPIE).

Regarde, papa, il neige. — *Voulez*-vous aller dans le jardin? *Allez*-y; vous ferez des boules de neige, ton frère *Félix* et toi. *N'*allez pas près de l'étang comme *Jeudi*.

Ma tante *Emilie*, voilà une grosse boule de neige. — *Apporte*-la près du feu. — *Ah!* comme elle fond. *Il* n'y en a plus. *Mais* que d'eau sur le foyer! — *C'*est la neige qui a fondu, car la neige c'est de l'eau congelée.

6° DICTÉE (ou COPIE).

Les hommes qui sont nés en *Europe* se nomment les *Européens;* ainsi, *Gustave*, vous êtes un européen. *Vois*-tu sur ma carte la ville capitale de la *France*, *Paris*, sur un fleuve appelé la *Seine*; la capitale des *Iles-Britanniques* (B), *Londres*, sur la *Tamise;* et celle de la *Suède*, *Stockholm*, près de la *Mer-Baltique* (B)? — *Comment* reconnais-tu que c'est ici *Paris*, là *Londres*, là *Stockholm?* tous ces petits ronds ne ressemblent pas à des villes. — *C'*est maman qui me l'a dit.

(B) PHRASE-TYPE. *La capitale des* Iles-Britanniques *est Londres.*

Quand un nom propre se forme de deux mots, on y met deux grandes lettres.

7° Dictée (ou Copie).

Voici ce que ma bonne *Rose* (c) m'a conté *Dimanche*. *Il* y avait bien loin, bien loin, une île appelée l'île des *Marmitons* (c), et une femme gourmande, nommée *Marmite* (c), était la reine de cette île. *On* flattait dans tout la reine *Marmite*. *Ici* on donne aux jeunes filles des noms de fleurs, tels que *Rose, Marguerite, Hyacinthe;* là-bas, pour flatter la reine, on leur donnait les noms des fruits ou des légumes; on les appelait *Aveline, Noisette, Amanda. Il* n'était pas rare de rencontrer de belles jeunes filles qui s'appelaient *Pomme-d'Amour* (B, c).

8° Dictée (ou Copie). *Suite.*

Dans l'île des *Marmitons* (c), les femmes du commun se nommaient *Carotte* (c) au lieu de *Javotte;* les garçons de ferme, *Poireau* au lieu de *Pierrot. On* était accoutumé à cet usage et il ne paraissait point ridicule. *Le* vicomte des *Fourneaux* était ministre-cuisinier d'état au département de l'intérieur. *L'*amiral *Turbot* était ministre-cuisinier d'état au département de la marée. *Le* baron *Lèchefrite*, réfugié allemand, était au ministère des affaires étrangères ; et il avait pour secrétaire l'écuyer *Pouding*, jeune anglais de grande espérance, fils du baronnet *Bifteck.*

(c) Phrase-type. *Faisons pour* Marguerite *une couronne de* marguerites.

Quand un nom commun est employé comme un nom propre, il prend la grande lettre.

DEUXIÈME LEÇON.

DU PLURIEL DANS LES SUBSTANTIFS.
Faire étudier le § 3 du Supplément.

PHRASE-TYPE. *Ce* jour *est le dernier des* jours *de l'univers.*

RÈGLE IIe. On met généralement un *S* à la fin d'un substantif (*ou d'un pronom*) quand il désigne plusieurs personnes, plusieurs animaux, ou plusieurs choses ; *enfin quand il est du pluriel* (1).

1er THÈME.

Ce thème, comme les suivants, consiste à faire copier très-exactement à l'élève le mot de la première colonne, — et à le lui faire écrire en face *au pluriel*.

Un jour,	plusieurs j—.
Une dragée,	deux d—.
Le compliment,	les c—.
Un éventail,	les é—.
Une vieille,	des v—.
La figue,	les f—.
Un clou,	deux c—.
Un bœuf,	des b—.

2e THÈME.

Un enfant,	les en—.
Le toutou,	les t—.
Un bluet (ou bleuet),	des b—.
L'automne,	les au—.
Un canard,	trois c—.
Une oie,	les oi—.
Le champ,	les ch—.
Une framboise,	dix f—.
La tourterelle,	les t—.

(1) Les substantifs qui font exception à cette règle sont jugés par la règle 3e, la 4e et la 5e ; — ou indiqués dans une note, page 21.

3ᵉ Thème.

Écrire au singulier, — puis au pluriel.

Mon chien,	mes ch—.
Ma chienne,	mes ch—.
Ton œuf,	tes œ—.
Ta hutte,	tes h—.
Son chêne,	ses ch—.
Sa chaîne,	ses ch—.
Notre épouvantail,	nos é—.
Votre haricot,	vos h—.
Leur porc,	leurs p—.

4ᵉ Thème.

Ce sou,	ces s—.
Cet habit,	ces h—.
Cette harpe,	ces h—.
Un becfigue,	plusieurs b—.
Une basse-cour,	des basses-c—.
Le camail,	les c—.
Une oseraie,	des o—.
L'égratignure,	les é—.
Leur poupée,	leurs p—.
Certain ramier,	certains r—.

5ᵉ Thème.

Cette garenne,	ces g—.
Cet abricot,	ces a—.
Sa sœur,	ses s—.
Votre épée,	vos é—.
Quel verrou?	quels v—?
Quelle couronne!	quelles c—!
Quelque bécasse,	quelques b—.
Leur bouquet,	leurs b—.
Un pigeon,	deux p—.
Cette marguerite,	ces m—.

6ᵉ Thème.

Écrire au singulier, — puis au pluriel.

Une fleur,	des fl—.
Cette compote,	ces c—.
Ton raisin,	tes r—.
Votre moissonneur,	vos m—.
Quel trou ?	quels t—?
Quelle gerbe !	quelles g—!
Un détail,	des d—.
Une caille,	des c—.
Le chaume,	les ch—.

7ᵉ Thème.

Une fraise,	plusieurs f—.
Un faisan,	deux (1) f—.
Un coquelicot,	trois c—.
Un gouvernail,	quatre g—.
Un coq,	cinq c—.
Un cahier,	six c—.
Un hanneton,	sept h—.
Une jument,	huit j—.
Un bambou,	neuf b—.
Un papillon,	dix p—.

9ᵉ Dictée (ou Copie).

Comme Mathilde a été bien sage, elle recevra des *compliments* et surtout des *caresses* de sa maman; et puis encore des *dragées*, des *biscuits*, des *macarons*, des *fruits* confits; des *figues* et des *bonbons* de toutes les *sortes*.

Ma cousine Marie a quatre petits *chats* : sa maman ne veut pas qu'elle garde toutes ces *bêtes*; elle trouve que cela cause bien des *distractions*; et puis elle craint les *morsures* et les *égratignures*.

---

(1) Fixer l'attention de l'élève sur l'orthographe des adjectifs numéraux.

10ᵉ Dictée (ou Copie).

Dans toutes les dictées de cette deuxième leçon, mettre .
S. s. sous chaque substantif du singulier.
S. pl. sous chaque substantif du pluriel.

Les *fermiers* et les *fermières* ont dans leurs *étables* des *bœufs*, des *vaches*, des *porcs*, des *moutons*, etc.; dans leurs *basses-cours* et dans leurs *volières*, des *dindons*, des *coqs*, des *poules* et leurs *poulets*, des *canards* et des *canes*, avec leurs *canetons* et leurs *canettes*; des *oies*, des *pigeons*, des *tourterelles*, etc.

Ma bonne Catherine, voulez-vous arracher tous ces *clous*, ils font des *trous* à mon tablier? Tenez, voici un marteau, — et puis des *aiguilles* pour me raccommoder.

11ᵉ Dictée (ou Copie).

Hélène et Charlotte, voyez ces trois *femmes* qui ramassent des *épis* dans les *chaumes*, et en font des *gerbes*; on appelle cela glaner. Les *gens* qui glanent se nomment les *glaneurs* et les *glaneuses*. Les *glaneuses* ont bien de la peine pour ramasser quelques *poignées* d'*épis*, afin de nourrir leurs *enfants* et leurs *maris*; et souvent aussi leurs *pères*, leurs *mères*, leurs *frères* et leurs *sœurs*.

12ᵉ Dictée (ou Copie).

La chaleur est accablante. Heureusement, on a des *fruits* pour se rafraîchir. Voici les *cerises*, les *groseilles*, les *fraises* et les *framboises*. Bientôt on aura les *melons*, les *prunes*, les *abricots*, les *figues*; et puis cet automne viendront les *poires*, les *pêches*, le raisin, les *nèfles*, et enfin les *pommes*. Avec les *pommes* on fera des *compotes*, des *marmelades*, des *gelées*, et surtout de ces bonnes *charlottes* que ma petite Charlotte aime tant.

13ᵉ DICTÉE (ou COPIE).

Eugénie, dis à Jean et à Mathurine qu'*ils* donnent à manger à tes *poulets* : *nous*, *nous* donnerons du lait à notre chat, et il prendra les *rats* qui font des *trous* dans nos *murs*. Ensuite *nous* irons dans les *champs* cueillir des *marguerites*, des *coquelicots* et des *bluets*; et *nous* ferons des *couronnes* pour Alix et pour Marguerite : mais *nous* aurons soin de ne pas casser un seul épi, car c'est dans les *épis* que viendront les *grains* avec *lesquels* les *boulangers* feront notre pain.

14ᵉ DICTÉE (ou COPIE).

Maintenant les *chasseurs* doivent parcourir péniblement les *garennes*, les *forêts*, les *plaines*, les *champs* et les *vignes* pour se procurer les *lapins*, les *lièvres* et leurs *levrauts*, les *chevreuils*, les *becfigues*, les *cailles*, les *ramiers*, les *grives*, les *alouettes*, les *faisans*, les *râles* et les *bécasses* qui font l'ornement de nos *tables*.

15ᵉ DICTÉE (ou COPIE).

Au commencement du monde, les *hommes* se nourrissaient seulement des *herbes* des *champs*, des *plantes* et des *fruits* de la terre; *ils* ne dévoraient pas encore la chair des *bêtes*. Alors, les *bœufs*, les *moutons* erraient librement dans les *campagnes*; les *lièvres* et leurs *levrauts* rêvaient à loisir dans leurs *gîtes*, et les *lapins* dans leurs *terriers*; les *chevreuils* étaient tranquilles dans les *forêts*; les *bécassines*, les *grives*, etc. vivaient paisibles dans les *oseraies* et dans les *vignes* sans craindre le chasseur.

TROISIÈME LEÇON.

DU PLURIEL DANS LES SUBSTANTIFS EN *AU* ET EN *EU*.

Faire revoir le § 1er et le § 3 du Supplément.

PHRASE-TYPE. *Les* tombereaux *roulaient, j'en-tendais le bruit des* moyeux *sur les* essieux.

RÈGLE IIIᵉ. Le substantif qui finit au singulier par *AU* ou par *EU* prend un *X* à la fin (*au lieu d'un S*) quand il désigne plusieurs êtres ou plusieurs choses, *enfin quand il est du pluriel.*

8ᵉ THÈME.

Écrire au singulier, — puis au pluriel.

Un aloyau,	onze a—.
Un ciseau,	douze c—.
Un noyau,	treize n—.
Un veau,	quatorze v—.
Un tableau,	quinze t—.
Un fabliau,	seize f—.
Un cheveu,	dix-sept ch—.
Un pieu,	dix-huit p—.
Un moyen,	dix-neuf m—.
Un essieu,	vingt e—.

9ᵉ THÈME.

Une histoire,	vingt et une h—.
Un neveu,	vingt-deux n—.
Une queue,	vingt-trois qu—.
Un coucou,	vingt-quatre c—.
Un rameau,	vingt-cinq r—.
Un chevreau,	vingt-six ch—.
Un manchon,	vingt-sept m—.
Un ottoman,	vingt-huit o—.
Un tourment,	vingt-neuf t—.
Une scie,	trente s—.

10ᵉ Thème.

Écrire au singulier, et puis au pluriel.

Un boyau,	trente et un h—.
Une haridelle,	trente-deux h—.
Un hameau,	trente-trois h—,
Un poitrail,	trente-quatre p—.
Un écureuil,	trente-cinq é—,
Un tilleul,	trente-six t—,
Un filou,	trente-sept f—,
Un seau (d'eau),	trente-huit s—.
Un paon,	trente-neuf p—.
Un paonneau,	quarante p—.

11ᵉ Thème.

Un hôte,	quarante et un h—.
Une hotte,	quarante-deux h—.
Une nièce,	quarante-trois n—.
Un enjeu,	quarante-quatre en—.
Un tramail (sorte de filet),	quarante-cinq t—.
Un bisaïeul,	quarante-six b—.
Un marronnier,	quarante-sept m—.
Une liene,	quarante-huit l—.
Un lieu,	quarante-neuf l—.
Un gâteau,	cinquante g—.

12ᵉ Thème.

Un fauteuil,	cinquante et un f—.
Une aiguille,	cinquante-deux ai—.
Un manteau,	soixante m—.
Une girafe,	soixante-neuf g—.
Un portail,	soixante-dix p—.
Un désaveu,	soixante et onze d—.
Un singe,	soixante douze s—.
Une guenon,	soixante treize g—.
Un dindonneau,	quatre-vingts d—.
Un écrou,	quatre-vingt un é—.

13ᵉ Thème.

Écrire au singulier, — puis au pluriel.

Un dromadaire,	quatre-vingt treize d—.
Une feuille,	quatre-vingt quatorze f—.
Un cerceau,	quatre-vingt quinze c—.
Un chevreuil,	quatre-vingt seize ch—.
Un sapajou,	quatre-vingt dix-sept s—.
Un piano,	quatre-vingt dix-huit p—.
Un agneau,	quatre-vingt dix-neuf a—.
Un boa,	cent b—.
Un franc,	mille f—.

16ᵉ Dictée (ou Copie).

Dans toutes les dictées de cette troisième leçon, mettre :
S. s. sous chaque substantif du singulier.
S. pl. sous chaque substantif du pluriel.

Agathe, vous brûlez vos *cheveux*, éloignez-vous vite des bougies. —Venez près de moi, je vous donnerai des *gâteaux* et des fruits. Voulez-vous des cerises, une figue, ou bien un abricot, une prune? choisissez. — Madame, je voudrais bien avoir des cerises. —En voilà, ma petite amie, mais n'avalez pas les *noyaux;* cueillez aussi des groseilles, sur ces groseilliers.

17ᵉ Dictée (ou Copie).

Ah! voilà le petit Robert. Bonjour, Robert, mettez-vous là, et répondez-moi. Combien les ânes ont-ils de jambes? — Quatre, comme les toutous. — Et les juments? — Quatre. — Et les *taureaux?* — Quatre. — Fort bien. Et les autruches? — Oh! les autruches, elles n'ont que deux jambes. — Hé bien, les pigeons, les *moineaux*, les fauvettes, les *corbeaux,* les merles, les *bécasseaux*, les coucous, les paons, les coqs, les tourterelles et leurs *tourtereaux*, enfin tous les *oiseaux* n'ont que deux jambes ou plutôt deux pattes.

18° DICTÉE (ou COPIE). *Suite.*

Attention, Robert. Comment nomme-t-on les bêtes qui ont quatre jambes ou quatre pattes, comme les *veaux*, les moutons, les *agneaux*, les *pourceaux*, les lapins et leurs *lapereaux;* les chats, les singes, etc.? — Des quadrupèdes. — Et celles qui n'ont que deux pattes, comme les *moineaux*, les *vanneaux*, les paons et leurs *paonneaux?* — Des bipèdes. — Mais si l'on veut indiquer que ces bêtes volent? — On les nomme des volatiles ou des *oiseaux.*

19° DICTÉE (ou COPIE). *Fin.*

Encore une question, Robert. Et les bêtes qui rampent, comme les vipères, les couleuvres, les serpents et les *serpenteaux*, on les nomme? — Des reptiles. — Fort bien, allez jouer avec mes *neveux*, maintenant.

On voit des *roseaux* sur les bords des rivières, des lacs, des étangs qui ornent les parcs des *châteaux* voisins, et dans d'autres *lieux* encore; mais on détruit ces plantes dans les *eaux* des fleuves et des rivières, car elles gênent la circulation des *bateaux.*

20° DICTÉE (ou COPIE).

Les *jeux* des enfants sont gracieux. Les enfants s'amusent volontiers avec les moutons, les chiens, les chats, les *agneaux*, les poulets, les chèvres et leurs *chevreaux.* Voyez Henriette, comme elle joue de bon cœur avec sa chatte Minette! Voyez Amédée, comme il court avec Brillant, le chien de son père! Voyez Georgette et Sophie, quel plaisir elles ont en donnant à manger à leurs *oiseaux* de les laisser voleter sur leurs *cheveux*, se poser sur leurs épaules!

QUATRIÈME LEÇON.

DU PLURIEL DANS LES SUBSTANTIFS EN *AL*.

Faire étudier le § *t* du Supplément.

PHRASE-TYPE. On dit : *C'est mon* égal*, et ce sont mes* égaux*.*

RÈGLE IVe. Les mots qui se terminent par *AL* quand ils désignent un seul être ou une seule chose finissent par *AUX* quand ils désignent plusieurs êtres ou plusieurs choses, *enfin quand ils sont du pluriel* (1).

14e THÈME.

Écrire au singulier, — puis au pluriel.

Un cheval ,	cent ch—.
Un maréchal ,	deux cents m—.
Un général ,	trois cents g—.
Un amiral ,	cent deux a—.
Un bocal ,	cent trois b—.
Un cardinal ,	cent quatre c—.
Un hôpital ,	deux cent un h—.

15e THÈME.

Un canal ,	deux cent deux c—.
Un madrigal ,	trois cent quatre m—.
Un animal ,	deux mille a—.
Un vassal ,	trois mille v—.
Un minéral ,	cent mille m—.
Ton sénéchal ,	tes s—.

---

(1)   1re EXCEPTION. — On dit et l'on écrit :

Un aval,	des avals.	Un chacal,	des chacals.
Un bal,	des bals.	Un nopal,	des nopals.
Un cal,	des cals.	Un pal,	des pals (ou des paux).
Un cantal,	des cantals (fromages).	Un régal,	des régals.
Un carnaval,	des carnavals.	Un serval,	des servals, etc.

(Tous les autres substantifs en *al* font leur pluriel en *aux*.)

16ᵉ THÈME.

Écrire au singulier, — puis au pluriel.

Son caporal,	ses c—.
Leur rideau,	leurs r—.
Un bourg,	quatre b—.
Un licou,	six l—.
Cette grenouille,	ces g—.
Ce crapaud,	ces c—.
Un phare,	dix ph—.
Notre vœu,	nos v—.
Son perroquet,	ses p—.
Sa perruche,	ses p—.

17ᵉ THÈME.

Le mal,	les m—.
Un goujon,	quatre g—.
Le vrai Dieu,	les faux d—.
Un vice-sénéchal,	des vice-s—.
Un oiseau-mouche,	huit oi— m—.
Quel métal !	quels m— !
Quelle femme ?	quelles f— ?
Un tel bouvreuil,	de tels b—.
Une telle halle,	de telles h—.
Tout l'arsenal,	tous les a—.

18ᵉ THÈME.

Tout le sérail,	tous les s—.
Tout mon jeu,	tous mes j—.
Toute mon amitié,	toutes mes a—.
Toute ma peine,	toutes mes p—.
Tout ton journal,	tous tes j—.
Toute ton espérance,	toutes tes e—.
Toute ta tribu,	toutes tes t—.
Tout son cristal,	tous ses c—.
Toute son affection,	toutes ses a—.
Toute sa prospérité,	toutes ses p—.

19ᵉ Thème.

Écrire au singulier, — puis au pluriel.

Tout notre fil ,	tous nos f—.
Toute notre herbe ,	toutes nos h—.
Tout votre enjeu ,	tous vos en—.
Toute votre bonté ,	toutes vos b—.
Tout leur tribunal,	tous leurs t—.
Toute leur cathédrale,	toutes leurs c—.
Ce même lapereau ,	ces mêmes l—.
Cet autre levraut ,	ces autres l—.

21° Dictée (ou Copie).

Dans toutes les dictées de cette quatrième leçon, mettre un V sous chaque mot-verbe.

JULES. — Ce matin, sur les bords du *canal*, maman a vu un *caporal* qui conduisait au *maréchal* ferrant le *cheval* du *général.*

ERNEST. — J'ai vu quelquefois sur les bords des *canaux* des travails, ou au moins des pieux très-gros ; et auprès il y avait des *maréchaux* qui ferraient des *chevaux* ou d'autres *animaux;* papa m'a dit que souvent les *généraux* font conduire là , par des soldats ou des *caporaux*, leurs *chevaux* déferrés.

22° Dictée (ou Copie).

ADOLPHE. — Je m'ennuie toutes les fois que papa lit son *journal*, j'aime bien mieux le voir à *cheval;* il est si beau (D), son *cheval* (D)!

CHARLES. — Oh oui! les *chevaux* (D) sont de bien beaux (D) *animaux* (D), mais je déteste comme toi les *journaux*, ils donnent des *maux* de tête!

(D) PHRASE-TYPE. *Que ce* cheval *est* beau! *Oh que ces* chevaux *sont donc* beaux!

Les mots en *al* font leur pluriel en *aux*, et les mots en *eau* font leur pluriel en *eaux*.

23ᵉ DICTÉE (ou COPIE).

Madame Delaville est venue hier avec ses neveux, Éric et Rodolphe : maman dit que ce sont deux *originaux*.

AMÉDÉE. — Ah ! papa, vois donc tous ces feux sur les côtes, ils éblouissent mes yeux !

MONSIEUR BERTRAND. — Mon bon ami, ce sont des phares ou des *fanaux*, d'où l'on fait la nuit toutes sortes de *signaux* aux vaisseaux ou aux bateaux (D). Les *fanaux* sont de grosses lanternes fixées par des clous sur des *piédestaux*, des colonnes ou des pieux ; quelquefois on en met sur les bords des fleuves, des rivières, et même des *canaux*.

24ᵉ DICTÉE (ou COPIE).

Toutes les productions de la nature se partagent en trois règnes.

Le règne végétal renferme tous les *végétaux ;* les arbres, les plantes, les roseaux des lieux marécageux, les herbes, etc., etc. Le règne minéral renferme tous les *minéraux :* les pierres, les *métaux,* les houilles, les diamants, les *cristaux*, etc., etc. Le règne animal renferme tous les *animaux :* quadrupèdes, volatiles, reptiles, cétacés, poissons, insectes, etc.

25ᵉ DICTÉE (ou COPIE). *Suite.*

Le règne animal renferme donc : les *chevaux*, les bœufs, les veaux, les chèvres et leurs chevreaux, les lapins et leurs lapereaux, les lièvres et leurs levrauts, etc. ; — les perroquets, les bouvreuils, les *cardinaux*, les oiseaux-mouches, les coucous, les paons et leurs paonneaux, les pigeons, les coqs, etc ; — les serpents, les lézards, etc. ; les baleines ; — les soles, les goujons ; — les mouches, les fourmis, etc. etc.

26ᵉ Dictée (ou Copie).

Georgette, étudie les noms de tous les *canaux* de la France et des Pays-Bas (B). Vous, Isabelle, donnez-moi ce recueil de *madrigaux* nouveaux (D), et les *journaux* d'aujourd'hui.... Ah! Sophie, bonne nouvelle pour les curieux ! « Un riche portugais a acheté à Madrid, pour quatre-vingts *réaux* (quatre pièces de cent sous), trois gros boas rapportés d'Amérique, dans des *bocaux*, par deux *caporaux* qui viennent de mourir dans les *hôpitaux* militaires, et dont les *tribunaux* ont fait vendre toutes les dépouilles ; il a acheté également des camaïeux très-précieux, et un de ces beaux *confessionnaux* gothiques qui ornaient autrefois les cathédrales et les couvents : il pèse plus de deux *quintaux*. »

27ᵉ Dictée (ou Copie).

Il y a bien longtemps, bien longtemps, lorsque la féodalité existait en France, on nommait *sénéchaux* et vice-*sénéchaux* certains chefs de la justice ; les *sénéchaux* étaient aussi les chefs des nobles, et ils convoquaient les *vassaux* que les seigneurs voulaient conduire à la guerre : on appelait alors ducs, marquis, comtes, etc., les chefs militaires que nous appelons *maréchaux* et *généraux* ; il n'y avait pas de *caporaux*, de sergents, ni de capitaines ; et nos aïeux ne connaissaient pas non plus les *amiraux*, qui sont les chefs généraux des armées navales, parce que les rois de France n'avaient ni vaisseaux, ni *arsenaux* de marine.

CINQUIÈME LEÇON.

DU PLURIEL DANS LES SUBSTANTIFS EN *S*, EN *X* ET EN *Z*.

Faire réétudier les quatre premiers paragraphes du Supplément, et particulièrement le quatrième.

PHRASE - TYPE. *L'ours a-t-il dans les bois la guerre avec les ours?*

RÈGLE Vᵉ. Si le substantif finit par un *S*, un *X*, ou un *Z* lorsqu'il ne désigne qu'un seul être ou qu'une seule chose, il doit s'écrire de même quand il en désigne plusieurs, *c'est-à-dire quand il est du pluriel.*

20ᵉ THÈME.

Écrire au singulier, — puis au pluriel.

A l'(1)ananas,	aux (1) a—.
A la (1) vis,	aux (1) v—.
Au (1) rhinocéros,	aux (1) rh—.
De l'(1)index,	des (1) in—.
De la (1) perdrix,	des (1) p—.
Du (1) mets,	des (1) m—.
Quel houx ?	Quels h— ?

21ᵉ THÈME.

Un obus,	quatre o—.
Ce propos,	ces p—.
Quelque puits,	quelques p—.
Leur clos,	leurs c—.
Certain procès-verbal,	certains p.-v—.
Un phénix,	des ph—.
Votre murex,	vos m—.
Maint gaz,	maints g—.

---

(1) *aux* est le pluriel de : *à l', à la, au.*
   des est le pluriel de : *de l', de la, du.*

CINQUIÈME LEÇON.

22ᵉ Thème.

Écrire au singulier, — puis au pluriel.

Notre cours (d'émulation), nos c—.
Toute la cour (pavée),   toutes les c—.
Quel œillet ?   quels œ— ?
L'autre château ,   les autres ch—.
Sa faux ,   ses f—.
Au piédestal ,   aux p—.
Le même encrier ,   les mêmes en—.
La même écritoire ,   les mêmes é—.
Un caïeu ,   deux cents c—.
Du velours ,   des v—.

23ᵉ Thème.

Quelque époux ,   q— é—.
Maint chef-lieu ,   m— chefs-l—.
A la croix ,   a— . c—.
Certain temps ,   c— t—.
Le même original ,   l— m— o—.
Mon tilleul ,   m— t—.
Cet autre nez ,   c— a— n—.
Leur souhait ,   l— s—.
Un prix ,   plusieurs p—.

24ᵉ Thème.

Quel cou !   q—!
Du homard ,   d—.
Notre sphinx ,   n—.
A la pyramide ,   a—.
Tout le camaïeu ,   t—.
Leur autre écuyer ,   l—.
Quelque daim ,   q—.
Ce même sonnet ,   c—.
Son autre faon ,   s—.
Un loup-garou ,   plusieurs loups-g—.

25ᵉ THÈME.

Écrire au singulier, — puis au pluriel.

Leur rival ,	l—.
Cet acajou ,	c—.
Quelque autre mail ,	q—.
Mon trisaïeul ,	m—.
Quel éléphant !	q—!
Quelle brebis?	q—?
Quelque noix ,	q—.

28ᵉ DICTÉE (ou COPIE).

Dans toutes les dictées de cette troisième leçon, mettre :

V. sous chaque mot-verbe.
A. sous chaque mot-adjectif.

Si vous ne serrez pas vos *noix*, Benoîte, les rats et les *souris* les mangeront.

Les *nez* que mon frère a dessinés hier, ne sont pas trop bien faits.

Nos premiers parents et les premiers *époux*, Adam et Eve, habitaient l'Asie, ainsi que leurs trois *fils*, Caïn, Abel et Seth. C'est d'Abraham, un des descendants de Seth, que le peuple hébreu tire son origine.

---

(1) Quelques substantifs qui devraient former leur pluriel par l'addition d'un *s* font exception à la règle, ce sont :

2ᵉ EXCEPTION.

Un bijou,	des bijoux.	Un hibou ,	des hiboux.
Un caillou,	des cailloux.	Un joujou,	des joujoux.
Un chou ,	des choux.	Un pou ,	des poux.
Un genou ,	des genoux.		

(Tous les autres mots en *ou* forment leur pluriel en *ous*).

3ᵉ EXCEPTION.

L'ail ,	les aulx.	Le soupirail ,	les soupiraux.
Le bail ,	les baux.	Le travail ,	les travaux (généralem.).
Le bétail,	les bestiaux.	Le vantail ,	les vantaux (d'une porte).
Le corail ,	les coraux.	Le ventail,	les ventaux (en blason).
L'émail ,	les émaux.	Le vitrail ,	les vitraux.

(Tous les autres mots en *ail* font leur pluriel en *ails*.)

4ᵉ EXCEPTION.

Un aïeul fait le plus souvent au pluriel *des aïeux*.
Le ciel fait le plus souvent au pluriel *les cieux*.
L'œil fait le plus souvent au pluriel *les yeux*.

Enfin, l'Académie écrit : Un landau , des landaus (excep. à la règle 3ᵉ).

L'élève doit non étudier, mais consulter seulement cette note, et celle de la p. 14.

29ᵉ DICTÉE (OU COPIE).

Faire copier le verbe *donner* du Supplément ; — puis faire faire, en imitant ce modèle :
sonner, pardonner, parler, etc.

Dans le désert, tandis que Dieu nourrissait les Hébreux
de la manne qu'il faisait tomber du ciel, exprès pour eux,
ces ingrats l'irritèrent par des *mépris* et des murmures :
ils regrettèrent les *repas* d'oignons et de poireaux qu'ils
faisaient en Égypte ; et, abandonnant le culte du Seigneur, ils adorèrent comme des dieux les animaux qu'ils
se fabriquaient eux-mêmes, par exemple, des veaux d'or.
Dieu les punit sévèrement.

30ᵉ DICTÉE (ou COPIE).

Les *ours* errent sur les montagnes et dans les neiges ;
les sangliers et les loups vivent dans les *bois* ; les cerfs,
les daims, les biches et leurs faons ; les chevreuils et
leurs chevrettes avec leurs faons habitent aussi les *bois*
et les forêts ; et les *chamois* gravissent les rochers.

Dans les *temps* anciens, nos aïeux élevaient très-souvent des *croix* sur le bord des chemins ; malheureuse-
ment tous leurs *fils* ne sont plus aussi pieux.

31ᵉ DICTÉE (ou COPIE).

Maman, quels sont ces oiseaux qui volent sur les *marais* ? — Ma bonne amie, ce sont des canards sauvages.
Ces animaux nous annoncent le froid. Bientôt, les *brebis*
et les moutons ne trouveront plus d'herbe sur la terre.
Les *perdrix* et leurs perdreaux se cacheront dans les
chaumes, et les grives dans les vignes ; mais les chasseurs et les chiens sauront les y trouver ; ils trouvent
bien les sangliers et les cerfs dans les *bois*.

32ᵉ Dictée (ou Copie).

En décomposant l'air que nous respirons, les chimistes y trouvent trois *gaz* différents.

Dans les *mois* de Septembre et d'Octobre, les fraises, les cerises, les abricots, tout a disparu. Par bonheur il y a encore quelques *noix* aux noyers des routes et des *enclos* ; et dans les *bois*, on trouve des châtaignes aux châtaigniers. Avant de manger des *noix*, on mange des cerneaux, car les cerneaux sont des *noix* qui ne sont pas encore mûres.

33ᵉ Dictée (ou Copie).

Ah ! mes amis, voici quatre *noix* tombées du noyer ; prêtez-moi votre couteau, Edmond, pour que je les ouvre ; nous les mangerons, et puis je vous en donnerai les coquilles pour que vous fassiez des bateaux, avec mes deux petits neveux, Édouard et Prosper. Mais, la lame de votre couteau vacille ; les *vis* en sont relâchées, c'est votre faute ; malgré tous les *avis*, vous avez voulu Lundi vous en servir pour tailler des *houx* : — je ne puis ouvrir ces *noix*, passons-nous-en.

34ᵉ Dictée (ou Copie).

On admire dans l'Égypte, un des plus beaux *pays* de l'Afrique, des monuments anciens et des édifices fort beaux, tels que des obélisques, des pyramides qui étaient les tombeaux des rois, des colonnes avec leurs chapiteaux, des temples même, et surtout des *sphinx* gigantesques ; ces *sphinx*, animaux imaginaires, moitié femme, moitié lion, sont toujours représentés couchés sur le ventre, les jambes étendues, et la tête droite : j'ignore si l'on y trouve des *lynx* sculptés ou peints.

SIXIÈME LEÇON.

DE LA MAJUSCULE APRÈS LE DEUX-POINTS (:).

Faire étudier le § 5 du Supplément, et faire conjuguer les verbes *pêcher, crayonner*.

PHRASE-TYPE.

Je ne suis pas de ceux qui disent **:** *Ce n'est rien,
C'est une femme qui se noie.*

RÈGLE VIe. On met toujours une grande lettre au premier mot du discours d'une personne, lorsque ce discours commence après le deux-points (:).

35e DICTÉE (ou COPIE).

Dans toutes les dictées de cette sixième leçon, mettre :
A. *s.* sous chaque adjectif du singulier.
A. *pl.* sous chaque adjectif du pluriel.

Le petit Alphée dit un jour à madame Dulac : *Maman*, je voudrais pêcher; y a-t-il des poissons vivants dans les puits? sa mère lui répondit : *Non*, mon fils, il y a des poissons vivants dans la mer, dans les fleuves, dans les rivières, dans les ruisseaux, dans les étangs et dans les viviers; mais il n'y en a pas dans les puits. Alors le petit garçon répliqua : *Hé* bien, maman, si tu le veux, j'irai pêcher au bord de la rivière.

36e DICTÉE (ou COPIE).

Un roi de France, nommé Louis XI, disait : « *Ce* sont » les chevaux qui courent les bénéfices, et les ânes qui » les attrapent. »

Hier, au dîner, mon oncle Omer dit bien sérieusement : *L'*autre jour, à Paris, on a rencontré Arlequin portant une grosse pierre sous son manteau, et lorsqu'on lui a demandé ce qu'il en voulait faire, il a répondu : *C'*est l'échantillon d'une maison que je veux vendre. Cette histoire a fait rire tous ceux qui étaient à table.

37ᵉ Dictée (ou Copie).

Blanche et Clotilde, écoutez une histoire amusante :
« *Un* chevalier espagnol nommé don Quichotte, qui
avait dans la tête deux ou trois grains de folie, chevau-
chant un jour en rase campagne, aperçut trente à qua-
rante moulins à vent ; il dit à son écuyer appelé Sancho :
Ami, la fortune vient au-devant de nos souhaits :
vois-tu là-bas ces géants terribles ? je vais attaquer ces
ennemis.

38ᵉ Dictée (ou Copie). *Suite.*

Don Quichotte continua : *Mon* ami, aide-moi,
nous vaincrons ces géants, et leurs dépouilles seront le
prix de nos combats. Sancho ouvrit de grands yeux
bêtes, et demanda : *Quels* géants ? — Don Quichotte lui
dit : *Ceux* que tu vois avec leurs grands bras qui ont
peut-être deux lieues de long. Sancho répliqua : *Mais*
les objets que vous prenez pour des géants, ce sont des
moulins à vent ; et ce qui vous semble des bras, ce sont
leurs ailes.

39ᵉ Dictée (ou Copie). *Fin.*

Don Quichotte insistait en disant : *Mon* pauvre ami,
tu ne vois donc plus clair ? ce sont des géants, des géants
redoutables : à ces mots, il pique des deux, et tombe
la lance en arrêt sur l'aile du premier moulin ; l'aile enlève et don Quichotte et son cheval, et elle les étend
tous les deux sur l'herbe, à vingt pas l'un de l'autre. »
— Je vous laisse à penser dans quel état il fut !

On disait à Alexandre, roi de Macédoine, que Darius,
roi des Perses, armait contre lui des millions d'hommes ;
il répondit : *Un* loup ne craint pas les brebis, quelque
nombreuses qu'elles soient.

SEPTIÈME LEÇON.

DU PLURIEL DANS LES ADJECTIFS.

Faire réétudier les § 3, 4 et 5 du Supplément; — puis faire faire, d'après le paradigme
donner, des verbes tels que : bêcher, danser, pleurer, houer, etc.

PHRASE-TYPE. *Qui pourrait dissiper tes ennuis...*
Est-ce d'avoir ce lis bleu *comme tes yeux* bleus?

RÈGLE VIIe. Quand un adjectif est ajouté à un substantif pluriel, il doit généralement prendre un *S* à la fin.

26e THÈME.

Écrire au singulier, — puis au pluriel.

Le père indulgent,	les pères indulgents.
La mère tendre,	les mères t—.
Quel enfant obéissant!	quels en—!
Quelle enfant complaisante!	q—!
Son cheveu blanc,	s—.
Ta chèvre blanche,	t—.
Quelle longue lieue!	q—!
Ce lieu désert,	c—.
Un domestique sûr,	d—.
Une personne sûre,	d—.

27e THÈME.

Un fruit sur,	des f—.
La pomme sure,	l—.
Le châle bleu,	l—.
La fleur bleue,	l—.
Ce même blaireau mort,	c—.
Leur habit noir (1),	l—.
Votre robe noire (1),	v—.
Ce joli (1) harnois (ou harnais),	c—.
Cette jolie (1) croix,	c—.

(1) Faire remarquer que l'adjectif se place tantôt avant, tantôt après le substantif.

Faire étudier le § 6 du Supplément.

28e Thème.

Écrire au singulier, — puis au pluriel.

Un cerneau mûr,	des c— m—,
Une noix mûre,	des n— m—.
Un petit agneau,	de (1) p— a—,
Une vieille masure,	de (1) v—.
Cette souris grise,	c—,
L'autre animal bêlant,	l—.
Votre prompt secours,	v—.
Un pénible adieu,	de (1) p—.
Un succès éclatant,	des (1) s—.

29e Thème (renfermant des invariables).

Ne jamais changer l'orthographe des invariables.

Oh! (*inv.*) quel beau cheval arabe!	oh! q—!
Ah! (*inv.*) quelle bonne sœur!	ah! q—!
Quelque os mal (*inv.*) dépouillé,	q—.
L'autre artichaut tout (*inv.*) frit,	l—.
Le signal nouvellement (*inv.*) donné,	l—.
Notre ange gardien,	n—.j
Une histoire fort (*inv.*) gaie,	d—.
Quelque trou assez (*inv.*) profond,	q—.

30e Thème.

Un organe peu (*inv.*) enchanteur,	d—.
Un vert rameau,	d—.
Votre bœuf ruminant,	v—.
Certain faisan doré,	c—.
Notre salutaire lichen,	n—.
Quel magnifique portail!	q—!
Un mal fort (*inv.*) cruel,	d—.
L'hyène très- (*inv.*) cruelle,	l—.

---

(1) On met en général *de* (et non pas *des*) devant l'adjectif pluriel qui est placé avant son substantif.

31ᵉ THÈME.

Écrire au singulier, — puis au pluriel,
sans rien changer à l'orthographe des invariables.

Oh ! (*inv.*) la belle pomme rouge !   oh ! l—!
Cette fraise peu (*inv.*) parfumée ,   c—.
Leur puits creusé trop (*inv.*) profondément (*inv.*),   l—.
Ma bien (*inv.*) gentille petite sœur,   m—.
Quel gentil petit rosier !   q—!
Quelque rose aussi (*inv.*) fraîche que (*inv.*)....   q—.
Un fort (*inv.*) joli perroquet vert,   d—.
Son dahlia jaune et (*inv.*) mal (*inv.*) jaspé,   s—.

40ᵉ DICTÉE (OU COPIE).

Dans toutes les dictées de cette septième leçon, mettre encore :
A. s. sous chaque adjectif du singulier.
A. pl. sous chaque adjectif du pluriel.

L'Inde, pays *des* Indous, nourrit *des* animaux *remarquables; des* tapirs *paisibles, des* éléphants *énormes, des* antilopes *légères,* et *des* civettes *odorantes. Les* bois y sont *pleins* de perroquets *causeurs,* et de perruches *coquettes;* de paons *fiers,* et de paonnes *orgueilleuses;* de singes *malins,* et de *malicieuses* guenons.—Maman, y a-t-il aussi *des* chameaux *bossus, des* hérons *bleus,* et *des* cardinaux *empourprés?*

41ᵉ DICTÉE (OU COPIE).

Dans l'Inde on trouve souvent *des* tigres *superbes,* mais dont *les* dents *cruelles* déchirent parfois *les pauvres* voyageurs; *des* lions *féroces,* à la crinière hérissée; *des* léopards *tachetés, mouchetés ; des* chacals *agiles; des* rhinocéros *énormes,* etc., etc. *Des* eaux *pures* comme le cristal y nourrissent *des* crocodiles *altérés* de sang; et de *belles* herbes *hautes* et *touffues* y cachent *des* boas *gigantesques,* et *des* serpents *redoutables.*

42e Dictée (ou Copie).

Mes enfants, *nos trois aimables petites* voisines viendront jouer *tous les* jours avec vous, quand *leurs* leçons seront bien *sues, leurs* pages bien *écrites,* et *tous leurs* devoirs d'orthographe bien *faits* : nous vous mènerons tous faire *des* promenades *charmantes* sur le Rhône ; et nous verrons voguer autour de nous, sur *les* eaux de ce fleuve, tantôt *ces jolis* batelets *verts* ou *bleus,* tantôt *des* canots *élégants* et *légers, entraînés* rapidement par *leurs* voiles *gonflées.*

43e Dictée (ou Copie).

Caïn, fils aîné de *nos premiers* parents, Adam et Ève, tua son jeune frère Abel ; Dieu lui demanda : Où est ton frère ? Mais, avec un ton de hauteur et *des* gestes *méprisants,* Caïn répondit au Seigneur : Je n'en sais rien.

Les Indous et *les* Chinois ont *des* prêtres *très-révérés,* qu'ils appellent Bramines et Bonzes.

Les yeux *bleus des* femmes *américaines* attestent une origine anglaise.

44e Dictée (ou Copie).

Dans *les* montagnes *appelées les* Alpes, la température est si variable que le voyageur se figure passer, en un seul jour, *des ardentes* chaleurs du Sénégal *aux* régions *glacées* du Spitzberg ; il peut y recueillir, ici *les riches* végétaux de l'Amérique-Méridionale, là *les tristes* lichens de l'Islande ; il croit entendre, tantôt *les* chants *vifs* et *gais* de la cigale, tantôt le bruit retentissant et terrible du tonnerre, ou celui *des dangereuses* avalanches.

HUITIÈME LEÇON.

DU PLURIEL DANS LES ADJECTIFS EN *AU*.

Revoir le § 6 du Supplément et étudier le § 7; — puis continuer la conjugaison
des verbes en *er*, tels que : *pirouetter, remuer, copier*, etc.

PHRASE-TYPE. *Esaü et Jacob étaient deux frères*
jumeaux.

RÈGLE VIIIᵉ. Si l'adjectif finit au singulier
par *AU*, il doit prendre à la fin un X (*au lieu
d'un S*) lorsque le substantif auquel il est
ajouté est du pluriel.

32ᵉ THÈME.

Écrire au singulier, — puis au pluriel (sauf l'invariable qui ne change pas).

Quelque beau palais égyptien ,	q—.
Un mot utile, tout (*inv.*) nouveau ,	d—.
Un mal physique et (*inv.*) moral ,	d—.
Son pauvre petit toutou,	s—.
Cet être souffrant, mais (*inv.*) résigné ,	c—.
Ce hêtre tout (*inv.*) déraciné ,	c—.
La même mauvaise petite fée,	l—.
Un lynx extrêmement (*inv.*) cruel ,	d—.
L'autre chauve-souris peu (*inv.*) désirée,	l—.

33ᵉ THÈME.

Désormais l'élève devra distinguer lui-même les mots invariables.

Un abricot jumeau ,	d—.
Un choix trop difficile ,	d—.
Quelque héros très-vaillant ,	q—.
Un héraut (d'armes) magnifiquement vêtu ,	d—.
Mon cher bon papa ,	m—.
Ma chère bonne maman ,	m—.
Quel méchant caporal !	q—!
Un jeune ours blanc,	d—.
Une ourse blanche peu grosse ,	d—.

34ᵉ THÈME.

Écrire au singulier, — puis au pluriel (excepté l'invariable).

Un chat noir et sauvage,	des ch—.
Cette baleine si énorme,	c—.
Cet autre fléau destructeur,	c—.
Le gaz permanent,	l—.
Quelque requin bien vorace,	q—.
Ce spectacle amusant, quoique long (1),	c—.
Quel beau, quel superbe prix !	q—!
Voilà un tour bien étonnant,	v—.
Voici une tour très-haute, mais inclinée,	v—.
Un œil bleu languissant,	des yeux b—.

(*V.* 4ᵉ *exc.*, p. 21).

35ᵉ THÈME,

renfermant, avec des invariables, des *verbes* dont nous indiquons le pluriel.

Le renard *est* fin et rusé (1),	les renards *sont* f—.
Son cerceau neuf est bien rond,	s—.
Son frère jumeau est très-blond,	s—.
Cet oiseau-mouche est charmant,	c—.
Cet hippopotame est par trop laid,	c—.
Le chameau est fort utile,	l—.
Le mort est enterré,	l—.
Le beau mors de ce cheval est mal doré,	l—.
Votre main est blanche et grasse,	v—.

36ᵉ THÈME.

Mon éventail était cassé,	m— é— *étaient* c—.
Votre grande ancre était rouillée,	v—.
Cette encre était épaisse et trop blanche,	c—.
Sa pauvre tante était bien affligée,	s—.
La tente neuve était fort mal dressée,	l—.
Mon ancien canot était déjà brûlé,	m—.
Le canal était couvert de bateaux,	l—.
Ma robe bleue n'était guère (*inv.*) fraîche,	m—.
Ce nez est beaucoup trop long,	c—.

(1) Parfois on n'exprime pas le substantif auquel l'adjectif est ajouté.

45ᵉ DICTÉE (ou COPIE).

Interroger sur les six premiers paragraphes du Supplément, particulièrement sur le 4ᵉ
et le 5ᵉ; — puis, pendant toutes les dictées de cette huitième leçon, mettre : *Inv.* sous
chaque invariable.

LOUISE. — J'ai un joli petit mouton tout blanc, moi.

ÉMILIE. — Et moi, j'ai deux jolis petits agneaux
blancs aussi; ils sont attachés dans ces prés aux deux
nouveaux pieux que Thomas a plantés.

MARIE. — Je les vois; ah! qu'ils sont *beaux!* ils sont
si blancs qu'ils éblouissent les yeux.

ALFRED. — Moi, j'aime mieux les chiens et les chevaux que tous ces animaux que vous admirez tant.

46ᵉ DICTÉE (ou COPIE). *Suite.*

CAROLINE. — Oui, le cheval et les chiens sont certainement fort *beaux;* mais ces énormes éléphants, ces
chameaux bossus, ces laids hippopotames, voilà de bien
vilaines bêtes.

LAURENTINE. — J'aime encore moins les ours stu-
pides et carnassiers, les sangliers destructeurs, les loups
et les tigres féroces, les hyènes cruelles, les gigantesques
boas, les aigles ravisseurs, les voraces requins, et tous
les autres animaux nuisibles.

47ᵉ DICTÉE (ou COPIE). *Fin.*

ALPHONSE. — Vous ne parlez que de vilains quadrupèdes, de reptiles repoussants, ou d'oiseaux voraces;
pourquoi ne dites-vous rien des animaux qui sont *beaux?*
Les girafes, par exemple, la panthère, les lions sont
magnifiques; certains lézards sont fort jolis; et les perroquets, les colibris, les paons, les oiseaux-mouches?

FERDINAND. — Pour moi, je préfère les tout (*inv.*) petits
oiseaux; leurs couleurs vives et leurs chants variés me
paraissent toujours aussi agréables que *nouveaux*.

48ᵉ Dictée (ou Copie).

Télémaque, levant au ciel des yeux suppliants, prononça les paroles suivantes : O Jupiter, père des dieux et des hommes, secourez-nous...

Ayant dit ces mots, il poussa ses chevaux écumants dans les rangs serrés des ennemis ; il remarqua leurs visages pâles et tristes ; il les vit comme frappés par la crainte d'éprouver de *nouveaux* malheurs, des maux plus accablants encore : il s'arrêta pensif.

49ᵉ Dictée (ou Copie).

Ces deux nègres *jumeaux* se croient fort *beaux;* regardez-les bien, Pauline : leurs cheveux sont crépus et frisés comme la laine des moutons, ils ont les lèvres épaisses et rondes comme des bourrelets, des nez larges, courts et épatés ; ne les trouvez-vous pas très-laids? Tous les Africains ne sont pas des noirs ; ainsi, il y a en Afrique, près du cap de Bonne-Espérance, les Hottentots qui sont couleur de suie ; — les Égyptiens, les Berbères ne sont pas noirs non plus.

50ᵉ Dictée (ou Copie). *Suite.*

Quoique les Hottentots ne soient pas noirs, ils ne sont guère plus *beaux* que les nègres qui sont noirs ; ils ont la tête petite, le menton court et pointu, les os des joues saillants, et les lèvres grosses comme celles des pauvres nègres ; leurs yeux, plutôt verts que bleus, sont enfoncés et ronds, comme deux petits trous ; ils sont aussi peu attrayants que les sphinx égyptiens. — Les Kabyles, les Marocains et les autres Berbères sont bruns, ou plutôt basanés ; et leurs traits sont réguliers comme ceux des Européens.

NEUVIÈME LEÇON.

DU PLURIEL DANS LES ADJECTIFS EN *AL*.

Faire étudier le § 8 du Supplément ; — puis faire conjuguer : *s'amuser, délier,
s'enrouer.*

PHRASE-TYPE. *Le château* royal *de Versailles
est le plus beau de tous les châteaux* roy**aux**.

RÈGLE IXᵉ, Si l'adjectif finit au singulier par
AL, il devra généralement finir par *AUX* lorsqu'il sera ajouté à un substantif pluriel.

37ᵉ THÈME.

Écrire au singulier, — puis au pluriel.

L'aigle royal *est* superbe,	l— a— r— *sont* s—.
Votre bocal est égal au mien,	v—.
Leur four banal est fermé,	l—.
Votre charretier est bien déloyal,	v—.
Ce garde-national est très-zélé,	c—.
Je vous punirai la première fois,	j—.
Notre fouet est entièrement cassé,	n—.
Le foie de ce veau est mangé,	l—.
Votre pays est fort méridional,	v—.

38ᵉ THÈME.

Leur dais *était* mal brodé,	l— d— *étaient* m—.
Votre dey cruel était détrôné,	v—.
Votre détail était trivial,	v—.
Son verrou était déjà tiré,	s—.
L'esclave était près de l'arc triomphal,	l—.
Mon saphir était oriental,	m—.
Le nouveau jardin public était fort grand,	l—.
La place publique était envahie,	l—.
Cet amphithéâtre était original,	c—.

39ᵉ Thème.
Écrire au singulier, — puis au pluriel.

Votre discours ne *fut pas trop loyal*,	vos d— ne *furent p—*.
Son poignet fut déboîté,	ses deux p—.
Ce château gothique fut seigneurial,	c—.
Cet héliotrope fut trop arrosé,	c—.
Ce droit féodal fut aboli,	c—.
Le filou brutal fut arrêté,	l—.
Le même chemin vicinal fut aperçu,	l—.
Ce mal fut insupportable,	c—.
L'applaudissement fut général,	l—.

51ᵉ Dictée (ou Copie).
Dans ces deux dictées, mettre : S. sous chaque substantif ; — A. sous chaque adjectif.

LA MAMAN. — Qu'as-tu fait aujourd'hui, mon Alice ?

ALICE. — Maman, j'ai appris les noms des quatre points *cardinaux*, et des quatre points *collatéraux* ; puis, j'ai fait, avec mademoiselle Durand, des exercices *verbaux* sur les principes *généraux* de l'analyse, et sur l'orthographe des noms des nombres *cardinaux* et des *ordinaux* ; enfin j'ai lu l'histoire des deux fils d'Isaac et de Rébecca, qui étaient *rivaux* et ennemis, quoique frères et jumeaux.

LA MAMAN. — C'est fort bien, viens que je t'embrasse.

52ᵉ Dictée (ou Copie).

Les habits *sacerdotaux* sont riches et beaux, mais les vêtements *épiscopaux*, et les *archiépiscopaux*, qu'on admire dans nos cathédrales aux jours des grandes solennités, ceux-ci sont non-seulement riches et beaux, mais ils sont superbes ; que sont donc les ornements *pontificaux* ? Néanmoins, les habits et les manteaux *royaux* ou *impériaux* ne le leur cèdent en rien ; l'industrie et les arts *libéraux* concourent à l'envi pour les rendre magnifiques.

53ᵉ Dictée (ou Copie).

Dans ces trois dictées, mettre : *V.* sous chaque verbe ; — *Inv.* sous chaque invariable.

Dans certains pays *méridionaux*, les lauriers, les citronniers, les orangers, et beaucoup d'autres arbres et arbrisseaux rares et délicats croissent sans culture ; ils y prospèrent, et forment d'eux-mêmes des bosquets touffus, et des berceaux superbes, et dignes des parcs *royaux ;* mais on n'y trouve ni les beaux pins, ni les sapins *pyramidaux* des pays *septentrionaux.*

54ᵉ Dictée (ou Copie). *Suite.*

Ces orangers, ces citronniers, ces grenadiers, ces limoniers croissent et prospèrent dans beaucoup de pays *méridionaux*, voisins de la Méditerranée, comme nos vignes prospèrent sur le penchant des monts et des coteaux, dans nos pays *occidentaux :* mais les prairies y sont presque nues lorsqu'elles ne sont pas arrosées par des canaux ; et des bestiaux maigres, languissants, et dont les mouvements deviennent comme *machinaux*, y errent maladifs et exténués.

55ᵉ Dictée (ou Copie).

Rome, devenue maîtresse de la Gaule, voulut persuader aux Gaulois qu'ils étaient presque *égaux* à leurs vainqueurs, elle chercha à se faire pardonner les exactions de ses gouverneurs et les triomphes de ses généraux ; déjà très-versés dans les arts *libéraux*, les Romains élevèrent, particulièrement dans les villes et dans les bourgs *méridionaux* de cette contrée vaincue, des temples magnifiques, des arcs *triomphaux*, de vastes amphithéâtres, d'immenses aqueducs ; enfin ils construisirent de larges routes.

DIXIÈME LEÇON.

DU PLURIEL DANS LES ADJECTIFS EN *S* ET EN *X*.

Interroger sur les huit premiers paragraphes du Supplément ; — et faire conjuguer :
raisonner, résonner, dénouer, lier.

PHRASE-TYPE. *Ah! Claude qui a un habit* gris
et des bas gris!

RÈGLE X^e. Si l'adjectif finit au singulier par
S ou par *X*, il s'écrira de même quand il sera
au pluriel.

40e THÈME.

Écrire au singulier, — puis au pluriel.

Ce détail *sera* fort curieux ,	ces dét — *seront* f — .
Votre manteau sera gris et sale,	v — .
Cet audacieux menteur sera hué, honni,	c — .
L'œuf de cette cane sera frais,	l — .
Votre repas sera trop mauvais,	v — .
Le tigre royal sera furieux ,	l — .
Son discours sera aussi diffus,	s — .
Ce chevalier français sera courtois,	c — .
Notre arsenal sera spacieux et commode,	n — .
Que ce perdreau sera exquis!	q — !

41e THÈME.

Son pin *serait* déraciné , si….	ses pins *seraient* d — .
Ce pain bis serait trop rassis ,	c — .
Ce vieux cerf serait lancé et tué ,	c — .
Leur serf serait insoumis et rebelle ,	l — .
Le sénéchal serait vil , bas et déloyal ,	l — .
Cette sphère serait trop ancienne,	c — .
Leur torticolis serait bientôt guéri ,	l — .
Un délicieux mets serait servi ,	d — .
L'hébreu serait très-surpris ,	l — .
Votre autre passereau serait éclos,	v — .

42ᵉ Thème.

Écrire au singulier, — puis au pluriel.

Il faut qu'un corbeau soit bien noir, et qu'une pie soit noire et blanche,	il faut que (1) les corbeaux *soient* b—.
Je désire que votre pieu soit long,	je désire que (1) vos p—.
Je souhaite que leur petit palet soit bien rond, peu gros, et très-plat,	je s—.
J'aime qu'un palais soit bien décoré,	j'aime que les p—.
Je veux que cet hiatus soit évité,	je v—.
Je ne veux pas que mon verrou bronzé soit posé aujourd'hui,	je ne v—.
J'exige que ce noyau me soit remis,	j'exige que ces n—.

48ᵉ Thème.

Il faudrait que le banc fût vermoulu et bien peu solide,	il faudrait que (1) les b— *fussent* v—.
Il ne faudrait pas que ce velours fût aussi coûteux,	il ne f—.
Je voulais que ce vêtement pontifical fût plus beau,	je v—.
Je voudrais que ce garde municipal fût plus pieux,	je v—.
On voulait que ce caillou (2) fût moins anguleux,	on v—.

PRINCIPES GÉNÉRAUX D'ORTHOGRAPHE.

1° Tout substantif pluriel finit par un *S*, un *X* ou un *Z*.

2° Tout adjectif pluriel finit par un *S* ou un *X* (*excepté les adjectifs numéraux quatre, cinq, sept,* etc. *Voir* pag. 7, 10, 11, 12 et 14).

---

(1) Ne rien changer à ce qui est avant le mot *que.*
(2) Voyez la deuxième exception, page 21.

56ᵉ Dictée (ou Copie).

Dans les dictées de cette dixième leçon, mettre.
V. sous chaque verbe, — *V. inf.* lorsque le verbe est à l'infinitif.

Alphonsine et Raoul, étendez vos deux petits index,
et montrez-moi sur vos cartes neuves les *divers* pays
d'où ont été rapportés les deux beaux éventails *chinois*,
et tous les objets *curieux* qui sont *épars* sur votre éta-
gère; l'Inde, où croissent ces légers bambous qui sup-
portent votre miroir; la Chine, d'où viennent ces deux
magots *hideux*, *assis* sur leurs talons; la Saxe, où l'on
a fabriqué vos porcelaines et vos vases *précieux*; et la
Belgique, d'où votre oncle a rapporté vos deux *vieux*
crucifix d'ivoire.

57ᵉ Dictée (ou Copie).

Les jeunes chats sont *gracieux*, gais, vifs, agiles,
charmants enfin; ils seraient très-*précieux* pour amuser les jeunes enfants s'ils étaient plus *soumis* et plus
doux.

Comme tous les mortels sont *jaloux* du bonheur,
la nature leur a fait des plaisirs vrais, simples, *doux*,
tranquilles et aisés : les hommes *pervers* s'en font qui
sont *faux*, embarrassants, incertains, difficiles à acqué-
rir; et ils sont *surpris* de se trouver *malheureux!*

58ᵉ Dictée (ou Copie).

Les plantes des pays méridionaux de l'Europe croissent dans la Barbarie, avec celles de l'Afrique : l'aman-
dier, le figuier, l'oranger, y produisent des fruits *savou-
reux*, *exquis* même (*inv.*); la vigne y donne des
grappes et des grains énormes; ce pays, couvert en partie de déserts *sablonneux*, est rempli d'animaux féroces et *venimeux*, etc.

RÉCAPITULATION.

DU PLURIEL DANS LES SUBSTANTIFS ET DANS LES ADJECTIFS.

59ᵉ Dictée (ou Copie).

Zélime, donnez-moi ma robe bleue brodée avec *ces* paillettes d'or *légères* et *éblouissantes ;* nouez et frisez *les blonds* cheveux d'Aglaé, et qu'ils flottent *épars* sur *ses* épaules ; puis faites-lui une couronne avec *ces* fleurs *roses* et *blanches*, ou *jaunes* et *bleues*, qui sont si *fraîches* et si *jolies*.

60ᵉ Dictée (ou Copie).

Un soir don Quichotte arriva très-fatigué dans une hôtellerie ; une laide servante, appelée Maritorne, lui dressa un lit formé de *quatre* planches non *rabotées*, *posées* sur *deux* bancs *inégaux*, que *des* pieds *vermoulus* supportaient assez mal : ce lit tant désiré se composait de *deux vieux* matelas plus *durs* que *des* planches, de *deux* draps qui étaient plus *gris* que *blancs*, et d'une couverture où l'on ne voyait que *des* trous et *des* taches ; le pauvre chevalier ne put obtenir autre chose dans *ces* lieux *détestables*.

61ᵉ Dictée (ou Copie).

Geneviève, je te donnerai *deux* poupées *magnifiques*, de *belles* images et *des* bonbons *délicieux*, si tu écris sans une seule faute *tous les* mots *suivants* : « *Les* plus *longs* et *les meilleurs* règnes sont trop *courts* et trop *imparfaits* pour réparer *les* maux de la guerre, qui rendent *les* peuples si *malheureux*. »

62ᵉ Dictée (ou Copie).

Il y avait autrefois une fille de roi très-belle, très-belle ; on la nommait la Belle *aux* Cheveux d'Or (1) , parce que *ses beaux* cheveux *égaux*, *fins* et *souples* étaient *blonds*, et plus *éblouissants* que l'or ; ils étaient tout (*inv.*) *bouclés*, et si *longs* qu'ils lui tombaient jusque sur *les* pieds : elle avait de *magnifiques* yeux *bleus* très-*grands*, très-*expressifs*, et très-*doux ; des* lèvres *vermeilles* et *des* joues *roses*.

63ᵉ Dictée (ou Copie). *Suite.*

Lorsque la Belle *aux* Cheveux d'Or se promenait dans *les longues* allées *des beaux* parcs du roi son père, *ses* cheveux *dorés* et bien *égaux* flottaient *épars* sur *ses* épaules ; et elle portait *des* vêtements *brodés* par une bonne fée, tout (*inv.*) *brillants* de *beaux* et *gros* diamants, de *magnifiques* perles *fines*, de saphirs *orientaux*, et de rubis *balais* que la bonne fée, sa marraine, lui avait *donnés*.

64ᵉ Dictée (ou Copie).

Nous voilà maintenant en Décembre, mon cher Calixte, la nature est triste : *toutes les* feuilles sont *tombées des* arbres, dans *les* jardins comme dans *les* bois ; *toutes les* fleurs sont *fanées*, *tous les* fruits sont *cueillis ;* la suave odeur *des* roses *empourprées*, *des élégants* œillets, *des* fraises *parfumées* est remplacée par *des* émanations *fétides* et *malfaisantes*, par *des* gaz *dangereux*, et même (*inv.*) *délétères*.

(1) Indiquer à l'élève les trois majuscules de ce nom propre.

65ᵉ Dictée (ou Copie).

Un voyageur a dit autrefois : *Les diverses* cités de la Grèce ont *des* cultes *locaux* et *spéciaux* : ainsi, à Athènes, *plusieurs* jours de l'année sont *consacrés* au culte de Bacchus ; alors son nom retentit dans la ville, dans *les* bourgs *voisins*, dans *les* campagnes *environnantes*. On voit *des* troupes *nombreuses* de bacchantes *échevelées, couronnées* de lierre, déchirer de *leurs* ongles et de *leurs* dents *les* entrailles *saignantes des* victimes, serrer dans *leurs* mains de *venimeux* serpents, et les entortiller de *leurs* cheveux.

66ᵉ Dictée (ou Copie). *Suite.*

Le même voyageur dit encore : *Ces* extravagances *dégradantes*, qui constituent chez *les* Grecs *des* rites *nationaux*, se voient surtout au printemps. Alors, au milieu *des* satyres *chancelants*, on voit *des* hommes demi-*ivres*, dont *les* uns traînent *des* boucs pour les immoler, et *les* autres sont *montés* sur *des* ânes ; — puis *des jeunes* filles qui portent sur *leurs* têtes *des* corbeilles *sacrées, remplies* de gâteaux *délicieux*, de *différentes* formes.

67ᵉ Dictée (ou Copie). *Fin.*

Ce voyageur ajouta : *Les* Athéniens se montrent *avides* de *semblables* spectacles : pendant qu'on célèbre *ces* fêtes *solennelles, les* toits de *leurs* maisons sont *couverts* de spectateurs *curieux*, avec *des* lampes *allumées* et *des* flambeaux *étincelants*, pour éclairer la pompe qui défile ; le cortége s'arrête dans *les principaux* carrefours, et dans *les* places *publiques*, et l'on fait de *fréquentes* libations en l'honneur *des* dieux.

ONZIÈME LEÇON.

DE LA MAJUSCULE AU COMMENCEMENT DES VERS.

Faire étudier le § 9 du Supplément, interroger sur les huit premiers ; — puis faire conjuguer : *chanter, plier, huer,* etc.

PHRASE-TYPE. *Dans ces prés fleuris*
     Qu'arrose la Seine,
     Cherchez qui vous mène
     Mes chères brebis.

RÈGLE XIe. On met une grande lettre au premier mot de chaque vers (*et l'on commence chaque nouveau vers à une ligne nouvelle*).

68e Dictée (ou Copie).

Dans les dictées de cette onzième leçon, mettre : *V. inf.* sous chaque verbe à l'infinitif.

Deux enfants d'un fermier gentils, espiègles, beaux,
    Mais un peu gâtés par leur père,
    Cherchaient des nids dans leur enclos ;
    Ils trouvent des petits perdreaux
    Qui voletaient après leur mère.

69e Dictée (ou Copie).

Autrefois, dans Bagdad, le calife Almamon
Fit bâtir un palais plus grand, plus magnifique,
Que ne le fut jamais celui de Salomon ;
Cent colonnes d'albâtre en formaient le portique...
Dans les appartements embellis de sculpture,
Sous des lambris de cèdre, on voyait réunis
Et les trésors du luxe, et ceux de la nature,
Les fleurs, les diamants, les parfums, la verdure,
Les myrtes odorants, les merveilles de l'art,
    Et les fontaines jaillissantes
    Roulant leurs ondes bondissantes.

70ᵉ Dictée (ou Copie).

Sur la rive du Nil, un jour, deux beaux enfants
    S'amusaient à faire sur l'onde,
Avec des cailloux (*V.* 2ᵉ *exc.*, p. 21) plats, ronds,
             [légers et tranchants,
    Les plus beaux ricochets du monde.

    Dans certains pays de l'Asie
    On révère les éléphants,
    Surtout les blancs ;
    Un palais est leur écurie,
  On les sert dans des vases d'or....

                (*Imité de*) FLORIAN.

71ᵉ Dictée (ou Copie).

Tandis que nous courons à nos plaisirs étranges,
Tous les petits enfants, les yeux levés au ciel,
Mains jointes et pieds nus, à genoux (*V.* 2ᵉ *exc.* p. 21)
                [sur la pierre,
Disant à la même heure une même prière,
Demandent pour nous grâce au Père universel.

                  V. HUGO.

72ᵉ Dictée (ou Copie).

Il (Dieu) donne aux fleurs leur aimable peinture,
    Il fait naître et mûrir les fruits,
    Il leur dispense avec mesure
Et la chaleur des jours, et la fraîcheur des nuits ;
Le champ qui les reçut les rend avec usure :
Il commande au soleil d'animer la nature,
    Et la lumière est un don de sa main ;
    Mais sa loi sainte, sa loi pure,
Est le plus riche don qu'il ait fait aux humains.

               ~ J. RACINE.

73ᵉ DICTÉE (ou COPIE).

LE VOYAGE.

Partir avant le jour, à tâtons, sans voir goutte,
Sans songer seulement à demander sa route ;
Aller de chute en chute ; et, se traînant ainsi,
Faire un tiers du chemin jusqu'à près de midi :
Voir sur sa tête alors amasser les nuages,
Dans un sable mouvant précipiter ses pas,
Courir, en essuyant orages sur orages,
Vers un but incertain où l'on n'arrive pas ;
Détrompé vers le soir, chercher une retraite,
Arriver haletant, se coucher, s'endormir ;
On appelle cela naître, vivre, et mourir :
    La volonté de Dieu soit faite !

FLORIAN.

74ᵉ DICTÉE (ou COPIE).

LE PAPILLON.

Naître avec le printemps, mourir avec les roses :
Sur l'aile du zéphyr, nager dans un ciel pur,
Balancé sur le sein des fleurs à peine écloses,
S'enivrer de parfums, de lumière et d'azur ;
Secouant, jeune encor, la poudre de ses ailes,
S'envoler comme un souffle aux voûtes éternelles,
Voilà du papillon le destin enchanté :
Il ressemble au désir, qui jamais ne se pose,
Et, sans se satisfaire, effleurant toute chose,
Retourne enfin au ciel chercher la volupté.

A. DE LAMARTINE.

L'éléphant aux larges oreilles
Casse les bambous dans les bois.

V. HUGO.

DOUZIÈME LEÇON.

DU VERBE AJOUTÉ A *TU*.

Faire rééludier le § 9 du Supplément ; — puis faire conjuguer : *crier, suer, jouer, créer*, etc.

PHRASE-TYPE. *A présent tu souris, il sourit ;
Tu tends vers lui (le miroir) les bras, il te les tend
[de même.*

RÈGLE XIIe. Le mot-verbe ajouté au substantif (*ou pronom*) *TU* finit toujours par un *S*.

44e THÈME.

Copier ce qui est écrit en entier, — puis finir le verbe qui n'est que commencé.

1 Demain je sauterai , et tu sauteras.
  (Imiter ce mot).
  Demain je coudrai , et tu c—.
  Demain je crierai , toi aussi tu cr—.
  Demain je courrai , et toi tu c—.
  Demain je te punirai , et tu le p—.
  Ce soir je me récréerai , et tu te r—.
2 Si je le voulais, je me promènerais , et tu te p—.
  Si je sortais, je m'enrouerais , et tu t'en— aussi.
  Si je courais, je suerais , et tu s—.
  Si je sautais, je grandirais , et tu gr—.

45e THÈME.

3 Maintenant je parle , et toi aussi tu parles.
  (A imiter).
  Aujourd'hui je m'ennuie , et tu t'en—.
  A présent je joue , et tu j— également.
  Aujourd'hui je copie , et tu c—.
  A présent j'étudie , et tu é— aussi.
5 Quand je le voulais, je sortais , et tu s—.
  Quand tu me faisais mal, je criais , et toi tu c—.
  Quand on lisait, je bâillais , et tu b—.
  Quand tu venais, je me récréais , et tu te r—.

(1) Par exception, on termine par un *x* : tu peu*x*, tu veu*x*, tu prévau*x*, tu vau*x*.

46ᵉ THÈME.

Copier exactement, — puis finir le mot commencé.

6 Il faut que je ploie,   et que tu p—.
  Il faudra que je sonne,   et que tu s—.
  On veut que je rie,   et que tu r—.
7 Hier je suai,   et tu s— aussi.
  L'an passé je me secouai,   et tu te s—.
  Avant-hier je criai,   et tu c— également.
8 Il fallait que je ne m'enrhumasse pas, et que tu ne t'en—.
  Il faudrait que je vinsse,   et que tu v— aussi.
  On exigerait que je gémisse,   et que tu g— avec moi.

47ᵉ THÈME.

Copier exactement ces phrases ; — puis les écrire en face en changeant *je* en *tu*, et mettant au pluriel les substantifs et les adjectifs.

1 Je flairerai une rose,   et tu flaireras deux r—.
  J'habillerai ma sœur,   et tu h—.
  Je déshabillerai cette poupée,   et tu d—.
  Je regarderai le crucifix,   et tu r—.
2 J'admirerais ce beau portail,   et tu a—.
  Je casserais du cristal,   et tu c—.
  J'égarerais mon fuseau,   et tu é—.
3 Je panse notre cheval,   et tu p—.
  Je pense à ce joyau,   et tu p—.

48ᵉ THÈME.

3 Je m'écrie : Ah! quelle peine!   et tu t'écries : Ah! q—!
  J'écris une longue lettre,   et tu é—.
  Je suis un enfant docile,   et tu es un en—.
  J'ai un gros sou,   et tu as vingt g— s—.
  J'achète un rubis balais,   et tu a—.
5 Je contemplais un kanguroo,   et tu c—.
  Je défaisais un nœud,   et tu— d.
  J'agréais leur compliment,   et tu a—.
6 Il faut que je cache ce roseau,   et que tu c—.
  Il faut que je désennuie mon neveu, et que tu d—.

49ᵉ THÈME.

Copier le singulier ; — puis changer *je* en *tu*, et mettre au pluriel les substantifs et les adjectifs.

Il faut que j'écoute ce hurlement,	et que tu è—.
Il faut que je salue cet amiral ,	et que tu s—.
7 Je plantai ce joli rosier,	et tu p—.
Je fermai un parapluie ,	et tu f—.
Je gagnai un cachet,	et tu g—.
8 Il faudrait que je remportasse le prix ,	et que tu r—.
Il faudrait que je lusse un autre fabliau,	et que tu l—.
Il faudrait que j'obtinsse un beau minéral,	et que tu o—.

75ᵉ DICTÉE (ou COPIE).

Dans toutes les dictées de cette douzième leçon, mettre :

S. a.   sous chaque substantif absolu.
S. a. (ou *pron.*) ind. sous chaque substantif absolu (*ou pronom*) indéfini.
S. r. (ou *pron.*)   sous chaque substantif relatif (*ou pronom*).

Toutes les fois que tu *travailleras* sérieusement, Jenny, tu te *prépareras* un nouveau plaisir : par exemple, si tu *étudies* bien la géographie, tu *connaîtras* tous les pays du monde, et tu *sauras* dire le nom de tous leurs habitants ; si tu *conjugues* tous les verbes avec attention, et si tu *fais* souvent des analyses grammaticales, tu *pourras* bientôt écrire de longues dictées presque sans faute, et tu *enverras* à tes amies de gentilles petites lettres.

76ᵉ DICTÉE (ou COPIE). *Suite.*

Lorsque tu *liras* attentivement l'histoire, tu y *verras* les grandes actions qui ont été faites dans les temps anciens ; si tu *joues* assez bien du piano, tu *feras* danser tes petites amies toutes les fois que tu les *recevras ;* alors tu les *recevras* plus souvent, et tu *t'amuseras* beaucoup : enfin, par ton application, tu *contribueras* surtout au bonheur de tes chers parents.

77e Dictée (ou Copie). *Fin.*

Mais, Jenny, tu ne *remplirais* pas encore tous tes
devoirs si tu te *contentais* de bien étudier; tu *dois*
avant tout réformer ton caractère, et chercher à plaire
au bon Dieu, à ton papa et à ta maman que tu *prétends*
aimer beaucoup : or, tu ne *seras* aimable et bonne, tu
ne *montreras* que tu *aimes* le bon Dieu et tes parents
que lorsque tu *travailleras* sérieusement à te corriger
de tous tes petits défauts, et que tu *obéiras* aux commandements de Dieu et à mes ordres.

78e Dictée (ou Copie).

Voici les principaux commandements de Dieu : Je suis
le Seigneur ton Dieu; tu n'*adoreras* pas les dieux
étrangers, les faux dieux. Tu ne *jureras* pas par mon
nom. Tu *sanctifieras* le saint jour du Sabbat (*nom
propre*). Tu *honoreras* ton père et ta mère afin que tu
vives longtemps. Tu ne *tueras* personne. Tu ne *dérobe-
ras* rien. Tu ne *diras* aucun mensonge. Tu ne *désireras*
pas les biens de ton prochain.

79e Dictée (ou Copie).

Tu *liras* dans la Bible (*nom propre*) que lorsque
Adam eut désobéi, Dieu lui dit : Puisque tu *as* écouté les
conseils de ta femme, que tu *as* mangé du fruit défendu,
la terre sera maudite pour toi, et si tu ne la *cultives*,
elle ne produira que des épines et des ronces. Tu *man-
géras* donc ton pain à la sueur de ton front, jusqu'à ce
que tu *retournes* dans la terre d'où tu *as* été tiré; car
tu *es* poussière, et tu *retourneras* en poussière.

3

80ᵉ Dictée (ou Copie). *Suite.*

Après avoir réprimandé Adam, le Seigneur dit au serpent : Tu *as* entraîné l'homme dans la désobéissance, hé bien, tu *seras* maudit entre tous les animaux terrestres ; tu *ramperas* sur le ventre, et tu *mangeras* la terre tous les jours de ta vie ; tu *seras* en horreur à tous les êtres animés : la femme t'écrasera la tête ; et tu lui *mordras* le talon.

Vers.　Au bruit des flots et des cordages,
Aux feux livides des éclairs,
Tu *jetais* des accords sauvages,
Et comme l'oiseau des orages
Tu *rasais* l'écume des mers.

81ᵉ Dictée (ou Copie).

Ma bonne petite Aglaé, tu *penses* à une chose, et tu *t'occupes* d'une autre ; — tu *regardes* en l'air, et *parles* (E) en travaillant ; tu *as* grand tort : comme tu *es* naturellement distraite, tu *devrais* fixer toute ton attention sur ce que tu *fais*.

Adrienne, il faut que tu *finisses* promptement ton ourlet, et le *fasses* bien cependant ; tu ne *trouveras* pas le temps de jouer si tu *continues* à bayer aux corneilles : — tu *as* fini ; — bien, tu *vas* écrire un joli proverbe, et après tu *joueras*.

Si tu *aimes* le miel, tu ne *dois* pas craindre les abeilles.

(E) Phrase-type. *Tu regardes en l'air, et parles en travaillant.*

Le verbe ajouté au mot *tu* finit généralement par un *s*, lors même que ce mot *tu* est sous-entendu (1).

(1) Parfois on n'exprime pas le substantif (ou le *pronom*) auquel un verbe est ajouté.

TREIZIÈME LEÇON.

DÉVELOPPEMENT DE LA RÈGLE XII°.

A présent tu souris, il sourit;
Tu tends vers lui les bras, il te les tend de même.

(Page 46.)

Faire étudier le § 10° du Supplément et revoir le 9° ; — puis conjuguer : *éterniser,*
recréer, s'associer, etc.

50° THÈME.

Copier tout le singulier ; — puis remplacer *je* par *tu,* etc., et mettre au pluriel
les substantifs et les adjectifs.

J'enfoncerais mal ce clou,	et tu en—mal ces c—.
Je parcourrais tout le préau,	et tu p—.
Je fais un ennuyeux pensum,	et tu f—.
Je gravis un long talus ;	et tu g—.
Quel agneau je tonds !	q— a— tu t— !
Quelle gazelle je poursuivis hier !	q—g— tu p— !
J'aperçus un vautour cruel,	tu a—.
Je revins bientôt de ce lieu de désert,	tu r—.

51° THÈME.

J'avouerai mon tort,	tu avoueras *tes* torts.
Je longerai le nouveau canal,	tu l—.
J'amarrerai ici notre petit canot,	tu a—.
Je n'obstruerai pas ce chemin,	tu n'—.
Je porterai l'éventail de ma sœur,	tu p—.
J'achetai hier un murex fort rare,	tu a—.
Je cassai quelque noyau,	tu c—.
Je dessinai bien ce nez,	tu d—.

52° THÈME.

Quel gros platras je découvre !	q— g—!
Quelle belle cerise je cueille !	q— b—!
J'éternue fréquemment aujourd'hui,	tu é—.
Il faudra que je range mon bureau,	que tu r—.
Il faut que je secoue fortement ce prunier,	que tu s—.
Il faudrait que je tuasse le veau gras,	que tu t—.
Il exigerait que je rinçasse son bocal,	que tu r—.
On voulait que je fisse tout le concours,	que tu f—.

53ᵉ Thème.

Copier le singulier, — puis écrire une phrase analogue avec *tu* et le *pluriel*.

Je montrerais un point cardinal ,	tu m— les p—.
Je lui présenterai mon poing fermé ,	tu l—.
Je lance une grosse bille ,	tu l—.
Je revis hier le compte de sa dépense ,	tu r—.
Je saluerai ce vieux et respectable comte ,	tu s—.
Je lisais un conte très-amusant ,	tu l—.
J'atteins le léger chamois ,	tu a—.
Je dessinerais ce sphinx monstrueux ,	tu d—.

54ᵉ Thème.

Je fabrique un cerf-volant ,	tu f—.
J'entendrai le roucoulement de la colombe,	tu en—.
Je dépeçai un tout jeune pigeonneau ,	tu d—.
Je couds mon tablier écossais ,	tu c—.
Je respectais notre saint archevêque ,	tu r—.
Je copie un fort beau vers ,	tu c—.
Je cassai hier un verre magnifique ,	tu c—.
Je mis avant-hier mon gilet vert ,	tu m—.

55ᵉ Thème.

Verrai-je mon petit neveu (1) ?	verras-tu (f) tes p—?
Écrivis-je un nombre décimal ? (1)	é—?
Quoi ! déracinerai-je ce jeune pin si vert ?	q— d—?
Mangerai-je de ce bon pain blanc ?	m—?
Fermai-je hier le gros verrou ?	f—?
Dois-je recevoir un aussi beau joujou ?	d—?
(*V*. 2ᵉ *exc.*, p. 21).	
Demain nettoierai-je ce long tuyau ?	d—?

(F) Phrase-type. *Cher enfant, es-tu fils de quelque saint prophète ?*

Le verbe ajouté à *tu* finit toujours par un *s*, lors même que le mot *tu* est placé après lui.

(1) Remarquer le point d'interrogation (?) qui termine ces phrases, et l'y mettre toujours.

56ᵉ Thème.

Copier le singulier, — puis écrire une phrase analogue avec *tu* et le *pluriel.*

Regardé-je (G) (*présent indicatif, groupe* 3ᵉ) notre mérinos ?   regardes-tu nos m— ?

Joué-je (G) (*prés. indic.*, *gr.* 3ᵉ) avec leur cerceau neuf ?   j— ?

Ne mandé-je (*prés. indic.*, *gr.* 3ᵉ) pas un nouveau vassal ?   ne m— ?

Que marchandé-je (*prés. indic.*, *gr.* 3ᵉ) là ? — Un ananas ?   que m— ?

N'admiré-je (*prés. indic.*, *gr.* 3ᵉ) pas ici une voie romaine ?   n'a— ?

Qu'écouté-je (*prés. indic.*, *gr.* 3ᵉ) ici ? — C'est une voix humaine ?   qu'é— ?

Labouré-je (*prés. indic*, *gr.* 3ᵉ) à présent le champ de mon voisin ?   l— ?

Imitai-je (*passé indic.*, *gr.* 7ᵉ) bien hier le chant de la cigale ?   i— ?

57ᵉ Thème.

Dessiné-je (G) bien maintenant ce vieux castel gothique ?   dessines-tu bien m— ?

Ne tuai-je (G) pas hier une hirondelle ?   n— ?

Puisé-je maintenant le seau tout plein ?   p— ?

Hier, ne gravai-je pas le sceau royal ?   h—, n— ?

N'aperçois-je pas là ce sot caporal ?   n'aperçois-tu p— ?

Serai-je gai dans ce grand bal (*V.* 1ʳᵉ *exc.*, p. 14).   s— ?

Ai-je ici mon joli canevas ?   a— ?

Ne suis-je pas toujours indécis ?   n'— ?

Nota. On ne finit jamais par un *s* le mot de l'impératif (groupe 4ᵉ) des verbes en *er* qui a rapport au mot *toi* (pour *tu*) sous-entendu.

_____

(G) Phrase-type. Veillé-je ? *et n'est-ce point un songe que je vois ?*

On doit toujours mettre un tiret (-) entre le mot-verbe et le substantif (*pronom*), tel que : *je, tu, il, nous*, etc., etc.; *moi, toi*, etc.; *ce on*; etc., etc. qui est placé après.

82ᵉ DICTÉE (ou COPIE).

Dans ces dictées, comme dans les précédentes, mettre :
S. a. — S. a. ind. — S. r. (ou S. pron.) sous chaque substantif (ou pronom).

Une bonne fée dit un jour à un petit écolier : Mon cher Léon, puisque tu *travailles* avec zèle, que tu *profites* des leçons de tes maîtres, que tu *cherches* à contenter tes parents, enfin puisque tu *as* gagné deux beaux prix, tu *mérites* une récompense ; tu n'*as* qu'à regarder tous mes jolis oiseaux, et celui que tu *aimeras* le mieux, tu me le *demanderas* ; ou bien, *préfères*-tu les chiens ? tu *pourras* en prendre un.

83ᵉ DICTÉE (ou COPIE). *Suite.*

Léon était d'un caractère indécis ; il réfléchit assez longtemps, et dit : Je voudrais bien les avoir tous les deux. — Tous les deux, dit la fée, c'est beaucoup ; tu *apprendras* demain ce que j'en pense.

Le lendemain la fée dit à Léon : Tu me *demandes* un chien et un oiseau, tu ne les *auras* pas, car tu ne *pourrais* soigner ces deux animaux ; tu n'*as* qu'à réfléchir encore, et quand tu *sauras* ce que tu *préfères*, tu me le *diras* : peut-être *seras*-tu décidé demain au matin.

84ᵉ DICTÉE (ou COPIE). *Suite.*

Le lendemain matin, la bonne fée dit à Léon : Eh bien ! *es*-tu décidé maintenant ? — L'enfant répondit : Oui, madame, je voudrais un oiseau. — Comment ne *préfères*-tu pas un de ces chiens si beaux, si gais et si fidèles ? Diamant, par exemple ? Tu *ignores* donc combien tu t'*amuserais* en jouant avec Diamant ? tu ne *penses* donc pas au bonheur dont tu *pourrais* jouir ? — Oh ! si,... mais,... peut-être, alors,... balbutia Léon.

85e DICTÉE (ou COPIE). *Fin.*

La fée répliqua : Tu n'*es* pas suffisamment décidé aujourd'hui, tu me le *montres* par tes hésitations : tu *as* la permission de réfléchir encore, et demain tu *reviendras* me dire enfin à quoi tu te *décides;* tu *entends,* à demain. — Cependant trois jours s'étaient écoulés, et l'enfant n'était pas encore fixé; alors la bonne fée lui dit : Comme tu *restes* si longtemps indécis entre un chien et un oiseau, cela prouve que tu les *aimes* également; hé bien, puisque tu *as* si bien travaillé, tu les *auras* tous les deux.

86e DICTÉE (ou COPIE).

Ma petite Camille, quand tu *sortiras* tu *auras* soin d'emporter de la tapisserie, car je veux que tu *travailles* chez ta tante; tu ne *dois* plus, à ton âge, passer la journée dans l'oisiveté. Maintenant que tu *sais* lire, que tu *commences* à écrire assez bien, que tu *connais* l'orthographe de beaucoup de mots, et que tu *étudies* le calcul, tu *éprouverais* de l'ennui si tu *restais* inoccupée ; d'ailleurs, *voudrais*-tu être confondue avec les tout (*inv.*) petits enfants qui ne sont propres à rien ?

87e DICTÉE (ou COPIE).

Fanny, tu nous *as* fait parcourir sur ta carte une partie de l'Europe, et voyager dans toute la France, *pourrais*-tu maintenant nous promener dans le Nouveau-Monde? J'aimerais que tu nous *fisses* voir les principales villes des États-Unis, en commençant par New-York, puisque tu y *es* née; et que tu nous *donnasses* tous les détails que tu *connais* sur cette ville. Une bonne américaine doit être fière de sa patrie.

88ᵉ Dictée (ou Copie).

Un jour que Robinson, dans son île, demandait ce qu'il avait fait pour être aussi malheureux, il crut entendre une voix qui disait : Misérable, tu *demandes* ce que tu *as* fait! Que ne *recherches*-tu plutôt ce que tu n'*as* pas fait et ce que tu *auráis* dû faire? Tu *devais* périr cent fois, et cependant tu *vis*! Pourquoi, par exemple, ne te *noyas*-tu pas comme tous tes pauvres compagnons? Pourquoi ne *fus*-tu pas dévoré en Afrique par les bêtes sauvages? Pourquoi?..... Dieu t'a conservé la vie, et tu *oses* te plaindre!

89ᵉ Dictée (ou Copie).

Madame Berville disait hier à la curieuse Gertrude : Si tu *écoutes* au trou de la serrure, tu *pourras* bien entendre dire du mal de toi. L'enfant rougit de honte.

Tu me *quittes*, Fernand; hé bien, avant que tu *partes*, il faut que tu me *fasses* un serment solennel. Tu *vois* ces lieux sauvages, mes ancêtres y reposent; tu *vas* me promettre que tu *reviendras* ici prier sur leurs tombeaux.

90ᵉ Dictée (ou Copie). *Vers.*

N'*as*-tu pas commencé par faire la grimace
A ce méchant enfant qui cause ton dépit?
— Oui.— Tu *vois*, à présent tu *souris*, il sourit;
Tu *tends* vers lui les bras, il te les tend de même;
Tu n'*es* plus en colère, il ne se fâche plus.

Le charton (charretier) dit au porc : Qu'*as*-tu tant
à te plaindre?
Tu nous *étourdis* tous, que ne te *tiens*-tu coi?

(Seigneur) N'*es*-tu plus le Dieu jaloux?
N'*es*-tu plus le Dieu des vengeances?

Le n° 5 représente le son é (qui doit ici s'écrire par ez).

QUATORZIÈME LEÇON.

DU VERBE AJOUTÉ A *VOUS*.

Interroger sur les trois premiers paragraphes du Supplément, et faire étudier le 11° ; — puis faire conjuguer : *soier, s'engouer, se récréer*, etc.

PHRASE-TYPE. *Vous* aime**rez** *le Seigneur votre Dieu de tout votre cœur.*

RÈGLE XIII°. Le mot-verbe ajouté au substantif (ou *pronom*) *VOUS* finit toujours par *EZ* quand il se termine par le son de l'*É* (*é fermé*).

58° THÈME.

1° Copier *vous* et le commencement du verbe ; — 2° remplacer le chiffre 5 par *ez* ; — 3° mettre au pluriel les substantifs et les adjectifs, après les avoir écrits au singulier.

1 Vous *regarder*-5 cet if pyramidal ; écrivez :   ou plutôt :
  vous regarderez cet if pyramidal , *ou pl. :*   ces ifs p—.
  Vous ne *manger*-5 qu'un seul petit pois ,   que deux p—.

2 Si… vous *pèseri*-5 avec le nouveau poids ,   avec l—.
  Si… vous vous *guériri*-5 bien sans ce grand   sans c—.
    emplâtre de poix ,

3 Vous *récré*-5 beaucoup ce vieux maréchal ,   c— v—.
  Vous *remport*-5 là un bien glorieux trophée,   de bien g—.

59° THÈME.

5 Vous *entendi*-5 ce coq bruyant ,   ces c—.
  Vous *mordi*-5 vite dans cette coque verte ,   dans c—.
  Vous *lii*-5 sa grosse botte d'asperges ,   s— g—.

6 Il faut que vous *dénoui*-5 ce lacet noir ,   c— l—.
  Il faut que vous *ay*-5 ici une chauve-souris ,   dix ch—.
  Il faut que vous *soy*-5 un nain ou un géant ,   deux n—.

8 Il faudrait que vous *invitassi*-5 votre cousine,   v— c—.
  Il fallait que vous me *débarrassassi*-5 de   de t—.
    tout cet attirail ,

3.

Le n° 5 représente le son *ĕ* (qu'on doit écrire ici par *ez*).
Le n° 8 représente le son *e*, ou l'*e* muet (qu'on doit écrire ici par *es*).

PHRASE-TYPE. *Vous êtes, je l'avoue, ignorant médecin.*

RÈGLE XIV°. Le mot-verbe ajouté au substantif (ou *pronom*) *VOUS* doit finir par *ES* (*au lieu de EZ*) quand il se termine par le son *E* (*e muet*).

60° THÈME.

A faire comme les deux thèmes précédents, en y remplaçant le chiffre 8 par **es**
(comme on remplace le chiffre 5 par *ez*).

	on plutôt :
7 Vous *couronnât*-8 un zélé lauréat, *ou pl.* :	cinq zél—.
Vous me *dictât*-8 hier un mot latin,	quatre m—.
Vous *guérit*-8 un affreux mal de dents,	d'a—m—.
Vous *dormit*-8 pendant toute la nuit,	t—les n—.
Vous *fait*-8 une trop vilaine grimace,	d—t—v—.
Vous *sût*-8 obtenir (1) son désaveu formel,	s—d—.
Vous nous *lût*-8 la loi nouvelle,	l—l—.
Vous *obtint*-8 hier un fort beau prix,	d—f—.

61° THÈME.

Vous *fît*-8 une bonne lieue ensemble (*inv.*),	deux b—.
Vous *vint*-8 vous reposer (1) dans un lieu sûr,	dans d—l—.
Vous *trouver*-5 leur pomme trop sure,	l—p—.
Il faudrait que vous ne *fronçassi*-5 jamais le sourcil,	l—s—.
Vous *gravit*-8 le coteau septentrional,	l—c—.
Vous vous *serv*-5 d'un bien grand étau,	d—b—.
Vous *fermât*-8 trop tôt ce parapluie,	c—p—.
Vous me *dir*-5 le titre du nouveau ballet,	l—t—.
Vous *balayât*-8 avec un balai neuf,	d—b—.

(1) L'infinitif du verbe conserve toujours la même orthographe.

Nº 5, son *é*. —— Nº 8, son e (e muet).

62ᵉ THÈME.

A faire comme les quatre précédents.   , on plutôt.

Vous me *dédommager*-5 de toute ma peine,   de t— m—.
Vous me *posât*-8 un pêne tout rouillé,   d— p—.
Vous *fer*-5 un régal (*V.* 1ʳᵉ *exc.*, p. 14) ex-
    cellent,   d— r—.
Quel beau cristal vous nous *montr*-5 !   q— b—!
Vous *parcourût*-8 un véritable labyrinthe,   d— v—.
Quel surprenant pygmée vous *visitât*-8 !   q— s—!
Vous *reconnaîtr*-5 toute ma bonté,   t— m—.

63ᵉ THÈME.

Grenadier, vous *obtînt*-8 la plus forte paye,   l— plus f—.
Vous *signer*-5 demain le traité de paix,   l— t—.
Mon ami, que vous *êt*-8 bon !   m— a—!
Vous *fer*-5 votre total général,   v— t—.
Mons. *conservât*-8 ce joli caillou (*V.* 2ᵉ *exc.*,
    p. 24),   o— j— c—.
Vous *peignît*-8 notre gentille souris blanche,   n— g—.
Suppose-t-on que vous *ay*-5 un cheveu tout
    hérissé, et que vous *soy*-5 horrible,   d— ch—.

91ᵉ DICTÉE (ou COPIE).

Dans toutes les dictées de cette quatorzième leçon, unir par un trait de conduite le verbe au substantif (ou pronom) auquel il est ajouté : (ainsi conduire un trait du verbe *opprimait* au substantif *Pharaon* ; — conduire un autre trait du verbe *dit* à son substantif *Dieu*, etc., etc.

Pharaon, roi d'Égypte, opprimait les Israélites ; Dieu voulant les tirer de l'esclavage leur dit : Le dixième jour de ce mois (c'était le mois de Mars) vous vous *procurerez* un agneau d'un an, vous le *garderez* jusqu'au quatorzième jour ; alors vous vous *réunirez* famille par famille, et vous *aurez* soin d'être assez nombreux pour que vous *puissiez* manger l'agneau entier entre vous tous, puis vous l'*immolerez*.

92e DICTÉE (ou COPIE). *Suite.*

Quand vous *aurez* immolé cet agneau, dit le Seigneur aux Israélites, vous *marquerez* de son sang la porte des maisons où vous *serez*, ensuite vous *ferez* rôtir sa chair, et vous la *mangerez* avec des pains sans levain et des laitues amères ; lorsque vous *ferez* ce repas vous vous *ceindrez* les reins, vous *aurez* des souliers aux pieds, vous *tiendrez* un bâton à la main comme des voyageurs ; — et en effet sous peu vous *quitterez* cette terre de servitude.

93e DICTÉE (ou COPIE).

Tu es mal portante aujourd'hui, Radegonde, parce que tu as été gourmande hier ; tu souffres la peine de ta désobéissance, ainsi tu dois te résigner : pour vous, mes enfants, quoique vous *eussiez* une grande envie de manger toutes vos pralines, vos marrons glacés, vos olives de chocolat, vous *avez* su résister à la tentation, vous vous *êtes* montrés soumis ; — aussi vous vous *portez* bien, et vous *sortirez* avec moi, pendant que la gourmande boira de la tisane.

94e DICTÉE (ou COPIE).

Que me dit-on de vous, Ivan ? Quoi ! vous vous *permîtes* de gauler mes noix, et vous en *abattîtes* un grand nombre sans permission ; et vous *remplîtes* mon salon des débris de leurs écales et de leurs coquilles lorsque vous *voulûtes* vous faire des balances, et puis vous *osâtes* vous enfermer sous les verrous pour faire toutes ces sottises ; et après cela vous *vîntes* m'aborder d'un air gai ? — Vous *méritez* une punition très-sévère. — Vous n'*aurez* pas de dessert pendant quatre jours.

95ᵉ Dictée (ou Copie).

Berthe, Georgina, vous *ferez* votre dictée aujourd'hui avec votre cousin Timothée, et vous vous *appliquerez* plus que vous ne le *fîtes* hier, n'est-ce pas? — Vous *verrez* encore une des extravagances de ce fou qui prenait des moulins pour des géants.

Don Quichotte, donc, voyageant pendant la nuit avec son écuyer, aperçut une vingtaine de personnages qui, vus à la lueur de leurs flambeaux, semblaient être des spectres, des fantômes, etc.

96ᵉ Dictée (ou Copie). *Suite.*

Don Quichotte dit à Sancho : Tu parles de courage, mon cher ami, tu vas voir si ton maître en a. Alors il s'avance vers les grandes figures blanches, qui toutes portaient des torches allumées, et il s'écrie d'une voix sonore : Arrêtez, qui que vous *soyez !* Je veux que vous me *disiez* qui vous *êtes*, et ce que vous *faites* en ce pays, et à cette heure.

97ᵉ Dictée (ou Copie). *Fin.*

Don Quichotte cria donc aux voyageurs qui ne paraissaient que comme de grandes figures blanches : Je veux que vous me *disiez* qui vous *êtes*, où vous *allez*, d'où vous *venez*, ce que vous *fîtes* hier, et comment vous *employâtes* votre journée; je veux savoir qui vous *conduisez* dans cette litière; et si vous ne me le *dites* pas, je vous PASSERAI (H) tous au fil de mon épée. Or, ces prétendus fantômes étaient des religieux qui portaient en terre le corps d'un noble défunt.

(H) PHRASE-TYPE. *Je vous* enseignerai *les pâtis les plus gras.*

Le mot-verbe placé après *je vous* est toujours ajouté à *je* (jamais à *vous*).

98ᵉ Dictée (ou Copie).

Si vous finissez promptement votre dictée, mes bonnes amies, *je vous mènerai* (h) jusqu'aux Tuileries, où vous vous amuserez beaucoup, j'en suis sûre, car vous y trouverez sans doute Alice et Jeanne : — ou, si vous le préférez, *je vous ferai* (h) voir le nain Tom-Pouce, ce petit pygmée si drôle, si drôle, qui vient d'arriver à Paris, ou bien encore le géant espagnol; enfin, *je vous conduirai* où vous le voudrez, si vous êtes prêtes de bonne heure; mais il faut que vous ayez fini vos devoirs.

99ᵉ Dictée (ou Copie).

Vous avez souvent entendu parler de Napoléon Bonaparte, *je vous dicterai* (h) aujourd'hui ce qu'il a dit aux soldats de l'armée d'Égypte, dont il était le général : « Soldats !....

Il y a cinq ans, vous prîtes Toulon; ce fut le présage de la ruine de nos ennemis (ces ennemis dont Napoléon parlait étaient les Anglais).

Un an après, vous battiez les Autrichiens à Dégo.....»

100ᵉ Dictée (ou Copie). *Suite.*

Vous êtes curieux de savoir ce que Napoléon ajouta, *je vous satisferai*; il dit encore :

« L'année suivante, vous étiez sur le sommet des Alpes.

Vous luttiez contre Mantoue, il y a deux ans; et vous remportiez la célèbre victoire de Saint-Georges.

L'an passé, vous étiez aux sources de la Drave et de l'Isonzo, de retour d'Allemagne. Qui aurait pu croire alors que vous seriez aujourd'hui sur les bords du Nil?. »

101ᵉ Dictée (ou Copie). *Fin.*

Vous me dîtes hier : Mais la proclamation n'est pas terminée, maman; vous aviez raison : *je vous* en *dirai* aujourd'hui la fin, et *je vous* la *ferai* même écrire. — Pour flatter l'orgueil de ses soldats, et ranimer leurs espérances, Napoléon termina en ces mots :

« Depuis l'Anglais (1) jusqu'au hideux et féroce Bédouin (1) vous fixez les regards du monde.

Soldats, votre destinée est belle. Vous mourrez avec honneur, ou vous retournerez dans votre patrie couverts de lauriers. »

102ᵉ Dictée (ou Copie).

Le prophète Ézéchiel annonça en ces mots les miséricordes du Seigneur aux Israélites captifs : Voici ce que dit notre Dieu : *Je vous tirerai* du milieu des nations, *je vous rassemblerai* de tous les pays, et *je vous ramènerai* dans votre terre, si vous invoquez mon nom. *Je vous purifierai* de toutes vos souillures, *je vous ôterai* votre cœur de pierre, et *je vous donnerai* un cœur de chair; *je vous ferai* marcher selon mes commandements..... Vous serez mon peuple, et je serai votre Dieu. »

103ᵉ Dictée (ou Copie).

Je vous dicterai les vers que La Fontaine fait dire à deux canards qui s'envolaient emportant une tortue :

Vous voyez ce large chemin? (le ciel)
Nous vous voiturerons, par l'air, en Amérique :
Vous verrez mainte république,
Maint royaume, maint peuple; et vous profiterez
Des différentes mœurs que vous remarquerez.

(1) Il faut mettre la majuscule à *Anglais* et à *Bédouin*, parce que ce sont ici des noms propres de peuples.

Le n° 18 représente le son *on* (qui doit s'écrire ici par *ons*).

QUINZIÈME LEÇON.

DU VERBE AJOUTÉ A *NOUS*.

Interroger et exercer sur le § 4ᵉ, le 5ᵉ et le 6ᵉ ; — puis faire conjuguer : *clouer, s'étonner, agréer ;* — enfin, faire copier au Suppl. le modèle des verbes en *ger : ranger*.

PHRASE-TYPE. *Venez sous mon manteau, nous* marcher**ons** *ensemble.*

RÈGLE XVᵉ. Le mot-verbe ajouté au substantif (ou *pronom*) *NOUS* finit généralement par *ONS*.

64ᵉ THÈME.

Comme dans les précédents : 1° copier *nous* et le commencement du verbe ; — 2° remplacer le 18 par *ons* ; — 3° mettre au pluriel les substantifs et les adjectifs, après les avoir écrits au singulier.

1 Nous *manger*-18 un bigarreau, écrivez : Nous   *ou plutôt :*
   mangerons un bigarreau,   *ou plutôt :* douze b—.

Nous *boir*-18 de la tisane excellente,   des t—.

Nous *récréer*-18 bien notre petit-neveu,   n—.

2 Si... nous *conserveri*-18 ce vin exquis,   c—.

Si... nous *mépriseri*-18 tout ce vain appareil,   t—.

3 Nous *ressent*-18 un bien dangereux cahot,   d—.

Nous *débrouill*-18 un chaos épouvantable,   d—.

Nous *pli*-18 maintenant notre serviette,   n—.

65ᵉ THÈME.

5 Ce matin nous *plii*-18 le genou (2ᵉ *exc.* p. 21),   l—.

Nous *passi*-18 sous cet arc triomphal,   sous c—.

6 Il faut que nous *obéissi*-18 à notre grand-père,   à n—.

Il faut que nous nous *réfugii*-18 sous cette tente,   sous c—.

On ne veut pas que nous *ay*-18 ce fusil,   c—.

Faut-il que nous *soy*-18 naine ou géante ?   n—?

8 Il faudrait que nous *employassi*-18 ce licou,   c—.

Il fallait que nous *décomposassi*-18 ce gaz inflammable,   c—.

Le n° 8 représente l'*e* muet (qui doit ici se peindre par *es*).
Le n° 18 représente le son nasal *on* (qui doit ici s'écrire par *ons*).

PHRASE-TYPE. *Nous* quittâm**es** *à regret le rivage*, *nous nous* embrassâm**es**.

RÈGLE XVIe. Le mot-verbe ajouté au substantif (ou *pronom*) *NOUS* doit finir par *ES* (*au lieu de ONS*) quand il se termine par le son *E* (*par l'e muet*).

66e THÈME.

A faire comme les deux précédents, en y remplaçant le chiffre 8 par *es* (comme on remplace le chiffre 18 par *ons*).

7 Nous *triomphâm*-8 (1) de notre rival, écriyez :   ou plutôt :
   nous triomphâmes de notre rival, *ou plutôt* : de n— r—.

Nous *prim*-8 un oiseau fauve,   des oi—.

Nous *ouvrim*-8 notre coffre-fort,   n—.

Nous *visitâm*-8 notre musée national,   n—.

Nous *lûm*-8 sa dernière lettre,   s—.

Nous *obtinm*-8 son dernier mot,   s—.

Nous *somm*-8 accablés d'un mal affreux,   d—.

Nous *courûm*-8 vers ce soupirail (3e *exc.*,   vers c—.
   p. 21),

67e THÈME.

Nous *naviguâm*-8 sur ce nouveau canal,   sur c—.

Nous *achèter*-18 votre petit canot vert,   v—.

Nous *tuer*-18 une louve et un louveteau,   d—.

Nous *reçûm*-8 chacune une jolie ombrelle,   d—.

Nous *parvinm*-8 enfin à ce plateau élevé,   à c—.

Nous *joui*-18 hier avec votre petit filleul,   avec v—.

Nous *sentim*-8 hier l'aiguillon d'une abeille,   l— ai—.

Quel beau drap nous *employâm*-8!   q—!

Quelle pêche succulente nous *mange*-18!   q—!

(1) Ne pas oublier l'accent circonflexe dans les terminaisons *âmes, îmes, âmes, nmes*, — (*âtes, ûtes, întes, etc.*).

No. 8, son e (e muet). —— No. 18, son on.

68e THÈME.
À faire comme les quatre précédents.

Nous *regard*-18 toujours avec plaisir un front   ou plutôt :
calme et serein,   *ou plutôt :*   des r—.

Nous *entendîm*-8 hier le chant harmonieux d'un   les ch—.
joli petit serin vert,

Nous nous *promenûm*-8 dans ce champ tout   dans s—.
émaillé de fleurs,

Nous *avî*-18 campos tout le Dimanche,   t—.

Nous lui *apport*-18 son canif et son crayon,   s—.

69e THÈME.

Il faut que nous *voyi*-18 en notre fils un cœur   en n—.
reconnaissant,

Nous *entonnâm*-8 un chœur bruyant, mais har-   des ch—.
monieux,

Maintenant nous *ri*-18 de son ingénuité, comme   de s—.
nous *rii*-18 hier de son mot favori,

Il faut que nous *peigni*-18 ce géranium tricolore,   c—.

Nous *croyi*-18 pouvoir visiter hier tout le sérail,   t—.

Nous *somm*-8 dans un lieu peu sûr,   dans d—.

104e DICTÉE (ou COPIE).

Dans toutes les dictées de cette quinzième leçon, unir par un trait chaque verbe au substantif (ou au *pronom*) auquel il est ajouté.

Nous vous *attendons* impatiemment à Saint-Cloud, ma chère Elisa : nous nous *amuserons* beaucoup ensemble, nous *ferons* de longues promenades, nous *irons* à âne, puis en bateau sur la Seine; — mais je vous l'avouerai, maman exige que nous *employions* utilement quelques heures, ainsi nous *lirons* ou nous *coudrons*, nous *étudierons* la géographie ou nous *calculerons*, nous *ferons* une dictée ou nous *dessinerons* un peu chaque jour, — et puis nous *jouerons* et nous nous *récréerons* ensuite.

105ᵉ Dictée (ou Copie).

Nous *lisons* dans l'histoire que les Israélites, parvenus dans les déserts de l'Arabie après avoir traversé la Mer-Rouge, s'écrièrent : Plût à Dieu que nous *fussions* morts en Égypte où nous *étions* assis auprès de marmites remplies des viandes les plus succulentes. O Moïse, nous ne *savons* pas pourquoi vous nous avez amenés dans ces lieux arides où nous *errons*, où nous *allons* périr, privés comme nous le *sommes* de tous les aliments.

106ᵉ Dictée (ou Copie).

Ma gentille Emma, tu as frémi tant de fois au récit des affreux dangers courus par Robinson, que tu te ressouviens sans doute du péril où il se trouva en revenant dans sa patrie ; tu te le rappelles aussi, René? — Vous ne répondez pas, je vous le raconterai encore. Robinson dit : Lorsque mes compagnons et moi nous *traversions* les Pyrénées, nous *fûmes* assaillis par trois troupes de loups affamés ; le jour tombait, nous *étions* saisis de crainte, nous nous *enfuîmes* aussi vite que nous le *pûmes*.

107ᵉ Dictée (ou Copie). *Suite.*

Pendant que nous *cherchions* une route sûre, continue Robinson, nous *découvrîmes* un défilé fort étroit : nous nous y *précipitions* à la hâte lorsque nous *aperçûmes* d'autres loups ; glacés d'épouvante, ignorant quelle route nous *devions* prendre, nous nous *arrêtâmes* entre plusieurs grands arbres abattus et couchés sur la terre, et nous nous en *fabriquâmes* un rempart où nous *résolûmes* de nous défendre avec vigueur. — Mais, il est tard, je ne vous en dicterai pas davantage aujourd'hui.

108ᵉ DICTÉE (ou COPIE). *Fin.*

Vous savez, Emma et René, que nous *avons* laissé notre voyageur avec ses compagnons dans le plus grand embarras : je vous apprendrai comment il s'en tira; Robinson le dit ainsi : Lorsque nous nous *rassurions* par la vue du rempart que nous nous *étions* fabriqué, les loups poussèrent d'horribles hurlements; nous *sentîmes* nos cheveux se dresser sur nos têtes, mais, conservant notre présence d'esprit, nous leur *répondîmes* par des cris prolongés, et en même temps nous *fîmes* plusieurs fortes décharges de nos fusils : les loups regagnèrent précipitamment les bois, nous en *vîmes* plus de soixante de morts, et cependant, malgré cette victoire, nous *quittâmes* en toute hâte ces lieux où nous *avions* éprouvé tant d'angoisses cruelles.

109ᵉ DICTÉE (ou COPIE).

Venez sous mon manteau (dit la Fable à la Vérité),
      [nous *marcherons* ensemble.....
    Vous verrez, ma sœur, que partout
    Nous *passerons* de compagnie.

Comment, sans y voir clair et sans savoir pourquoi,
Vous vous battez ainsi?... (dit un professeur à ses élèves):
— Nous ne nous *battons* point, disent-ils, jugez mieux;
    C'est que nous *repassons* tous deux
Nos leçons.....

Nous *sommes* bonnes gens, nous *vivons* comme frères,
Et nous ne *connaissons* ni le tien, ni le mien.
    Dans la gaîté, dans la concorde,
Nous *passons* les instants que le Ciel (1) nous accorde.

---

(1) On écrit *Ciel* avec une grande lettre quand il peut être remplacé par le mot *Dieu.*

Le n° 5 représente le son *é* (l'é fermé).
Le n° 8 représente le son *e* (ou l'*e* muet).

SEIZIÈME LEÇON.

DU VERBE AJOUTÉ A *VOUS* ET A *NOUS*. (*SUITE*).

Interroger et exercer sur le § 7ᵉ et le 8ᵉ du Supplém.; faire étudier le 12ᵉ; — puis faire conjuguer, en imitant le verbe-modèle *ranger : manger, vendanger, se) purger, forger*, etc.

70° THÈME.

1° Copier tout ce qui est écrit; — 2° remplacer le chiffre par les lettres exigées ; — 3° mettre au pluriel les subst. et les adj., après les avoir écrits au singulier.

Éviter-5 (1)-vous ce détail trivial? écrivez : évi-   ou plutôt :
   terez-vous ce détail trivial,   *ou plutôt :* ces d—?
Pren-5 (1) votre carquois, une flèche, et *vis*-5,   v—.
Ten-5-vous debout! *Regard*-5 ce vieux créneau,   c—.
Song-5 à payer le tribut qui vous est imposé,   l—.
Rang-5-vous ensemble dans la même tribu,   dans l—.

71° THÈME.

Racontât-8 (1)-vous ingénument cette aventure?   c—?
Ne *fait*-8 (1) jamais un vœu inconsidérément,   d— v—.
Pesât-8-vous le corps de cet éléphant mort?   l— c—?
Hier *entendit*-8-vous un cor dans la plaine?   d— c—?
Vit-8-vous jamais une face plus pleine?   d—?
Signât-8-vous votre nouveau bail (3ᵉ *exc.*, p. 21)?   v—?

72° THÈME.

Hier, *dit*-8-vous la même chose qu'aujourd'hui?   l—?
Maintenant, *dit*-8-nous ce conte merveilleux,   c—.
Présent-5-nous votre compte plus exact,   v—.
N'outrageât-8-vous pas le puissant comte D°?   l—?
Interrogeât-8-vous souvent votre almanach?   v—?

---

(1) PHRASE–TYPE. Apprit**es**-vous *ce vers?*
      Travaill**ez**, pren**ez** *de la peine.*

Le mot–verbe ajouté au substantif (ou *pronom*) *vous* finit toujours par *ez* ou par *es,* et lorsque le mot *vous* n'est exprimé qu'après le verbe, —et lors même que le mot *vous* est sous-entendu.

Le n° 8 représente l'*e* (*e* muet).
Le n° 18 représente le son nasal *on*.

73ᵉ Thème.

A faire comme les trois précédents. — Voir au 70ᵉ thème.

Saluer-18 (ɹ)-nous ce fou ridicule? écrivez : sa-	*ou plutôt :*
luerons-nous ce fou ridicule, *ou plutôt :*	ces f—?
Dessin–18 (ɹ) ce charmant paysage,	c—.
N'*écras*-18-nous pas un joli scarabée?	d—?
Ne *nage*-18 jamais dans son eau fangeuse,	dans s—?
Encage-18 ensemble ce serin jaune, ce cardinal	c—.
rouge, ce perroquet vert et cette perruche grise,	
Fuy-18 constamment l'homme impie,	l—.

74ᵉ Thème.

Fauchâm-8 (ɹ)-nous hier ce pré tout entier?	c—?
Somm-8 (ɹ)-nous admis auprès du pieux ermite?	auprès d—.
Ne *vîm*-8-nous pas déjà un semblable mausolée?	d—?
Ne *convînm*-8-nous pas de ce prix?	d—?
Ne *dérangeâm*-8-nous pas notre commensal?	n—?
Jugeâm-8-nous mal leur intention?	l—?
Reçûm-8-nous hier ce joujou (2ᵉ *exc.*, p. 21)?	c—?

75ᵉ Thème.

Vendangeâm-8-nous l'automne dernier?	l—?
N'*apprendr*-18-nous pas cette jolie fable?	c—?
Ensemencer-18-nous bientôt notre champ?	n—?
Inflige-18 une peine à ce petit étourneau,	d—.
Envisageâm-8-nous assez le péril?	l—?
Songe-18 à notre travail (*V.* 3ᵉ *exc.*, p. 21),	à n—.
Quoi? *désobligeâm*-8-nous sa charmante bru?	s—?
Exige-18 un aveu sincère,	d—.

(ɹ) Phrase-type. Arrach**ons** (dîm**es**-nous), déchir**ons** *tous ses vains ornements* — *Qui parent notre tête.*

Le mot-verbe ajouté au substantif (ou *pronom) nous* finit toujours par *ons* ou par *es*, et lorsque le mot *nous* n'est exprimé qu'après le verbe, — et lors même que le mot *nous* est sous-entendu.

Nº 5, son *é*. —— Nº 8, *e* (*e* muet). —— Nº 18, son *on*.

76ᵉ THÈME.

A faire comme les six précédents. — Voir au 70ᵉ thème.

Lût-8-vous cet ingénieux sonnet ? écrivez : lûtes-   ou plutôt :
vous cet ingénieux sonnet,   *ou plutôt* : ces ing—?
Gagner-18-nous avec ce dernier sonnez ?   avec c—?
Appuy-5-vous contre la paroi de ce mur ;   contre l—
Rangeâm-8-nous notre petit album ?   n—?
Reçût-8-vous son dernier adieu ?   s—?
Encourage-18 cet écolier timide, peut-être,   c—,
Retint-8-vous hier votre grand'mère ?   v—?

77ᵉ THÈME.

Jet-5 dans le ruisseau tout ce plein seau,   d—.
Hier, *fîm*-8-nous un aussi grand saut ?   d—?
Appos-18 sur son brevet le sceau royal,   sur s—.
Corrige-18 ce petit sot, ce vaurien,   c—.
Assiége-18 la ville et la citadelle,   l—.
Et-8-vous encore craintif ? Ne le *soy*-5 plus,   ê—?
Ne *négligeât*-8-vous pas de fermer un vantail ?   d—?

(3ᵉ *exc.*, p. 21).

110ᵉ DICTÉE (OU COPIE).

Dans les dictées de cette seizième leçon, unir par un trait chaque verbe au **substantif** (ou *pronom*) auquel il est ajouté ; et rétablir entre parenthèses le substantif (ou le *pronom*), quand il est sous-entendu :

Ex. : Eugénie, Mathilde (vous) quittez vos, etc.

Louise, Hélène, Eugénie, Mathilde, *quittez* vos plumes et vos devoirs, *serrez* vos ciseaux et vos aiguilles, *venez* vous asseoir ici lorsque vous aurez tout rangé, et je vous conterai une jolie fable. Bien, *écoutez* : « Deux beaux pigeons vivaient ensemble dans un..... » Ah ! on sonne, *recommencez* vos travaux accoutumés, *reprenez* vos cahiers, vos livres et vos ourlets ; *faites* avec soin vos verbes et vos analyses : lorsque **nous** serons seules, vous me les montrerez, je vous les corrigerai, et puis ensuite je vous finirai ma fable.

111° Dictée (ou Copie).

A quoi vous *occupez*-vous, Albert et Clovis? Vous ne faites pas de bruit, vous ne dites rien, vous ricanez en dessous, vous étouffez..... *Feriez*-vous quelque malice?—Qu'*avez*-vous, mon petit Irénée? Vous ne jouez pas, vous êtes sérieux.... Mes fils, *taquineriez*-vous ce pauvre enfant que vous engageâtes à venir? ce serait mal, fort mal, *comprenez*-le bien. *Soyez* aimables comme vous le fûtes Jeudi, *efforcez*-vous de complaire en tout à vos amis; *êtes*-vous donc de petits sauvages, *dites*-le-moi, pourvous montrer aussi inhospitaliers?

112° Dictée (ou Copie).

Les descendants de Noé, forcés par la confusion de leurs langages de quitter les plaines de Sennaar, se dirent: *Changeons* de demeure, *abandonnons* ces lieux, *séparons*-nous.... mais avant de partir d'ici, *bâtissons* une grande ville, *élevons* une haute tour; *érigeons* enfin quelque monument qui nous immortalise: et puis ensuite, *répandons*-nous dans toutes les régions de la terre; et nous deviendrons ainsi les pères de tous les peuples, des septentrionaux comme des méridionaux, des orientaux aussi bien que des occidentaux.

113° Dictée (ou Copie).

A peine *eûmes*-nous hier ta lettre que nous la décachetâmes, la *lûmes*, et nous *écriâmes* en même temps, ton père et moi : « *Sommes*-nous heureux d'avoir un fils aussi tendre! » Cependant, mon cher Guillaume, si la tristesse que tu nous exprimes nous prouve que tu nous aimes, la résignation avec laquelle tu supporteras notre séparation momentanée nous prouvera que tu deviens un homme : saisis l'occasion de le montrer;... mais *écrivons*-nous souvent, et *soulageons* ainsi notre douleur.

114ᵉ Dictée (ou Copie).

Venez, Wilhelmine, *écrivons* un joli conte : Il y avait autrefois une pauvre reine si vieille, si vieille qu'elle n'avait plus de dents, plus de cheveux, que sa tête branlait comme les feuilles des arbres, et que le bout de son nez et celui de son menton se touchaient; or, *écoutez* bien. Un jour que cette reine se lamentait d'avoir cent ans, une bonne fée s'approcha et lui dit : Pourquoi *pleurez*-vous, madame? *Voudriez*-vous rajeunir? — Oui, volontiers, fit la reine. — Hé bien, je vous dirai ce qu'il faut faire.

115ᵉ Dictée (ou Copie). *Suite.*

La fée dit : Vous *voulez* rajeunir, *faites* chercher quelque personne qui consente à vous donner sa jeunesse et à prendre vos cent ans; mais *promettez* une bonne récompense. *Cherchez* de votre côté, moi je vous aiderai : *arrangeons*-nous pour trouver promptement. Le lendemain l'avis suivant était placardé sur tous les murs : « Mes enfants, *seriez*-vous contents d'être riches, riches, *venez* me demander ce qu'il faut faire. »

« Moi, votre Reine. »

116ᵉ Dictée (ou Copie). *Suite.*

Beaucoup d'ambitieux accoururent, et s'enfuirent plus vite encore. Enfin, une jeune et belle villageoise nommée Péronnelle vint, et dit à la vieille : — Grande reine, *changeons; donnez*-moi votre couronne, je vous donnerai ma jeunesse et ma santé. — Tu me demandes beaucoup trop, répondit la vieille, *partageons;* tu aurais bien assez de la moitié de mon royaume. — Non, reprit Péronnelle, *donnez*-le-moi tout entier, ou *gardez* vos cent ans.... *Voyons*, à quoi vous *décidez*-vous?—Mais il est tard, *cessons*, je vous finirai ce conte une autre fois.

4

117e Dictée (ou Copie).

Œuvres de Dieu, *bénissez* le Créateur; *louez-le, exaltez-le* dans tous les siècles.

Cieux, *bénissez* le Seigneur.

Étoiles du ciel, *bénissez* le Seigneur.

Pluie et rosée, brumes et frimas, neiges et glaces, éclairs et nuées, montagnes et collines, herbes et plantes qui germez dans la terre, sources et fontaines; *bénissez* le Seigneur, *louez-le,* et *exaltez-le* dans tous les siècles.

Portons la disposition à la générosité dans le fond de notre cœur; *communiquons, donnons,* ne *resserrons* point nos entrailles.

118e Dictée (ou Copie).

Écrivons aujourd'hui des vers, ma Gabrielle :

Le pauvre, demi-nu, des premiers froids s'étonne,
    Travaillons pour le soulager.

Un riche laboureur, sentant sa mort prochaine,
Fit venir ses enfants, leur parla sans témoins :
Gardez-vous, leur dit-il, de vendre l'héritage
    Que nous ont laissé nos parents,
    Un trésor est caché dedans,.....
Creusez, fouillez, béchez ; ne *laissez* nulle place
    Où la main ne passe.....

    Courons, mes sœurs, *obéissons ;*
        La reine nous appelle,
    Allons, rangeons-nous auprès d'elle.

Suivez-moi, mes amis; *accourez, combattez ;*
Emplissons cette coupe, *entourons*-nous de lierre.

DIX-SEPTIÈME LEÇON.

DU VERBE AJOUTÉ A *ILS* ET A *ELLES*.

Interroger et exercer sur les § 9, 10 et 11 du Supplément, et faire étudier le § 13ᶜ; — puis faire conjuguer : *juger, supplier, prolonger, nager, s'insurger, etc.*

PHRASE-TYPE. *Considérez les oiseaux du ciel, ils ne* sème**nt** *point, ils ne* moissonne**nt** *point...*

RÈGLE XVIIᵉ. Le mot-verbe ajouté au substantif (ou *pronom*) pluriel *ILS*, ou *ELLES*, finit toujours par *NT*.

78ᵉ THÈME.

Copier la phrase ici donnée; — puis l'écrire au pluriel, en changeant *il* en *ils*, ou *elle* en *elles*.

3 Il parle à son beau-père,   ils parlent à l—.
                                           A imiter.

Il joue avec une quille de buis,   ils j—.
Il crie, il demande du secours,   ils c—., ils d—.
Elle cueille un fort beau dahlia,   elles c—.
Elle se promène sur un lac azuré,   elles se p—.
On s'amuse, on chante en chœur une ronde, ils s'a—, ils ch—.

79ᵉ THÈME.

6 Il faut qu'il récompense la vertu,   qu'ils r—.
Il faudra qu'elle puise un plein seau,   qu'elles p—.
On exige qu'il pêche un esturgeon,   qu'ils p—.
Je ne veux pas qu'il s'arrache un cheveu,   qu'ils s'a—.
Il veut qu'on accomplisse cette bonne œuvre, qu'ils a—.
Je désire qu'elle étudie une langue étrangère, qu'elles è—.

80ᵉ THÈME.

2 Il rirait avec son jeune cousin, si...   ils riraient a—.
Il aiguiserait sa faux si...   ils ai—.
Il achèterait un hideux orang-outang,   ils a—.
Elle cueillerait un bluet (ou bleuet),   elles c—.
Elle ne jouerait pas à un aussi vilain jeu,   elles n—.
On courrait bien sur cette pelouse,   elles c—.

81ᵉ Thème.

Copier la phrase, — l'écrire ensuite au pluriel comme dans les trois thèmes
précédents.

5 Il abattait un cyprès pyramidal,   ils abattaient c—.
                                           A imiter.

Il poursuivait un chacal (1ʳᵉ *exc.*, p. 14),   ils p—.
Elle dénouait son lacs,   elles d— l—.
On évaluait la dépense à un réal,   ils é—.
Elle se servait de mon râteau,   elles se s—.
Elle voltigeait sur mon toit,   elles v—.
Il déchargeait sa carabine,   ils d—.

82ᵉ Thème.

1 Elle dansera un galop, elle courra,   elles d—.
Il éprouvera là un rude cahot,   ils é—.
Chacun invoquera son ange gardien,   elles in—.
Elle éternuera pendant une heure,   elles é—.
On parcourra une plaine sablonneuse,   ils p—.
Il tuera le sanglier avec un épieu,   ils t—.

83ᵉ Thème.

7 Il chanta un hymne pieux,   ils chantèrent d—.
Il étudia dans un lycée impérial,   ils é—.
Elle s'éleva bien haut (*inv.*) dans l'air,   elles s'é—.
Il visa la cime du chêne le plus haut (*adj.*), ils v—.
Il obligea une pauvre veuve,   ils o—.
On abrogea l'ancienne loi,   ils a—.
Personne ne propagea cette vérité,   ils ne p—.

84ᵉ Thème.

7 Hier il atteignit l'ours pesant,   ils a—.
Elle offrit ce joli cadeau, cette chaîne,   elles o—.
Elle recueillit le pauvre orphelin,   elles r—.
On prit un oiseau dans son nid,   ils p—.
Quelqu'un éteignit vite le feu,   ils é—.
Il me vendit un excellent ananas,   ils m—.
On entendit le chant du coucou,   ils en—.

85ᵉ THÈME.

Copier la phrase, — l'écrire ensuite au pluriel.

7 Hier, il sut sa leçon parfaitement,   ils surent l—.
                                           A imiter.

Elle courut vers ma petite nièce,   elles c—.
Chacun tut longtemps ce secret,   ils t—.
On conclut une paix avantageuse,   ils c—.
Elle obtint cet émail (3ᵉ *exc.*, p. 21) précieux, elles o—.
On contint un jour le rebelle,   ils c—.
Personne ne vint regarder cette fourmi,   ils ne v—.

86ᵉ THÈME.

8 Il faudrait qu'on découpât un aloyau,   qu'ils d—.
Il fallait qu'elle corrigeât cet abus,   qu'elles c—.
On exigeait qu'il excitât le lion,   qu'ils e—.
Permettrait-il qu'on saccageât sa maison?   qu'elles s—?
Voudrait-il qu'on logeât ainsi un général?   qu'ils l—?
Pensait-on qu'il excédât son pouvoir?   qu'ils e—?
Exigeait-on qu'elle prolongeât son séjour?   qu'elles p—?

87ᵉ THÈME.

8 Il faudrait qu'il gravît un talus,   qu'ils g—.
Il fallait qu'elle cousît son fichu,   qu'elles c—.
Voudriez-vous qu'on bût cette eau fétide?   qu'elles b—?
Aimeriez-vous qu'il eût un abcès?   qu'ils e—?
On voulait qu'elle obtînt un congé,   qu'elles o—.
Voulait-on qu'il prévînt son parent?   qu'ils p—?

88ᵉ THÈME.

Elle dénoue le cordon de son soulier,   elles d—.
Elle me parla de son frère jumeau,   elles m—.
Il finira bien tout son travail (3ᵉ *exc.*, p. 21), ils f—.
Il accordait son luth,   ils a—.
Il se souvint de votre bonté,   ils s—.
Elle habille sa grande poupée,   elles h—.
Il interrogeait l'accusé,   ils in—.

89ᵉ Thème.

Copier la phrase, — puis l'écrire au pluriel.

Elle fredonne un air connu,	elles fredonnent u—.
	A imiter.
Elle ménagea sa belle robe de velours,	elles m—.
Je voudrais qu'on entendît crier le paon, la paonne et le paonneau ; qu'on s'aperçût que leur voix est aigre, et qu'on en convînt,	qu'ils en—.
Elle compta une somme considérable,	elle a c—.
Chacun sanglait sa bourrique,	ils s—.

90ᵉ Thème.

Elle recopiait sa dernière dictée,	elles r—.
On étudiera une dynastie entière,	ils é—.
Quelqu'un parcourut tout le vallon,	ils p—.
Personne ne dirigea bien son char,	ils ne d—.
Elle donne un sou à un aveugle,	elles d—.
On disséqua cet animal amphibie,	ils d—
Il échangeait un salut gracieux,	ils é—.

91ᵉ Thème.

Elle jouera avec ton joli petit volant,	elles j—.
Il casse sa raquette neuve,	ils c—.
Elle convint naïvement de son tort,	elles c—.
Il reçut un coup très-fort,	ils r—.
Chacun fuira le coupable impie,	ils f—.
Elle récrée sa petite sœur,	elles r—.

92ᵉ Thème.

J'exige qu'il cloue cette planche,	qu'ils c—.
Quelqu'un ravageait tout le verger,	ils r—.
Elle rangea son joujou (2ᵉ exc., p. 21),	elles r—.
Il créerait un jeu divertissant,	ils c—.
On voudrait qu'elle finît sa tâche, qu'elle ne mécontentât pas son professeur, et qu'il ne fût pas contraint de la punir,	qu'elles f—.

119ᵉ DICTÉE (OU COPIE).

Dans toutes les dictées de cette dix-septième leçon, conduire un trait de plume du verbe au substantif (ou au pronom) auquel il est ajouté, — et mettre *V. inf.* sous les verbes à l'infinitif.

Quand les papas et les mamans sont contents de leurs petits enfants, ils *inventent* pour eux toutes sortes de jeux et de divertissements; et puis ils *invitent* des petits garçons et des petites filles, ils *mènent* la bande joyeuse dans les champs, ou bien ils la *promènent* sur les boulevards, aux Champs-Élysées, ou au bois de Boulogne : les petits enfants sont bien heureux, ils *admirent* de riches équipages, ils *voient* des chevaux fringants et bien dressés; — et quelquefois ils *rapportent* à la maison des joujoux (2ᵉ *exc.*, p. 21), des bonbons, et d'excellents gâteaux.

120ᵉ DICTÉE (OU COPIE).

Vous voyez quelquefois aux Tuileries Nina et Chloé : oh, que ces deux petites filles me déplaisent! ne jouez jamais avec elles, ce sont de petites sottes, et peut-être elles vous *rendraient* sottes aussi ; elles s'*occupent* toujours d'elles-mêmes, elles *parlent* sans cesse de leur jolie figure, de leurs beaux cheveux, de leurs belles robes; elles *ennuient* tout le monde : je vous le ferai remarquer lorsque nous les rencontrerons.

121ᵉ DICTÉE (OU COPIE). *Suite.*

Je vous entretiendrai encore de Nina et de Chloé : remarquez que lorsqu'elles *cessent* de parler de leurs vêtements, elles se *mettent* à discourir sur leurs études et leurs travaux; qu'elles se *vantent* de leurs succès, qu'elles se *louent*, qu'elles s'*admirent*, que toujours elles *cherchent* à se faire distinguer, et qu'elles *veulent* fixer seules l'attention; elles ne *seront* jamais que deux coquettes ou deux pédantes, si leurs parents ne les corrigent pas sévèrement.

122ᵉ Dictée (ou Copie). *Fin.*

Nina et Chloé d'ailleurs se montrent bien peu aimables pour les autres ; quand elles *jouent* avec leurs petites compagnes, elles *aiment* à choisir les jeux, elles *veulent* être sans cesse les maîtresses : — chez leurs parents, elles *traitent* les domestiques avec hauteur, elles les *humilient* et elles leur *parlent* avec aigreur et dureté ; elles n'*écoutent* les avis de personne, car elles se *croient* assez sages pour se gouverner elles-mêmes. — Fuyez-les comme la peste, mais prions tous le bon Dieu qu'il les rende plus gentilles.

123ᵉ Dictée (ou Copie).

Tu viens seule, Eugénie? Venez toutes, mes quatre petites amies, je vous dirai aujourd'hui cette fable que nous laissâmes inachevée il y a bien longtemps. Deux beaux pigeons vivaient ensemble dans un colombier, ils *fendaient* l'air de leurs ailes, ils se *jouaient* en volant, ils *allaient* chercher du grain dans l'aire du fermier, ou bien ils *voltigeaient* dans la prairie, et ils se *désaltéraient* dans les ruisseaux qui coulaient au travers, puis ils *revenaient* remplir les petits trous de leur colombier.

124ᵉ Dictée (ou Copie). *Suite.*

Un de nos deux pigeons se dégoûta pourtant de cette vie si douce, et résolut de voyager. Oh combien ils *furent* chagrins, ces deux amis, lorsqu'ils se *séparèrent!* que de larmes ils *répandirent* lorsqu'ils se *firent* leurs pénibles adieux ! combien ils se *promirent* de s'écrire souvent! Enfin le pigeon inquiet et volage quitta son bon ami et sa demeure : — mais hélas ! bientôt un orage, un lacs, un enfant, une fronde ; des infortunes, des calamités sans nombre l'assaillirent : elles le *ramenèrent* au logis, et elles lui *firent* bien comprendre que : Le meilleur séjour est le toit d'un ami.

125ᵉ Dictée (ou Copie).

Voyez ces chevaux qui vivent libres dans les contrées de l'Amérique espagnole : leur démarche, leur course, leurs sauts ne sont ni gênés, ni mesurés ; fiers de leur indépendance, ils *fuient* la présence de l'homme, ils *dédaignent* ses soins, ils *cherchent* et ils *trouvent* eux-mêmes leur nourriture ; ils *errent* en liberté dans des prairies immenses dont ils *cueillent* les productions nouvelles... Ils *respirent* un air plus pur que celui de ces palais voûtés où nous les renfermons.

126ᵉ Dictée (ou Copie).

Paul. Anica, qu'est-ce que les Druides et les Druidesses, dont tu parlais ce matin avec Artus ?

Anica. Je vous expliquerai, à toi et à Mathilde, ce que tu me demandes, car maman me l'a appris. Les Druides étaient les prêtres des Gaulois, nos aïeux ; ils ne *connaissaient* pas le bon Dieu, cependant ils *cherchaient* à rendre les hommes religieux, sages, justes et vaillants ; on pourrait réduire la doctrine qu'ils *enseignaient* à ces trois principes fondamentaux : « Adorez les dieux, ne nuisez à personne, et soyez courageux. »

127ᵉ Dictée (ou Copie). *Suite.*

Anica. Les Druides disaient : « Ne nuisez à personne, » cependant ils *étaient* quelquefois très-cruels : dans des forêts sombres et inaccessibles, ils *immolaient* des victimes humaines ; ils *égorgeaient* souvent les prisonniers qu'ils *avaient* faits à la guerre, ou des esclaves, ou même de pauvres petits enfants dont ils *auraient* dû être les protecteurs.

Paul. Et les Druidesses ? tu ne m'en dis rien.

Anica. Une autre fois je vous parlerai d'elles ; Mathilde s'ennuie, et puis Thisbé aboie. Allons jouer.

4.

128ᵉ Dictée (ou Copie).

Les abeilles ramassent beaucoup plus de cire et de
miel qu'elles ne *peuvent* en consommer, ainsi elles *travaillent* par un sentiment aveugle : tant qu'elles *trouvent* des fleurs qui leur conviennent dans le pays qu'elles
habitent, elles en *tirent* du miel et de la cire ; elles ne
discontinuent leur travail, elles ne *finissent* leur ré-
colte que lorsqu'elles n'*ont* plus rien à ramasser; alors
nous les obligeons souvent à travailler de nouveau,
car si on les porte dans un autre pays, où elles *trouvent*
des fleurs, elles *continueront* à recueillir : ainsi nous
profitons de leur stupidité.

129ᵉ Dictée (ou Copie).

Jésus-Christ dit aux hommes qui s'inquiétaient de
'avenir : Considérez les oiseaux du ciel; ils ne *sèment*
point, ils ne *moissonnent* point, ils n'*amassent* rien
dans des greniers, mais votre père céleste les nourrit.
Ne valez-vous pas beaucoup mieux que des oiseaux?...
Il leur dit encore : Voyez comment croissent les lis
des champs? ils ne *travaillent* ni ne filent ; cependant...
Salomon même n'a jamais été aussi bien vêtu que l'un
d'eux... Ne dites donc point : Qué mangerons-nous ?
Que boirons-nous? De quoi nous vêtirons-nous? car votre
père sait de quoi vous avez besoin.

130ᵉ Dictée (ou Copie).

Un jour, deux pèlerins sur le sable rencontrent
Une huître que le flot y venait d'apporter;
Ils l'*avalent* des yeux, du doigt ils se la *montrent*.

Qu'ils *pleurent*, ô mon Dieu, qu'ils *frémissent* de
— Ces malheureux qui de ta cité sainte   [crainte,
Ne verront point l'éternelle splendeur...

DIX-HUITIÈME LEÇON.

DU VERBE AJOUTÉ A *ILS*, A *ELLES* (SUITE), — ET A *ON*.

Faire revoir les §§ 5, 12, 13 du Supplément, et étudier le 14e ; — puis faire conjuguer les verbes *ronger*, *guéer*, *fourrager*, *s'engager*, etc. : — enfin faire copier le verbe-modèle *se pincer*, au Supplément.

93e Thème.

Copier la phrase ici donnée, — l'écrire au pluriel comme dans la 17e leçon.

Lie-t-il bien cette gerbe ?	lient-ils b— ?
Que demande-t-il ? son arc ?	que d— ? l— ?
Apprivoise-t-on l'hirondelle ?	a— ?
Ce bonhomme, que coûte-t-il ?	ces bonsh— ?
La fée n'avait-elle pas un char ailé ?	les f— ?
Se récréait-on bien dans ce parc ?	s— ?
Jouerait-il avec cet écureuil ?	j— ?

94e Thème.

Achèvera-t-elle demain sa tâche ?	a— ?
Se promènera-t-il sur le boulevard ?	s— ?
Votre maman viendra-t-elle ?	v— ?
Dégorgea-t-on bien ce sale tuyau ?	d— ?
Le bouvreuil chanta-t-il longtemps ?	l— ?
Le soldat passa-t-il ce fleuve ?	l— ?

95e Thème.

Cuisit-elle ce chou (2e *exc.*, p. 21) ?	c— ?
Votre mère reçut-elle toute sa ouate ?	v— ?
Et la vieille sibylle, que devint-elle ?	et l— ?
Votre bouchère n'a-t-elle qu'un étal ?	v— ?
Rend-il au serrurier son étau ?	r— ?
Ce portefeuille est-il commode ?	c— ?
Explorera-t-on cet hémisphère ?	e— ?

(K) Phrase-type. *Et les lis des champs, comment* croisse**nt-ils**? *ils ne* travaillent *ni* ne file**nt**.

Le verbe ajouté à *ils* ou à *elles* finit toujours par *nt*, et lorsque le mot *ils* ou *elles* n'est exprimé qu'après le verbe, — et lors même que le mot *ils* ou *elles* est sous-entendu.

96ᵉ Thème.

A faire comme les trois précédents.

Tire-t-il bien votre traîneau, ce renne?   tirent-ils b—?
Endommageait-on ce joli camaïeu?   en—?
Aura-t-elle bientôt fini son devoir?   au—?
Avant-hier, aperçut-il ce sac plein?   a—?
Cet enfant est fou, il pleure et rit à la fois;   c—?
  quand sera-t-il sage?
Apportera-t-elle son beau camée?   a—?

97ᵉ Thème.

Quand il grimpera sur le noyer, le secoue-   q—?
  ra-t-il encore avec excès?
Secourra-t-elle toujours le pauvre qu'elle   s—?
  rencontrera, et verra dans le dénûment?
Croit-il donc qu'elle ne suera pas?   c—?
Ma sœur paie-t-elle au banquier l'enjeu   m—?
  qu'il lui réclame?
Obtint-on le fuseau qu'on demandait?   o—?

98ᵉ Thème.

Cultive-t-on ici le nopal (1ʳᵉ *exc.*, p. 14)?   c—?
La fermière tondrait-elle aujourd'hui sa   l—?
  brebis, et son agneau blanc?
Ma nièce est extraordinaire; elle demande   m—?
  une souris, et crie quand elle la voit:
  en demandera-t-elle encore?
Quand cirera-t-on mon brodequin?   q—?

99ᵉ Thème.

Elle promet à son oncle d'être patiente et   e—?
  douce, et s'emporte dès qu'il la contrarie;
  commettra-t-elle encore cette faute?
N'interrogea-t-il pas le maréchal?   n'—?
Éternuerait-on chaque fois qu'on flaire-   é—?
  rait ce bouquet et qu'on en respirerait
  l'odeur?
Cette clématite, fleure-t-elle bon!   c—!

131e Dictée (ou Copie).

Dans les dictées suivantes, unir toujours par un trait le verbe au substantif (ou au pro-
nom) auquel il est ajouté, rétablir entre parenthèses ce substantif (ou ce *pronom*)
lorsqu'il est sous-entendu; — enfin mettre *V. pl.* sous les verbes qui sont au pluriel.

Comme vous avez fait peu de fautes dans votre dernière dictée, je vous dirai un conte assez original. —
Vos deux cousines m'*écoutent*-elles? m'écoutez-vous
toutes?—Attention, je commence. Un âne avait fait fortune, il se fit appeler monsieur Martin de Montmartre,
donna des fêtes magnifiques, et y invita ses anciens camarades; que *firent*-ils? *vinrent*-ils chez leur ami? Aujour-
d'hui je vous laisserai dans l'incertitude; vous le saurez
demain.

132e Dictée (ou Copie). *Suite.*

Généralement les ânes sont vains; — (la vanité et
la sottise marchent toujours de compagnie) ils aiment
le luxe, la splendeur, aussi beaucoup d'entre les convives se *montrèrent*-ils très-sensibles à l'invitation;
aussi *accoururent*-ils en foule à ces fêtes; aussi *tournè-
rent*-ils et *retournèrent*-ils la tête en redressant leurs
oreilles; aussi *remontèrent*-ils tous leurs cravates,
(c'est-à-dire leurs licous) : — ils voulaient absolument
paraître beaux et distingués; bref, ils étaient coquets
et vaniteux.

133e Dictée (ou Copie). *Fin.*

Les ânes se mirent à table avec les autres convives, et
à peine s'*aperçurent*-ils que les mets n'étaient pas du
chardon dans ce repas; cependant on leur en servit. Alors
offensés d'en voir devant eux : « Quoi! s'*écrièrent*-ils,
des chardons chez monsieur Martin de Montmartre! à
quoi *pensaient*-ils les cuisiniers qui les apprêtèrent?
nous *prendraient*-ils pour des ânes du commun? *Croi-
raient*-ils que nous venons ici pour faire une aussi maigre
chère? — Fi donc! partons tous ensemble, partons! »

134ᵉ DICTÉE (ou COPIE).

Les Lapons retirent les plus grands avantages des rennes apprivoisés : ces animaux servent pour tirer des traîneaux, ils s'attellent à des voitures, *marchent* avec beaucoup de diligence, *parcourent* aisément trente lieues par jour, et s'*avancent* avec autant d'assurance sur la neige gelée que sur une pelouse ; ils donnent à l'homme du lait, lui *abandonnent* leur chair, lui *fournissent* d'excellentes fourrures, et lui *procurent* par leur peau des chaussures et des harnais : ainsi le renne donne seul tout ce que nous tirons du cheval, du bœuf, et de la brebis.

135ᵉ DICTÉE (ou COPIE).

La princesse Laidronnette ayant fait naufrage aborda dans le royaume de Pagodie ; elle vit venir à elle une centaine de petites naines fort extraordinaires : une d'elles la conduisit au bain, aussitôt quelques naines *chantèrent* et *jouèrent* de divers instruments ; d'autres s'*empressèrent* à la servir ; ainsi elles allaient et *venaient* autour d'elle, elles la peignaient, la *frisaient*, la *laçaient*, l'*habillaient*, la *paraient* à l'envi ; puis elles la regardaient, la *louaient*, l'*applaudissaient*, et *exaltaient* sa grâce. Je vous dirai la suite un autre jour.

136ᵉ DICTÉE (ou COPIE).

Pour corriger le blé, Dieu permit aux moutons
De retrancher l'excès des prodigues moissons ;
    Tout au travers ils se jetèrent,
    Gâtèrent tout, et tout *broutèrent* ;
    Tant que le Ciel permit aux loups
D'en croquer quelques-uns, ils les croquèrent tous,
S'ils ne le firent pas, du moins ils y tâchèrent.

137ᵉ Dictée (ou Copie).

LAURE et MARIE. Si tu penses que nous puissions les comprendre, tu voudras bien, n'est-ce pas, ma bonne mère, nous dicter aujourd'hui ces vers que vous lûtes hier, papa et toi, et que vous trouvâtes si beaux; *ils nous ont* paru bien touchants! — *ils nous amuseront* (L) moins que des contes, mais *ils nous instruiront* davantage; et puis nous aimons beaucoup les vers.

LA MAMAN. Je vous satisferai, bonnes petites, écrivez :

... Pourquoi ce long silence (de nos parents morts)?
Nous auraient-ils oubliés sans retour?
N'aiment-ils plus? Ah! ce doute t'offense!
Et toi, mon Dieu, n'es-tu pas tout amour?

138ᵉ Dictée (ou Copie). *Suite.*

LA MAMAN. Je vous dicterai les lignes qui suivent, *elles nous toucheront* (L) et *nous plairont* également :

Mais s'ils parlaient à l'ami qui les pleure,
S'ils nous disaient comment ils sont heureux,
De tes desseins nous devancerions l'heure,
Avant ton jour nous volerions vers eux.

Où vivent-ils?...
Vont-ils peupler ces îles de lumière,
Où planent-ils entre le ciel et nous?

Sont-ils noyés dans l'éternelle flamme?
Ont-ils perdu ces doux noms d'ici-bas,
Ces noms de sœur, et d'amante, et de femme?
A ces appels ne répondront-ils pas?

(L) *Contentons nos parents, ils nous* récompense**ront.**

Le mot-verbe placé après *ils nous, elles nous,* est toujours ajouté à *ils* ou à *elles* (et jamais à *nous*).

139e Dictée (ou Copie).

Un animal domestique, tel que le chat, le chien, le perroquet, le serin, la pie, l'écureuil, etc., est un esclave qu'on *emploie* à son service, dont on s'*amuse* et dont on *abuse* même parfois; qu'on *altère*, qu'on *dépayse*, et que l'on *dénature*.

140e Dictée (ou Copie).

AGNÈS. Maman, Frédéric se moque de moi!

FRÉDÉRIC. Mademoiselle Agnès me taquine, maman!

LA MAMAN. Vous avez tort tous les deux : je ne veux pas qu'on se *dispute* ainsi, et je vous punirai si cela vous *arrive* encore. J'aime qu'on *joue* et s'*amuse* tranquillement, que chacun *cède* et se *prive* de quelque plaisir plutôt que d'élever une discussion, que personne ne *prétende* dominer dans les jeux; enfin, que rien ne *trouble* l'harmonie qui doit toujours régner entre des frères : tout *contribue* à l'établir.

141e Dictée (ou Copie).

Jésus-Christ mourant avait chargé ses apôtres d'enseigner aux hommes et sa doctrine et sa morale divine. Bientôt Néron devient empereur de Rome, alors on *emprisonne* Pierre et Paul; alors on *persécute* les Chrétiens; on les *exécute* dans les provinces, on les *crucifie* à Rome; on les *couvre* de peaux de bêtes, puis on les *abandonne* aux chiens; ou bien on les *frotte* de matières inflammables qu'on *allume*, et alors ils brûlent, et éclairent pendant la nuit les jardins du tyran cruel.

(M) PHRASE-TYPE. *Cependant on* fricass**e**, *on se* ru**e** *en cuisine.*

Le verbe qui est ajouté au substantif (ou *pronom*) indéfini *on*, *chacun*, *personne*, *rien*, *tout*, etc., s'écrit comme s'il était ajouté au mot singulier *il* (ou à *elle*).

DIX-NEUVIÈME LEÇON.

DU VERBE AJOUTÉ A UN SUBSTANTIF PLURIEL.

Interroger et exercer sur les §§ 5, 12 et 13 du Supplément ; — puis faire conjuguer,
d'après le verbe-modèle *pincer* : *glacer, froncer, forcer, s'avancer, déplacer, etc.*

PHRASE-TYPE. *Un paon faisait la roue et les autres oiseaux*
Admiraient *son brillant plumage.*

RÈGLE XVIIIe. Le mot-verbe finit toujours aussi par *NT* quand il est ajouté à un substantif absolu désignant plusieurs êtres ou plusieurs choses.

100e THÈME.

Copier la phrase ici donnée, — puis l'écrire au pluriel.

Ce cristal se cassera facilement,	ces c—.
Une abeille importune voltigea longtemps et se plaça sur la paroi du mur,	des a—.
Quel peintre retraça ce douloureux martyre,	quels p—.
Le saint martyr reçut une couronne,	les s—.
Le bambou de mon neveu se gerça,	les b—.

101e THÈME.

Je voudrais que son bœuf mugit, que son cheval hennît, et que sa brebis bêlât,	que s—.
La fourmi travaille continuellement,	les f—.
Le vent déracinera ce chêne, mais sa fureur échouera contre le roseau,	les v—.
Votre poëte est un génie sublime,	vos p—.

102e THÈME.

Ce nid tombera de l'arbre et l'œuf se cassera,	ces n—.
Le loup cruel dépeça l'agneau timide,	les l—.
La cité se remplissait d'étrangers,	les c—.
Le couteau s'enfonça dans l'amande,	les c—.
Le drogman paya une forte amende,	les d—.
Un gros rat sortit par ce soupirail (3e *exc.*, p. 21),	cent g—.

103ᵉ Thème.

Copier la phrase ici donnée, puis l'écrire au pluriel.

Un hibou, sorti du creux d'un hêtre, cria, ou plutôt   des h—.
hua longtemps cette nuit,

La loi nous défendra (1) cette action,   les l—.

Quand cette perdrix craignait pour son petit elle   quand c-,
faisait la blessée, et s'efforçait de dérouter le
chasseur,

Quel incendie affreux ! — Écoutez ! — Le chien   quels in—.
aboie, le loup hurle et le lion rugit,

Le bouleau croît surtout dans un pays septentrio-   les b—.
nal, il y prospère et s'y plaît,

104ᵉ Thème.

Croirait-on qu'un petit chien pût glapir aussi fort ?   cr—?

Notre tante nous promènera (1) dans son élégant   nos t—.
landau (4ᵉ exc., p. 21),

Il faudrait que la jeune reine écoutât et suivît   il f—.
l'avis de son ministre,

Le renne habite une contrée septentrionale, il s'y   les r—.
nourrit de lichen et de mousse,

La rêne du cheval nous rompra dans la main, que   les r—.
le sellier la consolide,

105ᵉ Thème.

Le magister tança l'imprudent écolier,   les m—.
Le ver rongeait ma boiserie,   les v—.
Le domestique rinça mal ce verre,   les d—.
Le fruit vert nous incommodera,   les f—.
Ce vers rimera mal avec le suivant,   ces v—.
Ce voyageur logeait dans un hôtel garni,   ces v—.
Le prêtre s'avança vers l'autel,   les p—.
La vertu peut rendre l'homme heureux,   les v—.

---

(1) Voir la remarque (L) page 87, et écrire par analogie :
Les lois nous défendront ces actions.—Nos tantes nous promèneront, etc.

106ᵉ Thème.

Copier la phrase ici donnée, puis l'écrire au pluriel.

Que désire (N) mon frère?	que désirent mes f—?
Où va (N) cette diligence? demanda le voyageur,	où v—?
Combien de sous vaut un franc?	c— de s—?
Depuis quand croassait le corbeau? Depuis quand coassait cette grenouille?	depuis q—?
Que deviendrait cet enfant poltron?	que d—?
Dieu ne me verra pas : ainsi parle l'impie,	les anges ne nous v—.

107ᵉ Thème.

Comment s'énonçait cet homme vil?	comment s'è—?
Combien d'habitants renferme cette ville?	combien d'h—?
Est-ce la vraie foi (laisser foi au sing.) qu'embrassa ce païen?	est-ce la vraie f—?
Que nous inspirera ce rugissement?	que nous in—?
Qu'indiquerait votre doigt?	qu'in—?
Quel bond fit ce serval? (*V*. 1ʳᵉ *exc.*, p. 14).	quels b—?

108ᵉ Thème.

Que de pleurs coûte une faute!	que de p—!
Combien de fautes effaça le remords!	combien de f—!
Que de noix rongea cette souris!	que de n—!
Qu'enseignait ce symbole?	qu'en—?
Que d'arbres renferme ce quinconce!	que d'arbres r—!
A quoi nous servira votre signet?	à quoi nous s—?
Ainsi vécut le premier homme,	ainsi v—.

(N) Phrase-type. *Que peuvent contre Dieu tous les rois de la terre?*

Le verbe ajouté à un substantif pluriel finit toujours par *nt*, et lorsque ce substantif n'est exprimé qu'après le verbe, — et lors même qu'il est sous-entendu.

109ᵉ Thème.

Copier la phrase ici donnée, — puis l'écrire au pluriel.

L'homme qui prie (o) avec foi (1) sera toujours exaucé,

Les hommes qui p—.

Voilà le fermier qui rentre tout son bétail (*V.* 3ᵉ *exc.*, p. 21); entendez-vous le taureau qui mugit, la vache qui beugle, la brebis qui bêle, l'agneau qui imite sa mère, le cheval qui hennit, et l'âne qui brait?

voilà les f—.

110ᵉ Thème.

Rassasiez celui qui a (o) faim (1), et donnez à boire à celui qui a soif (1),

rassasiez ceux q—.

Celui qui plaça ce piédestal est là,

ceux qui p—.

Celle qui te berçait te soignera,

celles qui te b—.

Le nuage épais qui interceptera pour nous le rayon solaire nous apportera de la pluie, dit encore celui qui arrivait,

les nuages é—.

111ᵉ Thème.

Que deviendra cette société? — L'un exige une obéissance (1) servile, l'autre se révolte ouvertement; — celui-ci prétend gouverner en despote, celui-là refuse d'obéir,

que deviendront c—?

Quelle est cette arme? demanda l'un. — Un yatagan arabe, répondit l'autre,

quelles sont c—?

(o) Phrase-type. *Ceux* qui emploie**nt** *mal leur temps* se plaigne**nt** *de sa brièveté.*

Le mot-verbe finit toujours par *nt* quand il est ajouté à un substantif (ou *pronom*) qui fait penser à plusieurs êtres ou à plusieurs choses dont on parle (lors même que ce mot n'est pas le nom des êtres ou des choses, et qu'il n'est ni *ils* ni *elles*.)

(1) Dans le pluriel de ces phrases, laisser *foi, faim, soif, obéissance* au singulier.

142ᵉ DICTÉE (ou COPIE).

Dans toutes les dictées de cette dix-neuvième leçon, unir encore par un trait le verbe à son substantif (ou *pronom*), en rétablissant entre parenthèses ce substantif (ou ce *pronom*) lorsqu'il est sous-entendu.

Les contes *plaisent* toujours aux enfants, je vous dirai donc de jolis contes, ils nous amuseront toutes, nous rirons. Nos pères *croyaient* que les fées *étaient* douées d'un pouvoir surnaturel ; ils pensaient que ces êtres *s'immisçaient* dans les affaires de toutes les familles, *protégeaient* les hommes ou s'*efforçaient* de leur nuire, *donnaient* et *retiraient* tous les maux et tous les biens : car ils reconnaissaient de bonnes et de mauvaises fées.

143ᵉ DICTÉE (ou COPIE). *Suite.*

Un de ces méchants génies, la fée Grognon, donna à la princesse Gracieuse une boîte que les fées *avaient* défendu d'ouvrir. Cependant Gracieuse soulève un peu le couvercle, et voilà que de petits hommes, de petites femmes, de petits cuisiniers, de petits musiciens *sortent* de la boîte ; aussitôt tous ces petits bonshommes *courent* dans le pré, toutes ces petites bonnes femmes *dansent* et *folâtrent* sur l'herbe, tous ces petits cuisiniers *sautent* et *rient*, et tous se *répandent* dans la campagne.

144ᵉ DICTÉE (ou COPIE). *Suite.*

Ces petits êtres, libres une fois, *s'organisèrent* en bandes : alors les cuisiniers et les marmitons *faisaient* la cuisine, les gourmands *mangeaient*, les petits violons *jouaient* des airs fort gais, tous ces petits nains *riaient, chantaient, dansaient, sautaient, gambadaient* comme des fous ; tout cela était fort joli : — mais quand Gracieuse voulut que les petits vauriens *rentrassent* dans sa boîte, tous *refusèrent* de le faire, tous *s'enfuirent* et *coururent* à toutes jambes ; et où se cachèrent-ils ? dans les bois et dans les trous des rochers.

145ᵉ Dictée (ou Copie).

D'autres dictées nous *apprendront* comment Gracieuse retrouva ses nains; aujourd'hui je vous commencerai l'histoire de la petite Noémi, et ses sottes frayeurs nous *étonneront*.

Noémi avait eu le malheur de perdre sa mère, son père était à l'armée, et deux vieilles tantes l'*élevaient*; c'est-à-dire que ces bonnes personnes la *gardaient* auprès d'elles, la *gâtaient* à l'envi, mais ne l'*élevaient* pas; car on n'élève pas, ou du moins on n'élève pas bien les enfants qu'on gâte.

146ᵉ Dictée (ou Copie). *Suite.*

Le père de Noémi lui envoya un jour des livres fort beaux et très-amusants : ces ouvrages *renfermaient* beaucoup de fables et de contes invraisemblables; et comme les personnes qui entouraient Noémi ne *formaient* pas son jugement, comme ses tantes ne lui *expliquaient* pas ses lectures, la pauvre petite crut que toutes ces chimères *étaient* des vérités, aussi l'effrayèrent-elles beaucoup. — Mais ces lignes nous *suffiront* pour aujourd'hui. Cessons, je vous dirai la suite demain.

147ᵉ Dictée (ou Copie). *Fin.*

Noémi crut donc que les ogres *mangent* les pauvres petits enfants, que des rats civils s'*invitent* à dîner, que des chiens et des chats *causent* raisonnablement, que de vilaines citrouilles *deviennent* quelquefois d'élégants carrosses, que des bottes extraordinaires *peuvent* faire faire sept lieues en un seul pas ; toutes ces extravagances *troublèrent* ses idées, *agitèrent* son sommeil, et la *rendirent* malade : — mais elle était bien déraisonnable aussi, car, quels humains *virent* jamais des ogres? Où les rats parlent-ils? Si vous pouvez nous le dire, ces choses nous *seront* bien nouvelles.

148ᵉ Dictée (ou Copie).

Je vous décrirai aujourd'hui une maison de plaisance du plus riche de tous les rois ; on le nommait Crésus, et il régnait dans l'Asie Mineure, près de six cents ans avant la naissance de Jésus-Christ. Les murs de cette maison *étaient* de jaspe, et les cloisons d'émeraude ; ses toits de cuivre poli *éblouissaient* les yeux ; quand on pénétrait dans l'intérieur, qu'*embaumaient* (N, page 91) les parfums les plus suaves, on n'était pas moins émerveillé : les lits *étaient* d'argent, les meubles dont se servait le roi *étaient* d'or ; les perles, les rubis les *ornaient* de toutes parts, les saphirs orientaux y *brillaient* à l'envi ; et partout *resplendissaient* les diamants les plus beaux.

149ᵉ Dictée (ou Copie). *Suite.*

Parlons maintenant des immenses jardins de Crésus, et voyons s'ils nous émerveilleront comme son palais. Les jardiniers du roi *avaient* l'art de faire naître sous ses pas les plus belles de toutes les fleurs ; souvent aussi, ces serviteurs fidèles *changeaient* en un instant toute la décoration du jardin, *déplaçaient* et *replaçaient* en un clin d'œil de grands arbres avec toutes leurs racines. Ainsi un jour, des grenadiers, des oliviers, des orangers, des myrtes *paraissaient* aux yeux du roi ; et le lendemain, dans les mêmes lieux, un désert aride, puis des pins sauvages, de grands et vieux chênes, des sapins pyramidaux s'*offraient* à ses regards. Tantôt, des gazons fleuris, des prés tout (*inv.*) émaillés de violettes et qu'*arrosaient* de petits ruisseaux de l'eau la plus limpide *réjouissaient* sa vue et la *charmaient*, puis bientôt toutes ces productions riantes, tous ces jolis canaux *disparaissaient*, et *faisaient* place à une grande rivière qu'on nommait le Pactole...

150ᵉ DICTÉE (ou COPIE).

Voyons si ces quelques vers nous *plairont*.

(Lors de la création.) Tous les éléments divers
  A sa voix (de Dieu) se *séparèrent* ,
  Les eaux soudain s'*écoulèrent*
  Dans le lac creusé des mers,
  Les montagnes s'*élevèrent*,
  Et les aquilons *volèrent*
  Dans les libres champs des airs.

  Il (Dieu) sait pourquoi *flottent* les mondes,
  Il sait pourquoi *coulent* les ondes (N page 91),
  Pourquoi les cieux *pendent* sur nous,
  Pourquoi le jour brille et s'efface,
  Pourquoi l'homme soupire et passe;
  Et vous, mortels, que savez-vous?

                              A. DE LAMARTINE.

151ᵉ DICTÉE (ou COPIE).

Eudore dit : Jc traversais des champs abandonnés
près de Rome; j'aperçus plusieurs personnes qui se
glissaient dans l'ombre, et disparaissaient subitement.
Je m'avançai, j'entrai dans une caverne où s'*étaient*
plongés les mystérieux fantômes ; devant moi s'*allon-
geaient* des galeries souterraines qu'*éclairaient* quelques lampes suspendues; les murs des corridors
funèbres *étaient* bordés d'un triple rang de cercueils.
De nouvelles avenues s'*ouvrent* et se *croisent* de toutes
parts ; je m'égare... Tout à coup une harmonie délicieuse se fait entendre, ces divins accents *expiraient* et
renaissaient tour à tour ; je m'avance vers les lieux
d'où s'*échappent* les magiques concerts... Je reconnais
les Catacombes.

152ᵉ Dictée (ou Copie).

C'est de la fée Grignote que je vous parlerai maintenant. Une petite souris-fée, appelée Grignote, n'avait pas de plus grand plaisir que de chatouiller les pieds des enfants; ceux qui *travaillaient*, ceux qui *étudiaient* leurs leçons ou qui les *prenaient étaient* les plus exposés à ses malices : — elle ne s'approchait jamais de ceux qui *jouaient*, mais gare aux travailleurs !

153ᵉ Dictée (ou Copie). *Suite.*

Grignote établissait souvent son domicile dans une pension de garçons; et là, s'il y avait quelques écoliers qui *tombassent*, d'autres qui *sussent* mal leurs leçons, ou qui *méritassent* enfin d'être punis, elle allait vite chatouiller les pieds de leurs camarades plus heureux; les uns *riaient* sous cape, les autres *éclataient*, tous se *faisaient* gronder, tous *passaient* pour méchants; — cependant comme ils ne connaissaient pas la fée, ils ne comprenaient rien eux-mêmes à leurs éclats de rire.

154ᵉ Dictée (ou Copie). *Suite.*

Un jour William dit à Raymond : Pourquoi ris-tu, et pourquoi tous nos camarades rient-ils? — Moi, dit Raymond, je ris parce que tu ris, et que tous ceux qui m'*entourent rient;* mais j'ai bien peur que nous ne riions pas longtemps. Mes amis, les maîtres nous entendront rire, et vous verrez les beaux pensums qu'ils nous donneront; — et ceux qui les *auront seront* forcés de les faire encore : — pour moi, je ne vous les souhaiterai jamais, je vous les souhaiterai d'autant moins que j'en aurai peut-être bien un aussi. — A peine ces deux enfants achevaient-ils cette conversation qu'un maître entra, tous les élèves furent surpris riant; et tous *furent* punis.

5

155e Dictée (ou Copie).

Un jour d'été j'observai sur un fraisier qui ornait ma fenêtre une multitude de mouches de couleurs, de formes et d'allures différentes : les unes *avaient* la tête arrondie, d'autres l'*avaient* allongée ; quelques-unes *ouvraient* des ailes longues et brillantes, d'autres en *déployaient* de courtes et larges ; celles-ci *voltigeaient* en tourbillonnant, celles-là se *dirigeaient* en l'air contre le vent, comme font nos cerfs-volants de papier ; plusieurs se *plaçaient* sur cette plante seulement pour y déposer leurs œufs, ou s'y *abritaient* contre le soleil et *restaient* immobiles ; mais beaucoup *allaient* et *venaient* dans un mouvement continuel.

156e Dictée (ou Copie). *Suite.*

Pour mieux observer ces mouches je négligeai toutes les tribus des autres insectes qui *étaient* attirées sur mon fraisier ; ainsi je laissai les limaçons qui se *nichaient* sur ses feuilles, les papillons qui *voltigeaient* près de lui, les scarabées qui en *labouraient* les racines, les guêpes et les mouches à miel qui *bourdonnaient* autour, les pucerons qui en *suçaient* les tiges, les fourmis qui *léchaient* les pucerons ; enfin les araignées qui *tendaient* leurs filets pour attraper ces proies.

157e Dictée (ou Copie).

Au commencement de son règne Salomon fit des actes de rigueur tels qu'ils intimidèrent ceux qui *voulaient* se révolter : ensuite il demanda à Dieu la sagesse ; et le Seigneur lui dit : Puisque vous me demandez une chose si désirable je vous l'accorderai, et je vous donnerai de plus les richesses et la gloire que vous ne m'avez pas demandées.

Le n° 4 représente le son *ê*. —— Le n° 8 représente le son *e* (*e* muet).
Le n° 18 représente le son *on*.

VINGTIÈME LEÇON.

DU VERBE QUI PARAIT AJOUTÉ A PLUSIEURS SUBSTANTIFS,
ET RÉCAPITULATION DU VERBE.

Réétudier le § 10, le § 11, et le § 14 du Supplément ; — puis conjuguer : *tracer s'exercer*, etc.

PHRASE-TYPE. *La mouche et la fourmi* contes-taie**nt** *de leur prix.*

RÈGLE XIX°. Le mot-verbe finit toujours par *NT* lorsqu'il paraît être ajouté à plusieurs sub-stantifs désignant des êtres ou des choses dont on parle (1).

112ᶜ THÈME.

Copier exactement ce qui est écrit, — et remplacer chaque chiffre par les lettres exigées.

Le rhinocéros et l'éléphant ne *s*-18 que des masses énormes.

Ce chien noir et votre petite chienne blanche *japp*-8.

L'ibis et l'ichneumon *ét*-4 adorés en Égypte.

Le jardin public et la place publique se *rempliss*-4 hier de cu-rieux.

Mon cheval bai et ma jument grise *henniss*-8 à qui mieux mieux depuis une heure entière.

Le haut peuplier, le pin toujours vert et l'acacia flexible *croiss*-8 ici l'un près de l'autre ; ils nous *ombrager*-18 bientôt.

Ce petit pain et cette pomme nous *suffir*-18, *dir*-8 le joyeux gascon et le sale provençal que nous *vîm*-8 hier.

Le loup vorace et la louve gloutonne *hurl*-4, et *rempliss*-4 la forêt de leurs hurlements plaintifs.

---

(1) Quand le verbe paraît être ajouté à plusieurs substantifs désignant les êtres, etc. dont on parle, il est toujours ajouté réellement au mot pluriel *ils* (ou à *elles*).

Le n° 4 représente son *ê*. —— Le n° 8 représente le son *e* (e muet).
Le n° 18 représente le son *on*.

113ᵉ THÈME.

Copier tout ce qui est écrit, — et remplacer les chiffres par les lettres exigées.

Une fluxion et la rougeole me *fir*-8 garder la chambre six se-maines entières, ma chère Clary.

Adam et Noé ne *viv*-4 pas dans le même temps, ils n'*ét*-4 pas contemporains (1).

Un israélite et un chananéen *sacrifiér*-8 sur les hauts-lieux.

La cité et ses faubourgs vous *plair*-18.

Le tabac et le café m'*incommod*-8.

Mon frère et mon cousin nous *récréer*-18 par leur agilité.

Un brick et sa chaloupe *err*-4 à la merci des vents.

114ᵉ THÈME.

Mon grand-père et ma grand'mère nous *gâter*-18 à l'envi.

Ce cor d'harmonie et ce flageolet *produis*-8 des effets agréables.

L'œillet et la tulipe ne *croiss*-8 et ne *prospèr*-8 que par un travail (3ᵉ *exc.*, p. 21) assidu.

La lune et Jupiter *brill*-4 au firmament.

L'éclair brillant et le tonnerre se *suivir*-8 presque immédiate-ment, et nous *contraignir*-8 à rentrer.

Le dahlia et le rhododendron *s*-18 inodores (1).

115ᵉ THÈME.

La géographie et l'histoire sainte me *plais*-8 également.

Votre générosité et votre fortune vous *donn*-4 les moyens de soulager les malheureux.

Le sapajou et l'orang-outang *appartienn*-8 à la même espèce, et ne *s*-18 pas plus beaux l'un que l'autre.

Un maçon, un manœuvre et un goujat *ri*-4 ensemble.

Le lait et le bouillon nous *ser*-18 salutaires.

Le loto et le jeu de l'oie m'*amus*-8 beaucoup.

---

(1) L'adjectif qui paraît être ajouté à plusieurs substantifs s'écrit au pluriel.

158ᵉ Dictée (ou Copie).

Dans cette dictée et dans les deux suivantes, mettre :
S. *masc.* sous les substantifs (ou *pronoms*) du genre masculin.
A. *masc.* sous les adjectifs qui sont ajoutés à des mots masculins.

NELLY. — Esther, j'ai été Dimanche au boulevard, j'ai vu beaucoup, beaucoup de masques; si tu savais comme j'ai ri! Arlequin et Pierrot *poursuivaient* un brigand napolitain et un espagnol tout (*inv.*) crottés, et leur *donnaient* de grands coups, jusque sur la figure; Octave et Zoé *riaient* comme des fous : est-ce que ton papa et ta maman ne vous *mènent* pas sur le boulevard?

ESTHER. — Si, ils nous y conduiront Mardi, mais Georges et Thérèse *pensent* comme moi; les gens déguisés nous *dégoûtent*, ils sont si sales, si insolents, si brutaux quelquefois! Et puis nous sommes tristes de voir que des hommes cachent sous des masques hideux la noble figure que le bon Dieu leur a donnée : le bœuf gras et le mouton gras seuls nous *amusent*.

159ᵉ Dictée (ou Copie).

Pour les anciens Perses, le feu, l'eau, la terre, l'air, *étaient* autant de divinités; mais le soleil et la lune *recevaient* plus particulièrement leurs hommages : quant aux Égyptiens, l'ibis, le faucon, le canard, *remplissaient* leurs temples; le bœuf, le chat, le chien, l'ours, le loup, *partageaient* cet honneur; enfin le crocodile, l'ichneumon, l'hippopotame, l'anguille, le serpent, *étaient* les objets d'un culte superstitieux.

160ᵉ Dictée (ou Copie).

Un bœuf, un baudet, un cheval,
    Se *disputaient* la préséance :
Un baudet? direz-vous... eh, qui de nous ne pense
Valoir ceux que le rang, les talents, la naissance,
    Élèvent au-dessus de nous?

161e DICTÉE (OU COPIE).

Dans ces deux dictées, mettre :

S. *fém.* sous les substantifs (ou *pronoms*) du genre féminin.
A. *fém.* sous les adjectifs qui sont ajoutés à des mots féminins.

Tous les animaux qui aiment la chair, et qui ont de la force et des armes, chassent naturellement : le lion, le tigre, *chassent* seuls et sans art ; le loup, le renard, le chien sauvage, se *réunissent*, s'*entendent*, s'*aident*, se *relaient*, et *partagent* la proie..... Par cette supériorité que *donnent* l'exercice et l'éducation le chien ne perd pas l'objet de sa poursuite.

Ici le narcisse majestueux, la renoncule, l'anémone et la tulipe orgueilleuse *rivalisent* de magnificence, et se *disputent* le prix de la beauté ; là l'humble violette et la flexible jacinthe *brillent* d'un plus doux éclat, et *rehaussent* par le suave mélange de leurs teintes azurées la pourpre et l'incarnat de la rose naissante.

Castor et Pollux, jumeaux, se *distinguèrent* parmi les héros des temps fabuleux de la Grèce.

162e DICTÉE (OU COPIE). *Vers.*

Un bon mari, sa femme et deux jolis enfants
Coulaient en paix leurs jours dans le simple ermitage
Où, paisibles comme eux, vécurent leurs parents.

Un bon père cheval, veuf, et n'ayant qu'un fils,
      L'élevait dans un pâturage
      Où les eaux, les fleurs et l'ombrage
Présentaient à la fois tous les biens réunis....
Le poulain tous les jours se gorgeait de sainfoin.

Ce Dieu jaloux, ce Dieu victorieux,
      Est le seul qui commande aux cieux.
      Ni les éclairs, ni le tonnerre,
      N'*obéissent* point à vos dieux.

RÉCAPITULATION
DES NOTIONS ÉLÉMENTAIRES
SUR L'ORTHOGRAPHE DU VERBE.

Réétudier les §§ 12, 13 et 14 du Supplément; — puis conjuguer : *exiger, se remuer s'immiscer, se courroucer, s'entêter, etc.*

1° Le verbe ajouté à *tu* finit par *S*.
(*Voir* pages 46, 50 et 52.)

2° Le verbe ajouté à *vous* finit par *EZ* (ou par *ES*).
(*Voir* pages 57, 58 et 69.)

3° Le verbe ajouté à *nous* finit par *ONS* (ou par *ES*).
(*Voir* pages 64, 65 et 70.)

4° Le verbe ajouté à *ils*, à *elles, etc.*, ou à un substantif absolu pluriel, finit toujours par *NT*.
(*Voir* pages 75, 83, 87, 89, 91 et 92; enfin *voir* la règle XIX*e*, page 99).

163e DICTÉE (ou COPIE).

Dans cette cent soixante-troisième dictée, mettre 1re pers. sous les substantifs (ou pronoms), et sous les verbes de la première personne;— et unir par un trait les verbes à leurs substantifs (ou *pronoms*).

(Se rappeler que l'infinitif conserve toujours la même orthographe.)

Le Seigneur *annonça* en ces mots ses miséricordes aux Israélites : Enfants de Jacob, je vous *porterai*, et je vous *sauverai;* lorsque vous me *chercherez* de tout votre cœur, vous me *trouverez*, et je vous *tirerai* de la captivité.

En effet, les hommes *tiennent* tout de Dieu; aussi quoi de plus consolant et de plus vrai que le proverbe par lequel je vous *ferai finir* cette dictée : « Les petits oiseaux des champs *ont* le bon Dieu pour maître-d'hôtel. »

164ᵉ DICTÉE (ou COPIE).

Dans les dictées de cette page, mettre 2ᵉ *pers.* sous les substantifs (ou *pronoms*), et sous les verbes de la deuxième personne; — et unir par un trait les verbes à leurs substantifs (ou *pronoms*).

LA MAMAN. — Pourquoi ne *vas*-tu pas ce soir dans le parc avec Achille, Francisque et Pierre? tu *t'ennuieras* tout seul....

AMÉDÉE. — Maman, puisque tu me le *demandes*, je te l'*avouerai :* nous *avons* vu hier un crapaud dans l'allée couverte, et les crapauds me *font* peur; ils *sont* si laids! si dégoûtants!

LA MAMAN. — Tu me *sembles* bien déraisonnable, mon ami : pourquoi *crains*-tu une aussi petite bête? ne *sais*-tu pas qu'elle ne *pourrait* te *faire* aucun mal? tu n'*as* qu'à ne la pas *regarder*, et tu *pourras jouer* de bon cœur même près d'elle.

165ᵉ DICTÉE (ou COPIE). *Suite.*

LA MAMAN. — Tu *trouves*, Amédée, que les crapauds *sont* laids, hé bien, toi et tes amis, vous *verrez* probablement dans le parc des grenouilles, des hiboux (*V.* 2ᵉ *exc.*, p. 21), des chouettes, des chauves-souris; vous y *trouverez* des multitudes de limaces, d'araignées, etc.; tous ces animaux *sont* bien laids certes, mais ils *sont* inoffensifs, et vous *auriez* grand tort de vous *priver* à cause d'eux du plaisir de la promenade;— vous *avez* été fort souvent piqués par les cousins, et cependant vous *allez* volontiers près des eaux où vous *êtes* sûrs d'en trouver...

AMÉDÉE. — C'*est* vrai, maman, tu *as* raison : je *vais aller* au parc, et j'*essaierai* de n'*avoir* plus peur.

Ne *forçons* point notre talent,
Nous ne *ferions* rien avec grâce.

166ᵉ Dictée (ou Copie).

Mettre, comme dans les quatre précédentes dictées, 1ʳᵉ pers. — ou 2ᵉ pers. sous les verbes et sous leurs substantifs (ou *pronoms*);— et unir par un trait les verbes à leurs substantifs (ou *pronoms*), en rétablissant entre parenthèses les sujets qui seraient sous-entendus.

Mes chères filles, *venez* toutes les quatre *prendre* votre leçon d'orthographe; hier nous nous *exerçâmes* sur de la prose, aujourd'hui nous *changerons*, je vous *dicterai* des vers : peut-être les *trouverez*-vous difficiles, mais si vous *redoublez* d'application , vous *réussirez* à les bien *faire*, et moi, je vous *louerai* et je vous *récompenserai*. *Allons*, *commençons* , et *faites* en sorte de n'*avoir* guère de fautes. — Mais quoi, Léonie, tu *viens* sans ton cahier! toi, Louise, tu n'*as* pas ta plume! et vos livres, où *sont*-ils, Thérèse? Que vous *êtes* étourdies ! hier déjà vous *fîtes* la même faute, et nous *perdîmes* ainsi un gros quart d'heure de la leçon; *allez* vite *chercher* les choses qui vous *manquent;* et toi, Marthe, *vois* si Maurice et Félicité vous *apportent* vos encriers et vos poudrières.

167ᵉ Dictée (ou Copie). *Vers.*

Dès que vous *verrez* que la terre
Sera couverte, et qu'à leurs blés
Les gens n'étant plus occupés
Feront aux oisillons la guerre ;...
Ne *volez* plus de place en place,
Demeurez au logis ou *changez* de climat;
Imitez le canard , la grue, ou la bécasse :
Mais vous n'*êtes* pas en état
De *passer* comme nous les déserts ou les ondes....

Pleurons, et *gémissons*, mes fidèles compagnes,
A nos sanglots *donnons* un libre cours ;
Jetons les yeux vers les saintes montagnes
D'où l'innocence *espère* son secours....

5.

168ᵉ Dictée (ou Copie).

Dans les dictées de cette page, mettre 3ᵉ pers. sous les substantifs (ou *pronoms*), et sous les verbes de la troisième personne ; — et conduire un trait des verbes à leurs sujets.

On *trouve* des chiens sauvages dans les pays déserts, dans les contrées dépeuplées ; ces animaux ne *diffèrent* que peu des loups : ils se *réunissent* en troupes pour *chasser* et *attaquer* les sangliers, les taureaux sauvages, et même les lions et les tigres. Les Européens *transportèrent* dans le Nouveau-Monde nos chiens domestiques : quelques-uns ayant été abandonnés dans des déserts s'y *sont* multipliés au point qu'ils se *répandent* par troupes dans les contrées habitées où ils *attaquent* les bestiaux, et *insultent* même les hommes : mais, différents en cela des loups, ils *peuvent être* apprivoisés ; aussi s'*adoucissent*-ils, et *deviennent*-ils, non-seulement familiers, mais fidèles et affectueux même (*inv.*) envers les hommes qui les *traitent* avec douceur et *savent* se les *attacher*.

169ᵉ Dictée (ou Copie).

Jésus-Christ *répliqua* aux disciples du Précurseur (*nom propre ici*) qui l'*interrogeaient* : *Allez dire* à Jean ce que vous *avez* entendu, et ce que vous *avez* vu ; les aveugles *voient*, les boiteux *marchent*, les lépreux *sont* guéris, les sourds *entendent*, et l'Évangile *est* annoncé aux pauvres.

Quatre animaux divers : le chat grippe-fromage,
Triste oiseau le hibou, ronge-maille le rat,
　　Dame belette au long corsage,
　　Toutes gens d'esprit scélérat,
Hantaient le tronc pourri d'un pin vieux et sauvage.

LA FONTAINE.

170ᵉ Dictée (ou Copie).

Dans ces deux dictées, mettre sous chaque verbe (excepté sous les infinitifs) : 1ʳᵉ *pers.*, — ou 2ᵉ *pers.*, — ou 3ᵉ *pers.*; — unir par un trait les verbes à leurs sujets, en rétablissant entre parenthèses ceux qui seraient sous-entendus.

Je vous *parlerai* encore aujourd'hui de Noémi-la-Crédule : elle se *trouvait* un jour dans une auberge ; des hommes dont les épaules, la poitrine et la tête *étaient* couvertes de cuivre y *entrèrent*, et *dirent* avec vivacité : *Donnez*-nous à *manger* sur-le-champ ! — De quoi *rassasierons*-nous tous ces ogres-là ? s'*écrièrent* les aubergistes. — A ces mots Noémi *poussa* des cris lamentables : « Des ogres ! des ogres ici ! tu *es* perdue, pauvre Noémi, ils nous *mangeront* tous, certainement nous ne leur *échapperons* pas ! »—Ces hommes que Noémi *prenait* pour des ogres *étaient* tout simplement des cuirassiers ; le père de l'enfant les *commandait*, et il *était* arrivé avec eux.

171ᵉ Dictée (ou Copie). *Suite.*

On *mena* Noémi à son père ; mais la petite folle croyant qu'on la *conduisait* auprès d'un ogre, *pleurait* et n'y *voulait* point *aller*; son père et sa bonne se *moquèrent* d'elle, et *rirent* beaucoup de sa méprise : alors, pendant quelque temps, elle *refusa* de *croire* les choses les plus vraies. Lorsqu'on lui *disait* : « Quand tu *seras* grande, tu *feras* telle chose. — Moi grande ! *reprenait*-elle ! oh ! je ne *serai* jamais grande ! » Elle *croyait* que les enfants *restaient* toujours de petits hommes, comme les colibris *restent* toujours de petits oiseaux. — Si on lui *disait* : « Tu n'*as* qu'à *planter* ce noyau, et tu *verras* *pousser* un beau pêcher ; » ou bien : « Si tu *conserves* dans une boîte cette chenille, tu *trouveras* en sa place un papillon superbe, » Noémi *répondait* :—Vous *voulez* vous *moquer* de moi, mais je ne *croirai* jamais cela, vous ne m'*attraperez* plus.

172ᵉ DICTÉE (OU COPIE).

Dans toutes les dictées qui vont suivre, indiquer le *nombre* et la *personne* de chaque verbe en mettant dessous : *S. 1ʳᵉ pers.*,— ou *Pl. 1ʳᵉ pers.*, etc., etc.; — puis toujours unir chaque verbe à son sujet, en le rétablissant entre parenthèses lorsqu'il est sous-entendu.

Caleb et Josué, qui dans le désert *essayèrent* d'*apaiser* tous les murmures des ingrats Israélites, *manquèrent* d'*être* lapidés ; alors le Seigneur s'adressant à Moïse : « Tu *diras* en mon nom à ce peuple indocile : Je vous *punirai* tous, je vous *traiterai* comme vous l'*avez* désiré. Vous tous qui *aviez* vingt ans ou plus lorsque vous *êtes* sortis de l'Égypte, vous *mourrez* dans le désert, vos cadavres y *resteront* ensevelis, je vous *abandonnerai*, et vous *périrez* sans *voir* la Terre-Promise. — Nous *souffrirons* avec résignation tous les maux qui nous *accableront*, *dirent* quelques sages Israélites, parce que nous *savons* que nous les *avons* mérités, et que nous *espérons* qu'ils nous *purifieront* devant Dieu.

173ᵉ DICTÉE (OU COPIE).

Lorsque les fils de Jacob *voulaient tuer* Joseph leur jeune frère, Ruben seul s'*opposa* d'abord au crime ; et bientôt Siméon, Lévi, etc., *écoutèrent* ses sages conseils, et lui *dirent :* Tu *as* raison, mon frère, tu *es* humain, toi ; et nous, nous ne *sommes* que des barbares : or, au lieu de *tuer* Joseph, ils se *contentèrent* de le *jeter* dans une vieille citerne ; mais bientôt ils l'en *tirèrent* et le *vendirent* à des marchands ismaélites qui le *conduisirent* en Égypte. Pourquoi ces méchants *haïssaient*-ils leur frère? C'*est* parce qu'ils *étaient* jaloux.

Terminons par quelques vers :

Ne *perdons* point de temps, *faisons* de beaux ouvrages
Que les pauvres *vendront* aux riches de Paris....

174ᵉ Dictée (ou Copie).

Vous *connaissez* la fée Grignote, je vous *apprendrai* les périls où sa malice et sa dureté de cœur la *jetèrent*.

Tous les écoliers que les mauvais tours de cette fée *avaient* fait *punir* se *liguèrent* contre elle ; ils lui *tendirent* des piéges, et l'ayant prise enfin, ils s'*apprêtèrent* à la *juger*. Pendant que Grignote *attendait* le moment fatal, plusieurs méchants élèves la *menaçaient* du poing, d'autres lui *faisaient* de gros yeux terribles : ceux-ci lui *disaient* mille injures ; ajoutant : « Comme nous nous *récréerons* en voyant ton supplice ! comme tes grimaces nous *amuseront !* » ceux-là, gaiement cruels, lui *faisaient* d'ironiques compliments : « *Voyez* donc, qu'elle est jolie ! *disaient*-ils, quelle taille ! quelle robe ! »

175ᵉ Dictée (ou Copie). *Fin.*

Fûmes-nous sots, s'*écriaient*-ils, de te *laisser vivre* aussi longtemps, méchante petite souris ! mais tu ne nous *échapperas* plus : tes pleurs ne nous *attendriront* point, *sois* en sûre. — Nous *allons* te livrer à notre maître, son chat se *régalera* bien de ta chair délicate. — Au chat ! au chat ! *crièrent*-ils aussitôt tous à la fois. — Messieurs, s'*écria* la pauvre petite souris (dont les frayeurs *redoublèrent* à ce terrible mot de chat), Messieurs, *daignez* m'écouter, et *ayez* confiance en moi ; si vous *êtes* sensibles à mes maux, si vous me *rendez* la vie et la liberté, je *reconnaîtrai* ce service ; je vous *ferai rire* encore, mais je *choisirai* le moment de la récréation ; et je ne vous *ferai* plus jamais *gronder*. Les écoliers *furent* désarmés par ces paroles, et charmés de l'espoir de *rire* sans s'*attirer* de punitions, ils *rendirent* la liberté à la pauvre Grignote : — *resta*-t-elle fidèle à sa promesse ?...

176ᵉ DICTÉE (ou COPIE). *Vers.*

Prenez garde, mes fils, *côtoyez* moins le bord,
  Suivez le fond de la rivière;
  Craignez la ligne meurtrière
  Ou l'épervier....
C'est ainsi que *parlait* une carpe de Seine
A de jeunes poissons qui l'*écoutaient* à peiné.
C'était au mois d'Avril: les neiges, les glaçons,
Fondus par les zéphyrs *descendaient* des montagnes;
Le fleuve, enflé par eux, s'*élève* à gros bouillons,
  Et *déborde* dans les campagnes :
  Ah! ah! *criaient* les carpillons,
  Qu'en *dis*-tu, carpe radoteuse?
  Crains-tu pour nous les hameçons?...
  Les arbres *sont* cachés sous l'onde,
  Nous *sommes* les maîtres du monde...
Ne *croyez* pas cela, répond la vieille mère;...
  Bah! *disent* les poissons, tu *répètes* toujours
  Mêmes discours (indiquer ce pluriel);
Adieu, nous *allons* voir notre nouveau domaine.

          FLORIAN.

177ᵉ DICTÉE (ou COPIE).

Un cimetière aux champs, quel tableau! quel trésor!
Là ne se *montrent* point l'airain, le marbre et l'or;
Là ne s'*élèvent* point ces tombes fastueuses
Où *dorment* à grands frais les ombres orgueilleuses
De ces usurpateurs par la mort dévorés.

          LEGOUVÉ.

Voyez si vous *romprez* ces dards liés ensemble,
  (*disait* à ses fils un bon père mourant)
Je vous *expliquerai* le nœud qui les *assemble*.

SECONDE SECTION.

AVIS ESSENTIEL

POUR CETTE SECONDE SECTION.

On devra suivre absolument la marche qu'on a suivie pour la première section. Ainsi, à chaque leçon nouvelle, l'élève devra :

1° Copier, apprendre, et surtout comprendre la phrase-type, et par elle la règle qui fait le sujet de la leçon;

2° Copier et déchiffrer les phrases qui composent le thème, application élémentaire de cette règle, mais sans mettre désormais ces phrases au pluriel;

3° Faire avec attention, et en appliquant *toutes les règles qu'il connaît*, les dictées ou les copies, qui doivent être livrées accentuées, et ponctuées correctement. (Ceci restant bien entendu : L'élève accentuera de lui-même, mais la ponctuation lui aura été indiquée pendant qu'il dictait).

Nota. Nous continuerons à indiquer, en tête de chaque leçon, quels sont les verbes que l'élève doit faire : — à l'égard de l'analyse, il peut désormais passer à une étude moins élémentaire; — ainsi il est en état d'étudier l'*Analyse grammaticale* de Mme CHARRIER-BOBLET, et de faire les exercices que présente ce traité.

COURS COMPLET
D'ORTHOGRAPHE.
(PREMIER DEGRÉ.)

SECONDE SECTION.

LEÇON PRÉPARATOIRE.
SUR L'ORTHOGRAPHE DE CERTAINS MOTS FÉMININS (1).

S'exercer sur le genre dans le substantif; — puis conjuguer : *lacer, se lasser.*

PRÉPARATION A LA RÈGLE XX° :

La fum**ée** *de la* suie *se répand dans la* rue.

Page 117.

Première partie.

Les mots masculins en é finissent par é.
Les mots féminins en é finissent par ée.

EXEMPLE : *Ce* th**é** *sent la* fum**ée.**

1er EXERCICE PRÉPARATOIRE.
Copier ce qui est écrit, — et remplacer le 5 par les lettres voulues.

Le *bl*-5 est battu,	donnez cette *gerb*-5 aux chevaux.
Prenez du *pât*-5 de jambon,	et faites la *pât*-5 du chat.
De cet autre *côt*-5,	regardez la vieille *f*-5.
Ah ! quel mauvais *caf*-5 !	il sent la *chicor*-5.

1re DICTÉE (ou COPIE) PRÉPARATOIRE.
Dans les dictées de cette leçon préparatoire, mettre :
S. m. sous chaque substantif masculin. — S. f. sous chaque substantif féminin.

Papa achètera une grande *poupée* à ma sœur *Aimée.* — J'ai dans mon *coupé* neuf une pleine *hottée* de belle *giroflée.* — Le chirurgien a fait une forte *saignée* à mon cousin *Barnabé.* — Est-ce de mon *côté* que ces sales *araignées* tendront leurs toiles ?

---

(1) Les très-jeunes élèves seulement devront faire les exercices et les dictées de cette leçon préparatoire ; — pour les autres, il suffira de les leur faire lire avec attention.

Le n° 9 représente le son *i* (qui doit s'écrire ici par *i* ou par *ie*).
Le n° 12 représente le son *u* (qui doit s'écrire ici par *u* ou par *ue*).

Deuxième partie.

Les mots masculins en *i* finissent par *i*.
Les mots féminins en *i* finissent par *ie*.

EXEMPLE : *Je vous porte le défi d'enlever cette suie.*

2ᵉ EXERCICE PRÉPARATOIRE.

1° Copier, — et 2° déchiffrer (c'est-à-dire remplacer les chiffres par les lettres voulues).

Ce joli *étu*-9	est à *Soph*-9.
Un *cr*-9 plaintif	fut poussé par la *fur*-9.
J'ai du *souc*-9 pour obtenir	une *sort*-9 de faveur.
Jean a un *établ*-9 neuf	et une bonne *sc*-9.

2ᵉ DICTÉE (ou COPIE) PRÉPARATOIRE.

La *poulie* va tomber dans l'eau, entends-tu le *cri* que poussent *Séraphie* et *Anastasie?* — La *cérémonie* de la première communion est bien touchante, n'est-ce pas, *Marie?* — *Léocadie* a perdu son *étui*. — Mon frère *Henri* vient de lire deux *comédies* dans la *prairie*.

Troisième partie.

Les mots masculins en *u* finissent par *u*.
Les mots féminins en *u* finissent par *ue*.

EXEMPLE : *Le* r**u** *déborde, il va inonder toute la* r**ue.**

3ᵉ EXERCICE PRÉPARATOIRE.

Le vin de mon *cr*-12 est bon, la *cr*-12 du Rhône a été forte.

Ce grand *hurluberl*-12	a fait une lourde *bév*-12.
Ce *zéb*-12	serait-il dans la *m*-12?

3ᵉ DICTÉE (ou COPIE) PRÉPARATOIRE.

Le *fichu* de Julie lui coûte un petit *écu*, elle l'a acheté dans la *rue* Saint-Denis. — La pêche de la *morue* se fait au banc de Terre-Neuve, elle est d'un *revenu* certain pour les *individus* qui s'y adonnent. — Le professeur a infligé une *retenue* générale, mes deux *hurluberlus* de cousins sont *retenus* comme leurs condisciples.

Le n° 4 représente le son è (qui doit ici s'écrire par *ai* ou par *aie*).
Le n° 6 représente le son *eu* (qui doit ici s'écrire par *eu* ou par *eue*).

Quatrième partie.

Les mots masculins en *ai* finissent par *ai*.
Les mots féminins en *ai* finissent par *aie*.

EXEMPLE : *Faites-vous un* bal**ai** *dans cette* boul**aie.**

4ᵉ EXERCICE PRÉPARATOIRE.

1° Copier, — et 2° déchiffrer (c'est-à-dire remplacer les chiffres par les lettres voulues).

Ce long *ét*-4	sort de ma *fut*-4.
Le frère *l*-4	demande sa *cr*-4.
Faisons un *rembl*-4	pour combler cette *b*-4.

4ᵉ DICTÉE (ou COPIE) PRÉPARATOIRE.

Est-il *vrai* que d'un seul bond votre cheval *bai* pourrait franchir le fossé et la *haie* qui enclosent cette *roseraie* et cette *oseraie ?* — Nos *baies* sont ensablées, et toutes les barques s'arrêtent près du *quai*. — Allez couper deux beaux *mais* dans ma *futaie*.

Cinquième partie.

Les mots masculins en *eu* finissent par *eu*.
Les mots féminins en *eu* finissent par *eue*.

EXEMPLE : *Mon* nev**eu** *Léon a une jolie veste* bl**eue.**

5ᵉ EXERCICE PRÉPARATOIRE.

Ce *li*-6 charmant	est dans la *banli*-6.
Ce *moy*-6 est énorme,	il se verrait d'une *li*-6.
Admirez un *p*-6	la riche *qu*-6 que ce paon déploie.

5ᵉ DICTÉE (ou COPIE) PRÉPARATOIRE.

J'ai accroché ma robe *bleue* à ce vilain *pieu*.—Lorsque Samson voulut mettre le *feu* aux moissons des Philistins, il attacha des torches à la *queue* de renards, puis il chassa ces animaux dans les blés. — Dans chacune des fêtes de la *banlieue* on voit un *jeu* de bague, et beaucoup d'autres *jeux*.

Le nᵒ 13 représente le son *ou* (qui doit ici s'écrire par *ou* ou par *oue*).
Le nᵒ 15 représente le son *oi* (qui doit ici s'écrire par *oi* ou par *oie*).

Sixième partie.

Les mots masculins en *oi* finissent par *oi*.
Les mots féminins en *oi* finissent par *oie*.

EXEMPLE : *Un r**oi** n'est pas toujours dans la* **joie.**

6ᵉ EXERCICE PRÉPARATOIRE.

1º Copier, — et 2º déchiffrer (c'est-à-dire remplacer les chiffres par les lettres voulues).

Le *conv*-15 funèbre   suivra-t-il cette *v*-15?
Mais quel *effr*-15   peut causer une *lampr*-15?
Faites un autre *empl*-15 de cette longue *courr*-15.

6ᵉ DICTÉE (ou COPIE) PRÉPARATOIRE.

Regardez cette jeune châtelaine toute vêtue de *soie* violette, comme elle se pavane sur son *palefroi* pendant le *tournoi!* — Le *beffroi* sonne, sortez de cette *charmoie*. — Vos *claires-voies* sont trop peu dissimulées. — Nous éprouvons un grand *émoi*.

Septième partie.

Les mots masculins en *ou* finissent par *ou*.
Les mots féminins en *ou* finissent par *oue*.

EXEMPLE : *Ah! mon* bamb**ou** *est tombé dans la* **boue.**

7ᵉ EXERCICE PRÉPARATOIRE.

Voyez comme ce *fil*-13   a la *j*-13 rouge.
Voilà le *cl*-13   qui manque à ma *r*-13.
Ce *tr*-13 profond   est rempli d'une *b*-13 épaisse.

7ᵉ DICTÉE (ou COPIE) PRÉPARATOIRE.

Hé quoi, Valérie, vous faites la *moue* parce qu'on vous refuse un *bijou!* — C'est le vieux *Maclou* qui a fait cet énorme *trou* dans la terre avec sa vieille *houe*. — Le pauvre André a deux gros *clous* au beau milieu de la *joue* gauche. — Quelles vilaines et sales *bajoues* ce cochon nous montre! mettez-le sous les *verrous*.

Le n° 4 représente le son *è* (qui doit s'écrire ici par *ai* ou par *aie*).
N° 5, son *é* (par *é* ou par *ée*). — N° 12, son *u* (par *u* ou par *ue*).
N° 6, son *eu* (par *eu* ou par *eue*). — N° 13, son *ou* (par *ou* ou par *oue*).
N° 9, son *i* (par *i* ou par *ie*). — N° 15, son *oi* (par *oi* ou par *oie*).

VINGT ET UNIÈME LEÇON.

DE L'ORTHOGRAPHE DES SUBSTANTIFS FÉMININS EN *ÉE*, EN *IE*, ETC.

Faire faire des analyses grammaticales expliquées, exercer sur le genre dans les substantifs et les adjectifs ; — puis faire conjuguer : *sucer, retracer, surnager, avouer, etc.*; enfin faire copier au Supplément le modèle des verbes en *yer* : *aboyer*.

PHRASE-TYPE. *La* **fumée** *de la* **suie** *se répand dans la* **rue**.

RÈGLE XXe. Lorsque le substantif est du genre féminin et qu'il se termine par le son *É*, ou par *I, U, AI, EU, OI, OU*, il doit finir par un *E* muet.

116e THÈME.

1° Copier, — et 2° déchiffrer (c'est-à-dire remplacer les chiffres par les lettres que la règle indique).

César, vous aurez cette *ann*-5 une *ép*-5 à *poign*-5 de nacre.
La *nich*-5 de rossignols sera pour la petite *Mar*-9.
Excepté la tête, les pieds et la *qu*-6, la *tort*-12 est entièrement
    couverte d'une enveloppe dure et écailleuse.
Ton professeur d'arithmétique cherche sa *cr*-4.
Le porcher frappa ce cochon sur la *baj*-13 droite.
L'aigle emportant sa *pr*-15 plana fièrement dans les airs.

117e THÈME.

Cornél-9 nous montra sa *j*-13 tout incarnate.
Les lettres de *Virgin*-9 vont partir pour la *banli*-6.
La *lampr*-15 se plaît dans les eaux de la Loire.
Uran-9 est, selon la *mytholog*-9, la muse de l'*astronom*-9.
Qui de vous aura la *barbar*-9 de tuer cette *gr*-12 ?
Mes neveux nous feront ici une *train*-5 de poudre.
Mes arrière-neveux franchiront-ils cette *h*-4 vive ?

Le n° 4 représente le son *è* (qui doit s'écrire ici par *ai* ou par *aie*).
N° 5, son *é*.   — —   N° 9, son *i*.   — —   N° 13, son *ou*.
N° 6, son *eu*.   — —   N° 12, son *u*.   — —   N° 15, son *oi*.

118ᵉ Thème,

dans lequel sont opposés des mots masculins et des mots féminins se terminant par le même son. (Revoir toutes les notions de la leçon préparatoire, p. 113 et suiv.)

Copier et déchiffrer comme dans les précédents.

Cette méchante *f*-5 nous demande son *d*-5.

Aspas-9 poussa un *cr*-9 tellement rauque qu'on eût cru entendre une *fur*-9 cruelle ; quelle *harp*-9 !

Le *r*-12 déborde, l'eau envahit toute la *r*-12.

Deux paons superbes faisaient la *r*-13 près du *tr*-13 où vous voyez ce *hib*-13.

Pierre est *ven*-12 jusqu'à là patte-*d'*15 en longeant une belle *aven*-12 de peupliers.

Quand vous serez au premier *rel*-4, vous demanderez de la *monn*-4.

119ᵉ Thème.

Le *bal*-4 n'a donc jamais passé ni sous cette *trembl*-4, ni sous cette *frên*-4 ? Quel amas de feuilles !

Prenez garde ! le *lic*-13 de votre mulet traîne dans une *b*-13 noire et infecte.

A une *li*-6 de Paris notre *essi*-6 neuf s'est rompu par le *mili*-6.

Un ogre ne ferait qu'une *bouch*-5 de ce *pât*-5.

Mon *bengal*-9 chante tant que votre *p*-9 jacasse.

La forêt et une *orm*-15 ont été la *pr*-15 des flammes.

120° Thème.

Ce manœuvre se livrait à la *j*-15 lorsqu'il se meurtrit la *j*-13 contre un long *ét*-4.

Servez du vin du *cr*-12 au conducteur de la *charr*-12.

La *plu*-9 commence, gagnons vite l'*all*-5 couverte.

Quelle laide *m*-13 fait ce musulman dans sa *mosqu*-5 !

Une *corn*-12 éclata violemment hier, et ses débris nous firent cette large *pl*-4.

Les pétales de ce *souc*-9 sont tout couverts de *ros*-5.

Le n° 4 représente le son è (qui doit s'écrire ici par *ai* ou par *aie*).
N° 5, son *é*. —— N° 9, son *i*. —— N° 13, son *ou*.
N° 6, son *eu*. —— N° 12, son *u*. —— N° 15, son *oi*.

VINGT ET UNIÈME LEÇON (SUITE).

DE L'ORTHOGRAPHE DES ADJECTIFS EN *ÉE*, EN *IE*, ETC.

PHRASE-TYPE. *O palais sois* béni! *sois* bénie, *ô ruine!*

RÈGLE XXIe. Lorsque l'adjectif qui se termine par le son *É, I, U, AI, EU*, est ajouté à un substantif féminin, il doit finir par un *E* muet.

121e THÈME.
Copier et déchiffrer comme dans les précédents.

Léon-9 est *all*-5 dans la *banli*-6.
Eudox-9 est une petite fille bien *pol*-9.
La *mor*-12 ne peut être *mang*-5 *cr*-12.
Coral-9 est *tomb*-5, serait-elle *étourd*-9 ?
Cette *h*-13 est toute *rouill*-5.
Votre robe *bl*-6 est *tach*-5 de *b*-13.
La *j*-15 que *Jul*-9 a *ressent*-9 était bien *vr*-4.
Ma nièce *Doroth*-5 a la *v*-12 fort *affaibl*-9.

122e THÈME.

La petite *Lyd*-9 s'est *endorm*-9 hier en marchant.
Cette *f*-5 est un peu trop *jouffl*-12.
N'admirez-vous pas cette voile *gonfl*-5 et mollement *agit*-5 par les zéphyrs les plus doux ?
L'histoire qu'*Anastas*-9 nous conta est-elle *vr*-4 ?
Une *jol*-9 branche de houx fut *coup*-5 avec une *sc*-9 *arrond*-9, et *plac*-5 dans votre bouquet.
La belette qui était *entr*-5 maigre dans un grenier en sortit grasse, *maffl*-12 et *rebond*-9.

Le nᵒ 4 représente le son *è* (qui doit ici s'écrire par *ai* ou par *aie*).
Nᵒ 5, son *é*.   ——   Nᵒ 9, son *i*.   ——   Nᵒ 13, son *ou*.
Nᵒ 6, son *eu*.   ——   Nᵒ 12, son *u*.   ——   Nᵒ 15, son *oi*.

123ᵉ Thème,

renfermant des mots masculins et des mots féminins.

Copier et déchiffrer comme dans les précédents.

Tout le *bl*-5 fut *coup*-5 avant que la *matin*-5 fût entièrement *écoul*-5, et il fut mis à l'abri de la *plu*-9.

Que ce yacht est *jol*-9 et bien *pavois*-5 !

Le *hib*-13 *poursuiv*-9 s'est *réfugi*-5 dans la *châtaigner*-4 qui est au bout de la grande *all*-5.

La *monarch*-9 est le gouvernement d'un pays *rég*-9 par un seul : empereur, *r*-15, prince ; — la *monarch*-9 est *appel*-5 *absol*-12 lorsque la volonté du monarque est seule *consult*-5.

124ᵉ Thème.

La cellule de la sœur *Anastas*-9 est *contig*-12 (1) à la mienne, elle est de ce *côt*-5.

Quelle *jol*-9 *qu*-6 étale le paon qui longe la *h*-4 nouvellement *plant*-5 ; regardez, là, près du *pi*-6 le plus *élev*-5.

Au mois de Décembre le *gu*-9 *sacr*-5 était *cueill*-9 par le chef des Druides, avec une faucille d'or *réserv*-5 pour cette *cérémon*-9 *sacr*-5 ; et il était *reç*-12 par les prêtres dans une espèce de vêtement *appel*-5 une *s*-4.

La piqûre de la *sangs*-12 est très-souvent salutaire.

125ᵉ Thème.

Voyez comme la *t*-13 s'est *ensabl*-5 dans la *b*-4.

La barbe de papa est bien *touff*-12, elle lui vient jusqu'au *mili*-6 de la *j*-13.

Arthur possède un cheval *b*-4 et une jument *b*-4, la chose est *vr*-4 ; croyez-la, car rien (*masc*) n'est plus *vr*-4.

La hideuse *orfr*-4 s'est *enfu*-9 de ce *li*-6 avec sa *pr*-15, et elle l'a *dépos*-5 dans les roseaux.

Une réponse *ambig*-12 (1) cache parfois une fine *railler*-9.

---

(1) Les adjectifs dont le masculin est en *gu* ont le féminin en *guë*, avec le tréma (¨).

178ᵉ DICTÉE (OU COPIE).

Dans ces trois dictées, mettre :
S. m. sous les substantifs masculins ; — S. f. sous les substantifs féminins.

Amélie, combien vous vous êtes *salie !* Votre *jolie* robe *bleue*, la voilà maintenant *crottée*, *mouchetée* de taches de *boue ;* elle est même un peu *déchirée :* vous vous serez *accrochée* à quelque clou en jouant comme une folle, et voilà où mène l'*étourderie !*... Votre jupon aussi est éclaboussé ; et votre collerette *plissée*, voyez comme elle est *chiffonnée !* Cela n'est pas joli : une petite fille n'est jamais bien *vue*, de ses compagnes même (*inv.*), lorsqu'elle a une mauvaise *tenue*.

179ᵉ DICTÉE (ou COPIE).

Dieu a créé le monde en six jours ; Adam a été créé le sixième jour, Ève, sa femme, fut *créée* après lui, et *tirée* d'une de ses côtes. Sollicité par sa femme, Adam mangea du fruit défendu, il fut chassé du Paradis-Terrestre, Ève en fut *chassée* également ; et le bon Dieu irrité plaça un ange armé d'une *épée nue* à la porte du beau jardin. Ève voulut revenir dans ce lieu de délices, mais à la *vue* de l'ange elle fut *effrayée*, et jamais elle n'est *rentrée* dans le Paradis ; Adam n'y est pas rentré non plus.

180ᵉ DICTÉE (ou COPIE).

Le petit Henri avait une belle cage que sa tante *Amélie* lui avait *donnée*, et dans cette cage se jouaient deux charmants oiseaux : un chardonneret et une serine. Un jour, en portant sa cage dans l'*allée* de tilleuls, Henri est tombé, la cage est *tombée* aussi, elle s'est *brisée*, et le chardonneret s'est envolé ; la serine seule à demi *écrasée* lui est *restée :* il l'a *rapportée* dans la chambre de sa maman ; mais il a été bien grondé, parce qu'on lui avait défendu de porter la cage dans le parc.

181ᵉ Dictée (ou Copie).

Dans ces trois dictées, mettre :
A. m. sous les adjectifs masculins ; — *A. f.* sous les adjectifs féminins.

Dis donc, Armand, le joli petit chat de *Zélie* qui est tombé par la fenêtre ; le pauvre Zizi ! Il a la patte *cassée*, et le museau tout écorché !

Mon cher petit Désiré, la *jolie toupie* de buis que je t'ai *donnée*, tu sais, la *toupie* que tu as *prêtée* hier à ton bon ami René, je l'ai *achetée* rue *Pavée*-Saint-André, au coin de la *rue* de *Savoie ;* l'épicier qui me l'a *vendue* est né en *Italie* , à *Pavie.*

182ᵉ Dictée (ou Copie).

Léocadie était *née* très-jolie, mais elle ne s'est pas *montrée* assez *sensée* pour rester telle que le bon Dieu l'avait *créée* ; elle s'est *habituée* à la *minauderie* , elle s'est *enlaidie* par sa *coquetterie* , et elle s'est *rendue* presque hideuse.

Le printemps sera bientôt venu ; déjà la neige est toute *fondue*, le pavé de la *rue* n'est plus glissant. Quelle *joie* ! Dans peu de jours il n'y aura plus de *boue ;* je vous ferai faire alors des promenades d'une *lieue*, elles nous amuseront beaucoup.

183ᵉ Dictée (ou Copie).

Ma chère petite *Émilie*, vois comme ta *poupée* a la figure *rayée, égratignée, fracassée !* Vois comme sa robe est *salie*, comme sa mantille est *plissée, chiffon-née !* Elle est beaucoup moins *conservée* que celle de ta petite *amie Stéphanie...* Mais pourquoi cesses-tu d'être *gaie ?* Pourquoi sembles-tu faire la *moue ?* Cela n'est pas joli !... Allons, reprends ta bonne humeur *accoutu-mée...* Tu m'as dit que l'histoire de la *fée* Grignote t'a *récréée*, je te dirai demain l'histoire d'une autre *fée.*

184ᵉ Dictée (ou Copie).

Dans les quatre dernières dictées de cette vingt et unième leçon, mettre :
S. f. sous les substantifs féminins ; — *A. f.* sous les adjectifs féminins.

Fort coquette encore, bien que très-vieille (la *coquet-terie* est une *maladie* dont on guérit rarement), la *fée* Bellottina s'était *promenée* longtemps dans la *rosée* par une fraîche *matinée* d'automne et s'était *enrhumée :* s'étant *regardée* au miroir, elle se trouva horriblement *enlaidie ;* et afin de ne pas être *vue* ainsi sur la terre, elle monta dans un joli char traîné par une chimère *ailée*, et fut *emportée* au milieu des airs dans le palais aérien, sa résidence *accoutumée* ; je vous dirai comment son rhume l'avait *défigurée :* son nez tout grossi était devenu épaté ; elle avait un œil éraillé et la *vue troublée ;* enfin sa figure *bouffie*, une *joue rougie*, *devenue* luisante et *polie*, et surtout sa lèvre supérieure tout (*inv.*) *épaissie*, lui donnaient l'air d'une personne qui fait une laide *moue :* croyez-vous qu'elle fût bien *jolie ?*

185ᵉ Dictée (ou Copie).

Si l'histoire de la *fée* coquette t'a *récréée*, mon *Émilie*, je vous en dicterai une autre à *Coralie* et à toi. Écoutez : La méchante *fée* Grognon avait souvent maltraité un joli cheval bai : un jour qu'elle était *montée* sur ce cheval, il conçut le désir de se venger ; quittant donc la *voie battue* par les autres animaux, il serra la méchante *fée* contre une *haie* vive, où vingt fois sa robe fut *accrochée ;* mais ce n'était rien encore qu'une robe *arrachée* et *perdue :* Grognon elle-même fut *jetée* par le cheval irrité au milieu des épines de la *haie ;* elle en fut toute *déchirée*, et une épine très-*aiguë* lui creva l'œil ; — la douleur qu'elle ressentit fut si vive, qu'elle tomba *évanouie* dans un gros tas de *boue* où elle resta comme *ensevelie*.

186ᵉ DICTÉE (ou COPIE). *Suite.*

Dès que le malheur de Grognon fut su, dès que sa disgrâce fut *connue*, on se hâta de venir à son secours : d'abord on vit sa robe *déchirée*, *salie*, *souillée* et *remplie* de *boue;* sa chevelure *dénouée*, *arrachée* et tout *(inv.)éparpillée* sur son cou; mais bien pis que tout cela, on la trouva tout *(inv.) écorchée* et *baignée* dans son sang; son visage était sillonné de larmes, sa tête était *fracassée;* elle avait un bras rompu, l'épaule *déboîtée*, la clavicule *cassée*, etc.; enfin, depuis que la terre est *créée*, jamais une pauvre *infortunée* ne fut *vue* en un aussi piteux état : elle fut *ramenée* chez elle encore *évanouie*, et lorsqu'elle reprit ses sens, elle crut revenir à la *vie*. Heureuse si cette sévère leçon l'eût *corrigée!* Quant au cheval bai, après s'être vengé, il regagna tranquillement son *écurie*. — Pensez-vous que cette histoire soit *vraie?*

187ᵉ DICTÉE (ou COPIE). *Vers.*

Notre laitière ainsi *troussée*
Comptait déjà dans sa *pensée*
Tout le prix de son lait, en employait l'argent,
Achetait un cent d'œufs, faisait triple *couvée*....
Le lait tombe....
La dame.... quittant d'un œil marri (*fâché*)
Sa fortune ainsi *répandue*
Va s'excuser à son mari,
En grand danger d'être *battue*.

Je vous dépeindrai maintenant un paysan du Danube :
Son menton nourrissait une barbe *touffue*,
Toute sa personne *velue*
Représentait un ours, mais un ours mal léché :
Sous un sourcil épais il avait l'œil caché,
Le regard de travers, nez tortu, grosse lèvre...

Le n° 4 représente le son è (qui doit s'écrire ici par *ai* ou par *aie*).
No 5, son *é*. — — No 9, son *i*. — — No 13, son *ou*.
No 6, son *eu*. — — No 12, son *u*. — — No 15, son *oi*.

VINGT-DEUXIÈME LEÇON.

APPLICATIONS NOUVELLES DES RÈGLES XX ET XXI:

*Là fum**ée** de la su**ie** se répand dans la r**ue.***

*O palais, sois bén**i**! sois bén**ie**, ô ruine!*

(Pages 117 et 119.)

Faire faire des exercices d'analyse comme pendant la vingt et unième leçon ; — puis faire conjuguer, en imitant le verbe-modèle *aboyer* : *broyer, essuyer, payer, s'ennuyer, etc.*

126ᵉ Thème.

1° Copier; 2° déchiffrer (c'est-à-dire remplacer les chiffres par les lettres que la règle indique).

Je vous effraierai par l'histoire d'une *f-5 dod-12*, *barb-12*, *croch-12*, et surtout fort *goul-12*.

Quoi ! vous jetteriez dans la *b-13* le bel *ép-9 dor-5* que nous vous avons *rapport-5* d'une *li-6* !

Brûlerai-je cette *ivr-4* qu'on a *trouv-5* dans le *bl-5* ?

Natal-9, joue cette *après-din-5* avec la *jol-9 poup-5* qui est *vêt-12* en *mari-5*.

Prêtez-nous cette *h-13* si artistement *façonn-5*.

Une *malad-9* contagieuse pour les bestiaux, une *épizoot-9* cruelle règne dans la *vall-5* ; plus de deux mille moutons et brebis y sont morts de la *clavel-5*.

127ᵉ Thème.

Nous côtoierions cette *pommer-4* pendant une *li-6* sans manger une seule pomme ; n'ayez aucun *effr-15*.

Le petit fripon prenait cet *ét-5*, chaque matin, à la *dérob-5*, une pleine *jatt-5* de lait *caill-5*.

Cette hideuse *l-4* préférerait l'eau *corromp-12*, *puis-5* dans un *foss-5* infect, à la *bouill-9* la plus *sucr-5*.

Souffrit-on jamais une douleur plus *aig-12* !

Regardez de ce *côt-5*, quelle belle *fus-5* volante !

Plaçons et rangeons dans notre fenil toute la *charret-5* du foin que nous avons *fauch-5* dans ce *pr-5*.

Le n° 4 représente le son è (qui doit ici s'écrire par ai ou par aie).
N° 5, son é.   —— N° 9, son i.   —— N° 13, son ou.
N° 6, son eu.   —— N° 12, son u.   —— N° 15 son oi.

128ᵉ Thème,
renfermant des singuliers et des pluriels.

1° Copier ; 2° déchiffrer comme dans les précédents, en ayant soin d'ajouter aux mots pluriels la marque du pluriel.

La *jol*-9 branche que *Lyd*-9 a *secou*-5 trop fort est maintenant entièrement *détach*-5 de l'arbre, heureusement tous les fruits en avaient été *cueill*-9 hier.

Pourquoi fais-tu la *m*-13, *Luc*-9 ?—Parce que mon *jouj*-13 est *tomb*-5 dans la *chemin*-5 ; il va être *brûl*-5, puisque le *f*-6 est *allum*-5.

Je fis trois *li*-6 au moins dans des *prair*-9 *émaill*-5, *entrecoup*-5 de *r*-12 fréquents et de *saign*-5, avant d'arriver à cette cité tant *désir*-5.

129ᵉ Thème.

C'est en *As*-9, assez près de la *Méditerran*-5, et au sud de la Palestine, que la ville de Jérusalem est *situ*-5.

Le vent soufflait avec violence, et des *bouff*-5 de *fum*-5 annonçaient qu'il y avait du *f*-6 dans la *pharmac*-9.

Hermin-9 s'est *réjou*-9, parce que les *t*-4 qui affaiblissaient sa *v*-12 sont *guér*-9.

J'empêcherai bien ce moine *l*-4 si laid de tuer les deux vieilles *l*-4 qui se sont *réfugi*-5 chez moi.

130ᵉ Thème.

Vous verrez dans votre *mytholog*-9 Hercule *appuy*-5 sur sa *mass*-12, puis près du dieu Pan de vilains satyres *corn*-12.

Chacun parle de vos deux *haquen*-5 *pommel*-5 ; on dit qu'elles ont la *qu*-6 *coup*-5, et qu'elles sont *fourb*-12 d'hier : cela est-il *vr*-4?

Une *houss*-4 est un *li*-6 *plant*-5 de houx.

Donnez des blouses *bl*-6 à ces petits mendiants qui font la *r*-13 sur la *v*-15 publique.

Le nᵒ 4 représente le son *è* (qui doit ici s'écrire par *ai* ou par *aie*).
Nᵒ 5, son *é*.   ——   Nᵒ 9, son *i*.   ——   Nᵒ 13, son *ou*.
Nᵒ 6, son *eu*.   ——   Nᵒ 12, son *u*.   ——   Nᵒ 15, son *oi*.

131ᵉ Thème.

Copier et déchiffrer comme dans les précédents (en ayant soin d'indiquer le pluriel).

On fait la *batt*-12 dans les *Tuiler*-9 ; bientôt les promeneurs
vont être *renvoy*-5, et les portes du jardin seront *ferm*-5.

Autrefois le *noy*-5, comme tout homme qui s'était *suicid*-5,
était *train*-5 dans les *r*-12 et les carrefours sur une *cl*-4 in-
fâme ; son corps *défigur*-5 était *expos*-5 sinon à la *ris*-5, au
moins aux *hu*-5 de la populace : ces marques *d'infam*-9
faisaient comprendre aux passants que c'était une bien cou-
pable *pens*-5 que le malheureux avait *conç*-12.

132ᵉ Thème.

Cornél-9, vous n'avez pas fait une assez grande *enjamb*-5 en
traversant ce ruisseau ; voyez, vous êtes toute *crott*-5.

Appliquez-vous à vos *dict*-5 et à vos *cop*-9, ma chère *Eugén*-9,
et je vous donnerai quatre *drag*-5.

Beaucoup de *prophét*-9 annonçaient la *ven*-12 du Sauveur
bien des siècles avant qu'il parût sur la terre, les circonstances mêmes de sa Passion y étaient toutes *présent*-5 ; —
ces *prophét*-9 se sont *réalis*-5.

133ᵉ Thème.

Les animaux terrestres furent *cré*-5 avant le premier homme,
mais la femme fut *cré*-5 après lui ; les astres et les arbres
avaient été *cré*-5 avant les animaux.

Émil-9, vous faites une *m*-13 d'une aune, cela n'est pas
jol-9 ; toutes vos *am*-9 riront à vos dépens.

La *banli*-6 a été *parcour*-12 dans tous les sens.

Toute la *v*-15 publique fut *pavois*-5 d'affiches jaunes, rouges,
bl-6 ; la *v*-12 en était *récré*-5.

Bonne *renomm*-5 vaut mieux que ceinture *dor*-5.

Je couperais volontiers dans cette *h*-4 vive un manche pour mon
bal-4 de bouleau.

188ᵉ Dictée (ou Copie).

Dans ces deux dictées, mettre :

M. s. sous chaque substantif (ou *pronom*) masculin et singulier.
F. s. sous chaque substantif (ou *pronom*) féminin et singulier.

La *Laponie*, *située* au nord du golfe de *Bothnie*, est un pays où le froid est excessivement rigoureux : lorsque la terre y est *durcie* par la glace, elle présente en quelques lieux des pointes *aiguës* comme de petits cailloux ; mais un dégel, immédiatement suivi d'une *gelée*, fait parfois en un instant du sol de cette région *glacée* une surface parfaitement *unie*, une *voie* sur laquelle on se transporte facilement dans des traîneaux.

Les habitants de la *Laponie* sont appelés Lapons : leur taille est fort *exiguë* ; ils ont la tête grosse ; les yeux petits et enfoncés ; le nez épaté, c'est-à-dire gros, court et plat ; le visage pâle ; et les cuisses, ainsi que les jambes, grêles et *menues*.

189ᵉ Dictée (ou Copie).

Une fauvette était *tombée* dans la *mélancolie*, parce que ses chansons n'avaient pas été *appréciées*, et que ses talents étaient méconnus ; elle quitta la ville, et, tout en voltigeant d'arbre en arbre, elle gagna les *haies* et les *allées* de peupliers qui bordaient des *prairies émaillées* : elle trouva dans ces lieux un âne infortuné, qui vous est bien connu, M. Martin de Montmartre : il était également désabusé du monde, toutes ses *joies passées* n'avaient pu lui procurer le bonheur ; et il gisait languissamment étendu et immobile sur des herbes hautes et *touffues*, que jadis il eût avidement *broutées* : la tristesse la plus profonde s'était *emparée* de son cœur ; toutes ses illusions s'étaient *évanouies*, elles s'étaient *dissipées* comme une vaine *fumée*.

190ᵉ Dictée (ou Copie). *Suite.*

Dans ces dictées, mettre :

A. *m. s.* sous chaque adjectif masculin et singulier.
A. *f. s.* sous chaque adjectif féminin et singulier.

Continuons l'histoire des animaux désabusés : Unis
par la *sympathie*, l'âne et la fauvette se racontaient et
leurs illusions *passées*, et leurs ennuis présents qu'ils
appelaient des maux, lorsque le gentil petit Aimé arriva
dans le pré : *Mélanie*, s'écria-t-il plein de *joie*, vois
donc cet âne, il est abandonné!... emmenons-le, nous
le soignerons bien ; ses maîtres nous le réclameront peut-
être, hé bien nous le leur rendrons ; mais jusque-là nos
parents nous permettront j'espère de le garder. — Aimé
s'emparant vivement de sa *proie* sauta sur le dos de
l'animal, et le flatta par des caresses *réitérées ;* heureux
d'être fêté, caressé par des mains *amies*, l'âne galopa
joyeux dans les *prairies fortunées* que naguère il n'avai
regardées qu'avec tristesse et *mélancolie*.

191ᵉ Dictée (ou Copie). *Suite.*

Fier et joyeux, l'âne parcourait les *prairies enchan-
tées*, ainsi l'*infortunée* fauvette était encore *aban-
donnée ;* bientôt un cri plaintif frappa *Mélanie* qui
était *absorbée* par les galops de l'âne et la *joie* d'Aimé ;
tout (*inv.*) *émue* elle porta la *vue* vers les *haies* où la
fauvette s'était tristement *dirigée*, elle la vit *blessée* à la
patte : Chère petite, s'écria-t-elle, si tu restes ainsi *iso-
lée* et sans aucun appui, les oiseaux de *proie* te pour-
chasseront, ils te tueront peut-être ; tu ne leur échapperas
pas... Aimé, prends-la, nous la protègerons, nous, et
tu entendras ses *jolies* chansons.... Aimé!.... Mais le
petit étourdi ne l'écoutait même pas ; que lui impor-
taient les beaux chants de la fauvette ? il préférait les
galops aux roulades, et les fauvettes ne galopent pas.

192ᵉ Dictée (ou Copie). *Fin.*

Continuer à indiquer le genre et le nombre des adjectifs.

Mélanie saisit la fauvette, et la couvrit de baisers ; ainsi les pauvres bêtes, naguère *ennuyées* de la *vie* et *désillusionnées*, furent encore *appelées* à goûter des *joies* pures. — Quelle bonne *pensée* nous avons *eue* de venir de ce côté ! dit Aimé à sa sœur : tu aimes les fauvettes, tu en trouves une ; et moi j'ai un âne !... Retournons-nous-en. — Lorsqu'ils furent arrivés chez leur maman elle leur dit : Je veux bien que vous gardiez ces animaux qui causent votre *joie;* et je vous donnerai place pour l'âne dans l'*écurie*, et pour la fauvette dans la volière jusqu'à ce qu'on les réclame; mais c'est à condition que vous les soignerez bien. On ne les réclama jamais; et dès lors l'âne aimé et soigné, et la fauvette *choyée* et *fêtée* vécurent fort heureux.

193ᵉ Dictée (ou Copie).

LA NATURE BRUTE.

Voyez ces tristes *contrées* couvertes, ou plutôt *hérissées* de bois épais et noirs dans toutes les *parties élevées;* des arbres courbés, rompus, tombés sur des monceaux d'arbres déjà pourris, ensevelissent les germes prêts à éclore.... La terre *surchargée* par le poids, *surmontée* par les débris de ses productions, n'offre qu'un espace encombré, traversé de vieux arbres chargés de plantes parasites. Dans toutes les *parties* basses, des eaux croupissent faute d'être conduites et *dirigées*... Entre ces marais infects et les forêts décrépites, qui couvrent les terres *élevées*, s'étendent des landes, des savanes qui n'ont rien de commun avec nos *prairies* : ce ne sont point des pelouses *émaillées* de fleurs, ce sont des terrains couverts d'herbes dures, épineuses, *entrelacées* les unes dans les autres...

194ᵉ Dictée (ou Copie).

LA NATURE *cultivée*.

Qu'elle est belle, cette nature *cultivée !* Que par les soins de l'homme elle est brillante et pompeusement *parée !* Dans les végétaux, les fruits, les grains perfectionnés à l'infini ; parmi les animaux, les espèces nouvelles *transportées*, *propagées*, *augmentées* sans nombre ; les espèces nuisibles réduites, *confinées*, *reléguées ;* l'or et le fer tirés des entrailles de la terre ; les torrents contenus, les fleuves dirigés, resserrés ; la mer soumise, *reconnue*, *traversée ;* là terre partout *rendue* vivante et féconde : dans les *vallées* de riantes *prairies*, dans les plaines de riches pâturages ou des moissons *dorées ;* les collines *chargées* de vignes et de fruits, leurs sommets couronnés d'arbres utiles... Les déserts devenus des villes *habitées* par un peuple immense, des routes ouvertes et *fréquentées*, des communications *établies* partout montrent assez que l'homme est maître du domaine de la terre. (*Imité de*) BUFFON.

195ᵉ Dictée (ou Copie). *Vers.*

UNE ISRAÉLITE.

Sion (*nom féminin*) jusques au ciel *élevée* autrefois,
Jusqu'aux enfers maintenant *abaissée !*...
Que dans mes chants ta douleur *retracée*
Jusqu'au dernier soupir occupe ma *pensée !*

TOUTES LES ISRAÉLITES.

O rives du Jourdain ! O champs aimés des cieux,
Sacrés monts, fertiles *vallées*
Par cent miracles *signalées !*
Du doux pays de nos aïeux
Serons-nous toujours *exilées ?*

(*Imité de*) J. RACINE.

152

Le nº 30 représente le son *r*. —— Le nº 31 représente le son *l*.
Le nº 34 représente le son *t*.

VINGT-TROISIÈME LEÇON.

DU FÉMININ DANS LES ADJECTIFS.

Faire faire des analyses expliquées, interroger sur ce qui concerne l'adjectif et le genre;
— puis faire conjuguer : *côtoyer, s'appuyer, financer, patauger.*

PHRASE-TYPE. *Le ciel devint tout* noir, *et la mer*
noire *aussi.*

RÈGLE XXIIᵉ. Tout adjectif qui est ajouté à un
substantif féminin finit par un *E* muet.

134ᵉ THÈME.

1º Copier; 2º déchiffrer (c'est-à-dire remplacer les chiffres par les lettres que la règle
indique).

Mon *cher* cousin et ma *chè*-30 cousine, je vous souhaite un bon
et agréable voyage.

Le bœuf gras traînait le char *triomphal* où se pavana le Temps
pendant toute la marche *triompha*-31.

Le fruit que vous cueillez n'est pas *mûr*, il sera *malsain;*—toute
pêche qui n'est pas suffisamment *mû*-30 est *malsaine.*

L'Orient est très-souvent *suspect* de peste; — toute personne qui
en arrive est considérée comme *suspec*-34, et fait quarantaine
dans un lazaret.

135ᵉ THÈME.

Un enfant *civil* est bien accueilli partout, mais qui voudrait
recevoir une petite fille *incivi*-31 ?

Le long d'un *clair* ruisseau buvait une colombe, et que buvait-
elle ? de l'eau *clai*-30, sans aucun doute.

Le valet de chambre de mon père est un domestique *sûr*, ma
mère n'est pas aussi *sû*-30 de la fille de basse-cour.

Nous dévoilions à ce *fier musulman* et à sa *fiè*-30 compagne les
erreurs et les dangers de la religion *musulmane.*

Ayez un langage *correct*, et une orthographe *correc*-34.

Nº 4, son *è*.	——	Nº 9, son *i*.	——	Nº 15, son *oi*.
Nº 5, son *é*.	——	Nº 12, son *u*.	——	Nº 30, son *r*.
Nº 6, son *eu*.	——	Nº 13, son *ou*.	——	Nº 31, son *l*.

136ᵉ Thème.

Ce thème et les suivants renferment de nombreuses applications des règles xx et xxi, pages 117 et 119. — Copier et déchiffrer comme dans les précédents.

Le gigot que mon père a *découp*-5 hier était fort *dur*, mais la bécassine que j'ai *découp*-5, moi, n'était pas *du*-30.

Cette *jol*-9 *orm*-15 a été (1) *endommag*-5 par l'ouragan *l'ann*-5 *pass*-5, le fait est *sûr* et *certain*.

Une magnifique *fut*-4 que longeait cette *all*-5 est *deven*-12 l'an *pass*-5 la *pr*-15 des flammes, la chose est *sû*-30 et *certaine*.

137ᵉ Thème.

Quel *j*-6 *puéril !* mon *Di*-6 que cette occupation est *puéri*-31, ma *chè*-30 Clémentine !

Tout en tout est *divers* : rien n'est plus *vr*-4 que cette *pens*-5.

Chacun des *envoy*-5 émettait une opinion *diverse* ; telle était la *vr*-4 cause du *charivar*-9 que nous entendîmes dans cette *assembl*-5, mon *cher* Étienne.

Je mis mon poing *droit ferm*-5 sur le point *noir* qui m'était *indiqu*-5.

Polichinelle a sur la *j*-13 *droite* une grosse *verr*-12 toute *noi*-30; — non, c'est une *araign*-5 !

138ᵉ Thème.

Un *seul am*-9 m'est *rest*-5 dans mon malheur.

Je mangeai une *seu*-31 *assiett*-5 de la *bouill*-9 qu'*Euphém*-9 m'avait *prépar*-5.

Dans un réduit *obscur* un frère *l*-4, *nomm*-5 *Andr*-5, boit un vin *pur* et *clair*, récemment *tir*-5 de dessus sa *l*-9.

La cellule de la sœur *l*-4 *appel*-5 *Séraph*-9 est tellement *obscu*-30, qu'elle ne peut distinguer si son eau est *pu*-30 et *clai*-30, ou si elle est *troubl*-5.

(1) Le mot *été*, adjectif (ou *participe*), ne change jamais d'orthographe.

Nº 4, son *ê*.	——	Nº 9, son *i*.	——➤	Nº 30, son *r*.
Nº 5, son *é*.	——	Nº 12, son *u*.	——	Nº 31, son *l*.
Nº 6, son *eu*.	——	Nº 13, son *ou*.	——	Nº 34, son *t*.

139ᵉ THÈME.
Copier et déchiffrer comme dans les précédents.

Mon *cher Aim*-5, pourquoi te promènes-tu dans un *li*-6 aussi
infect, près d'eaux aussi *infec*-34 ? tu es donc *f*-13 !

Ma *chè*-30 petite *Aim*-5 , je rougis de ta *puéri*-31 méprise ; ce
que tu prends pour de la *cig*-12, c'est de la pimprenelle.

Le *vil* et audacieux orateur qui avait émis en pleine *assembl*-5
ces *vi*-31 et coupables propositions fut *hu*-5 par tous , et couvert *d'ignomin*-9.

La politesse est la *seu*–31 *monn*–4 qui ait cours également dans
toutes les *contr*-5.

140ᵉ THÈME.

Lorsque le fruit n'est pas *cueill*-9 assez *mûr*, il est *amer*, acide,
aigre, *sur ;* cela est *sûr*.

Goûtons de cette oseille nouvellement *cueill*-9 ; elle est jeune ,
et *Mar*-9 est *sû*-30 qu'elle n'est pas par trop *su*-30.

La prune que vous m'avez *donn*-5 était bien *mû*-30 , et cependant elle était *amè*-30.

141ᵉ THÈME.

Ah ! vous croyez trouver des roses dans une *chén*-4 ! dirent en
ricanant les deux *hurluberl*-12 *incivils* et brutaux ; vous
avez donc la *berl*-12 ?

De *noi*-30 et *incivi*-31 *araign*-5 se promenaient sur tout le
corps de la *mom*-9 égyptienne, que nous avions *achet*-5
moyennant dix *guin*-5.

Mes *chè*-30 petites filles, conservez toujours *grav*-5 dans votre
pens-5 ce proverbe si *vr*-4 : La mauvaise *pl*-4 se guérit, la
mauvaise *renomm*-5 ne se guérit point.

PRINCIPE GÉNÉRAL D'ORTHOGRAPHE.

Tout adjectif féminin finit par un *E*
(*e* muet).

196ᵉ Dictée (ou Copie).

Dans les dictées de cette leçon, indiquer en abrégé (*M. s.* — *F. s.* — *M. pl.* — *F. pl.*) le genre et le nombre des adjectifs.

Toutes les fois que nos chers petits enfants nous témoigneront le désir de s'instruire, et que nous serons certains qu'ils nous écouteront attentivement, nous leur apprendrons quelque chose de nouveau, et nous leur ferons des explications aussi *claires* que nous le pourrons : or, mes *chères petites* amies, je vous dirai dans la dictée d'aujourd'hui une chose fort *touchante*, je vous expliquerai une coutume *ancienne* et *locale*, qui devrait subsister encore et être *générale*; mon récit sera vrai, et vous en serez *touchées*. Mais l'heure est trop *avancée* maintenant... à demain donc la *jolie* dictée où je vous présenterai un exemple de la *vraie* charité.

197ᵉ Dictée (ou Copie). *Suite.*

Le jour de Pâques (*nom féminin ici*) *fleuries*, dit un voyageur, je fus témoin à Marseille d'une cérémonie dont mon âme fut vivement *émue* : en ce jour les enfants trouvés sèchent leurs larmes *amères*, et portant dans leurs mains des branches de laurier *ornées* de fruits et *chargées* de gâteaux, tous proprement vêtus, tous gais et réjouis, ils parcourent les rues *encombrées* de promeneurs : en ce jour ils ont le privilège (et quelle personne serait assez *fière*, quelle âme serait assez *dure* pour penser même à le leur ravir!) ils ont le privilège d'appeler tous ceux qu'ils rencontrent : « Mon cher père! ma *chère* mère!... » Grâce à cet usage, le nom si doux de père ou de mère aura du moins été prononcé une fois dans l'année par de pauvres enfants, qui seraient complètement délaissés si la religion ne les couvrait de son aile; une pensée *gaie*, *gracieuse* et *douce* se sera *présentée* une fois à leur imagination *flétrie*.

198ᵉ Dictée (ou Copie).

Mes *chères petites* amies, je vous dicterai encore aujourd'hui une chose *vraie*, je vous décrirai une cérémonie *publique* dont peut-être vous n'entendîtes jamais parler, que nous ne vîmes nous-mêmes qu'à une époque assez *reculée* déjà ; mon récit ne sera pas gai, il sera vrai et touchant.

Pendant mon séjour à Marseille, dit le voyageur dont je vous parlai hier, je fus un matin réveillé par une *grande* sonnerie ; je me levai à la hâte, je sortis, et je vis les *principales* rues *jonchées* de fleurs, et *tendues* de tapisseries *magnifiques* : la ville *entière* était en mouvement, mais la joie s'y montrait *calme* et *pure*, les physionomies étaient *gaies* et *épanouies*, mais *graves ;* et tout annonçait quelque chose d'imposant : on fêtait la délivrance des captifs, c'est-à-dire le retour dans leur patrie de malheureux qui avaient été longtemps esclaves dans des contrées *éloignées*.

199ᵉ Dictée (ou Copie). *Suite.*

Ces captifs récemment délivrés des fers des Barbaresques étaient surtout de malheureux chrétiens devenus la proie des corsaires, et qui, chargés de *lourdes* chaînes, jetés dans des prisons *infectes* et *obscures*, avaient été pendant de *longues* années astreints à de rudes travaux, et réduits à la servitude la plus *dure :* ils semblaient oubliés du monde qui ne les voyait plus, la religion *seule* était *venue* à leur secours. — Des moines nommés les Trinitaires (*nom propre*) s'étaient rendus dans la Barbarie, où languissaient les malheureux chrétiens ; ils les avaient arrachés à leurs maux, et les ramenaient dans leur *chère* patrie, où ces infortunés étaient sûrs d'être accueillis, fêtés, reçus avec transport, et baignés des larmes fraternelles.

200ᵉ Dictée (ou Copie). *Vers.*

Dans un égal abîme une *égale* démence
  De tous deux entraîne les pas.

  Rien n'est vrai comme ce qu'on sent.

Deux vrais amis vivaient au Monomotapa....
    Les amis de ce pays-là
    Valent bien, dit-on, ceux du nôtre.

    La *vraie* épreuve du courage
N'est que dans le danger que l'on touche du doigt.

201ᵉ Dictée (ou Copie).

Les femmes de Bethléem sont *habillées* absolument comme la *sainte* Vierge dans les tableaux qui la représentent... robe *bleue*, manteau rouge ; ou robe *rouge*, manteau bleu, et un voile blanc par-dessus.

Comment la noblesse fut-elle *créée* en France?... Le plus brave était d'abord le plus puissant...

Les maisons de l'*ancienne* ville de Babylone n'étaient pas *contiguës*, elles étaient au contraire *séparées* les unes des autres par un espace vide.

202ᵉ Dictée (ou Copie). *Vers et prose.*

Pour toi (*riche blasé*) toute fumée ondulant, *noire* ou *gaie*,
Sur le clair paysage est un foyer impur
Où l'on cuit quelque viande à l'angle d'un vieux mur.

    Une eau *pure*, un ombrage frais,
    Arrêtent sa course *légère*.

Le bien public doit être la première et la *principale* loi.

Il est bon de parler, et meilleur de se taire...

L'expérience achetée est bien la *meilleure*, pourvu qu'elle ne coûte pas trop cher.

VINGT-QUATRIÈME LEÇON.

DE L'ORTHOGRAPHE DES SUBSTANTIFS ABSTRAITS
EN *TÉ* ET EN *TIÉ*.

Faire continuer les analyses expliquées, et s'occuper encore du genre ; — puis faire conjuguer : *choyer, employer, tracer, singer, suppléer ;* enfin copier au Supplément le modèle des verbes en *ir : finir.*

PHRASE-TYPE. *L'*ami**tié** *disparaît où l'*égali**té** *cesse.*

RÈGLE XXIIIe. Les substantifs féminins terminés et *TÉ* et en *TIÉ* ne prennent pas d'*E* muet à la fin quand ils désignent une chose (*des choses*) qu'on ne peut que comprendre (*c'est-à-dire une chose qu'on ne peut pas toucher, qui n'existe pas matériellement ; enfin quand ils sont des mots abstraits*).

142e THÈME.
Copier, — et déchiffrer (c'est-à-dire remplacer les chiffres par des lettres).

La Foi, l'Espérance et la *Charit-*5 sont les trois vertus théologales.—La *Charit-*5 est la plus excellente des trois... La *Charit-*5 est douce, patiente...

La *simplicit-*5 plaît sans étude et sans art.

La *duret-*5 envers les pauvres est odieuse au Seigneur.

La *vanit-*5 nous rend aussi dupes que sots.

Coupez cette noix par la *moiti-*5.

143e THÈME.

Votre *indocilit-*5 vous attirera des châtiments.

Thalie, je n'aurai nulle *piti-*5 de vous.

Soutenez votre sceptre avec l'*autorit-*5

Qu'imprime au front des rois leur propre *majest-*5.

*Loyaut-*5 vaut mieux qu'argent.

La *nécessit-*5 est la mère des arts, la *pauvret-*5 est leur marâtre.

Le n° 4 représente le son *è* (qui doit ici s'écrire par *ai* ou par *aie*).
N° 5, son *é.* —— N° 12, son *u.* —— N° 15, son *oi.*
N° 9, son *i.* —— N° 13, son *ou.* —— N° 30, son *r.*

144ᵉ Thème,
renfermant en outre des applications des trois dernières règles.
Copier et déchiffrer comme dans les précédents.

La *cruaut*-5 de l'empereur Néron vous a été *dévoil*-5.

Rem-9 a été *r*-15 de la fève, mais sa *royaut*-5 s'est bien promptement *évanou*-9.

Tu me dis là une *vr*-4 et grossière *absurdit*-5, *Luc*-9.

Nous admirons la *beaut*-5 de ce point de *v*-12.

Fanchette, coupez par la *moiti*-5 cette *tort*-12 *grill*-5, donnez à mes arrière-neveux le quart du *pât*-5 de foies gras, et faites la *pât*-5 (1) de Médor.

La *prospérit*-5 aveugle l'homme faible et vaniteux.

Par *piti*-5, achetez-leur cette *charret*-5 (1) de fagots!

145ᵉ Thème.

Jul-9, la *contrariét*-5 que j'ai *éprouv*-5 en apprenant que ta *dict*-5 (1) n'est pas *fin*-9, cette *contrariét*-5, dis-je, sera *ressent*-9 et *partag*-5 par ta mère.

La *captivit*-5 de Babylone dura soixante-dix *ann*-5.

Mar-9 a pris le *meilleur part*-9; *Mar*-9 a pris la *meilleu*-30 part, elle ne lui sera point *ôt*-5.

Cette *moiti*-5 de noix a été *mang*-5 par une souris ; la *j*-15 de la petite bête fut grande, sans doute.

146ᵉ Thème.

La *calamit*-5 nous poursuit, la *pr*-13 de notre navire s'est *bris*-5 sur la *jet*-5 (1) du Hâvre.

Il nous faudrait des *lait*-12, une *hott*-5 (1) entière; et une pleine *jatt*-5 (1) de *sangs*-12 pour rétablir la *sant*-5 *délabr*-5 de notre *ché*-30 *Aspas*-9.

La vertu souvent *méconn*-12 sur cette terre, souvent *calomni*-5 par les méchants, et l'objet de leur *inimiti*-5, sera *récompens*-5 dans le ciel par une *félicit*-5 sans fin.

---

(1) Cette chose existe matériellement ; on peut la toucher, la voir, etc.

| N° 5, son *é*. | — — | N° 12, son *u*. | — — | N° 30, son *r*. |
| N° 9, son *i*. | — — | N° 15, son *oi*. | —— | N° 31, son *l*. |

147ᵉ Thème.

Copier et déchiffrer, en pensant à donner aux mots pluriels la marque de ce nombre.

Les *propriét*-5 *médicina*-31 de tous les simples n'ont pas encore été *reconn*-12.

Les *infirmit*-5 dont ce saint prélat est *accabl*-5 sont une con-séquence inévitable des *austérit*-5 qu'il a *exerc*-5 sur lui-même pendant toute sa *v*-9.

Craignez la juste *sévérit*-5 de votre père.

Le juge impie et sanguinaire exerça des *atrocit*-5 *inou*-9 sur le plus jeune des sept frères Machabées.

148ᵉ Thème.

L'exactitude et la *ponctualit*-5 sont deux *qualit*-5 bien essen-tielles, et presque des vertus *socia*-31.

Les petits présents entretiennent l'*amiti*-5, prenez donc cette *poup* 5, *Félic*-9.

Faites mes *amiti*-5 à votre *chè*-30 cousine.

On travaille avec une grande *activit*-5 à réparer les *jet*-5 que le dernier orage avait fort *endommag*-5.

Toute *iron*-9 est une contre-*vérit*-5 : pensez-y bien, ma *Léon*-9; et ne soyez pas de ces gens qui ne louent ou qui ne blâment que par des contre-*vérit*-5.

149ᵉ Thème.

Dieu tempère souvent par des *adversit*-5 les *j*-15 de l'homme de bien, afin que les *prospérit*-5 ne l'éloignent pas de la *v*-15 qui conduit au ciel.

Dans l'*Ital*-9, et dans d'autres *contr*-5 *méridiona*-31, les *inimiti*-5 sont tellement *prononc*-5 parfois, et tellement *enracin*-5, qu'elles deviennent héréditaires.

Les montagnes les plus *élev*-5 de notre globe ne sont que comme les *aspérit*-5 que l'on remarque sur l'écorce d'une orange.

Le bonheur n'est qu'une *continuit*-5 d'actions conformes à la vertu.

203ᵉ Dictée (ou Copie).

Dans ces dictées, indiquer en abrégé (*M. s.* — *F. s.* — *M. pl.* — *F. pl.*) le genre
et le nombre de chaque substantif (ou *pronom*).

MADAME BERNARD. Que j'ai *pitié* de ta *simplicité*,
petite Zélie! Quoi! tu prends pour des *vérités* tous les
contes bleus, toutes les histoires de fées, toutes les *pué-
rilités* que ta bonne t'a racontées! Tu crois qu'une fée
aurait la *possibilité* de te donner ou de te ravir à son
gré la *beauté*, la *liberté*, la *félicité*; l'*amitié* même de
tes parents! tu redoutes probablement encore la *méchanceté* de Croque-Mitaine?

ZÉLIE. Non, maman, mais je crains la *malignité* des
revenants, et la *férocité* des loups-garous.

MADAME BERNARD. Ne crains rien de cela, ma chère
petite! Tous ces êtres sont imaginaires comme les fées.
Le bon Dieu seul est le maître: il est pour nous un père
plein de *bonté*; et lorsque ses enfants le servent avec
fidélité et *piété*, lorsqu'ils écoutent avec *docilité* les
inspirations de leur bon ange, il leur prépare toutes
sortes de *félicités*.

204ᵉ Dictée (ou Copie).

Lorsqu'il créa l'homme, le Seigneur, dont la *bonté*
n'a point de bornes, anima d'un souffle d'*immortalité*
la boue qu'il avait pétrie de ses mains; il fit à l'homme
une seule défense, et lui promit pour prix de sa *fidélité*
une *félicité* éternelle et bienheureuse. Mais hélas, telle
est la *fragilité* humaine! Adam manqua de *docilité*, et
il perdit ainsi l'*amitié* de son Dieu.

Dieu recommande la *charité* envers tous, et il défend
que l'on nourrisse des sentiments d'*inimitié* contre qui
que ce soit, car tous les hommes sont frères.

Pardonnez-nous, Seigneur, nos *iniquités* passées;
oubliez nos *infidélités* réitérées; et, dans votre infinie
bonté, accordez-nous une vraie et solide *piété*.

205ᵉ Dictée (ou Copie).

C'est une *indignité !*... Jetez-lui une POTÉE d'eau sur
la tête, à cette horrible créature ! — Oh ! par *pitié*,
épargnez-lui cette punition, il serait moins dangereux
de lui jeter une grande PELLETÉE de sable ; à la *vérité*
on pourrait bien l'aveugler ainsi, mais on ne risque-
rait pas de l'enrhumer ; je vous en conjure, épargnez-
la, par *amitié* pour moi ! — Quoi, elle ne sera donc pas
punie, cette vilaine femme qui a eu la *malpropreté* de
déposer à ma porte toute une pleine HOTTÉE d'ordures,
toute une CHARRETÉE de pierres et de gravois ?... elle est
d'une *incivilité*, d'une *grossièreté !*... Oh ! si elle était
à ma PORTÉE, et que je fusse en bonne *santé*, je lui
parlerais avec *sévérité*, je la traiterais même avec *dureté*
peut-être, et comme elle mérite d'être traitée ; mais elle
s'est enfuie avec une telle *rapidité* qu'elle est déjà près
de la JETÉE.

206ᵉ Dictée (ou Copie).

L'image que ton frère Pascal a réclamée ce matin,
est-ce toi qui l'as cachée, ma Clélie, ou serait-ce Herminie ? Il est de toute *nécessité* que je sache qui a fait
cette espièglerie ; dis-le-moi, avec ta *naïveté* accoutumée, ou bien je vous gronderai, et je vous punirai
toutes les deux, Herminie et toi. — Maman, je te parlerai avec *sincérité*, l'image que Pascal a réclamée, je
ne l'ai point cachée, je l'ai jetée au feu : oui, je te dis la
pure *vérité*, elle est anéantie, détruite, consumée par
les flammes ; nous ne pourrons plus la montrer à ceux
qui nous la demanderont pour en admirer la *beauté*,...
mais ce n'est pas par *méchanceté* que je l'ai brûlée,
c'est parce que je l'avais tachée, et que j'ai craint
d'être grondée ou punie pour ma *malpropreté*.

Il faut bien des pelletées de terre pour enterrer la *vérité*.

207ᵉ Dictée (ou Copie).

Elisabeth et Clarisse, maintenant que la charretée de foin que nous attendions est arrivée et déchargée, revenez, faites la dictée avec votre *docilité* accoutumée ; et si vous me contentez, je vous embrasserai. Commençons. La plus grande *simplicité* régnait dans la Bétique, province de l'ancienne Espagne, le mari et la femme y partageaient tous les soins domestiques ; la femme plaisait plus à son mari par sa vertu et par les *qualités* de son âme que par la *beauté* de son visage, aussi le charme de leur *société* durait-il autant que leur vie. La *frugalité*, la *sobriété*, la *pureté* de mœurs, enfin toutes les vertus de ce peuple lui donnaient une *santé* robuste et souvent une *longévité* exempte de *caducité* ; car on trouvait là des centenaires qui avaient encore de la *vivacité* et de la *gaîté* même.

208ᵉ Dictée (ou Copie).

Télémaque aperçut dans les enfers des rois qui avaient abusé de leur *autorité* ; une furie vengeresse leur montrait toute la *difformité* de leurs vices : leur *vanité* grossière, leur *dureté* pour les hommes dont ils auraient dû faire la *félicité*, leur *insensibilité* pour la vertu, leur crainte d'entendre la *vérité* ; la *cruauté*, l'*inhumanité* qui leur avait fait chercher chaque jour de nouvelles délices parmi les larmes des malheureux ; leur *légèreté*, et surtout leur amour pour la magnificence par lequel ils avaient contribué à perdre leurs peuples ; car dès qu'une nation s'accoutume à regarder les *superfluités* comme des *nécessités*, dès qu'elle désire et se procure chaque jour de nouvelles *inutilités*, non-seulement elle tarit toutes les sources de sa *prospérité*, mais elle s'attire des *calamités* sans nombre.

209ᵉ Dictée (ou Copie).

Chactas, captif et destiné à périr, exprime en ces mots la *générosité* de celle qui avait voulu finir ses maux, et le rendre à la *liberté* : « La fille du désert, Atala, vint me visiter ; elle était aussi troublée que moi, et nous gardions un profond silence, enfin elle me dit : Guerrier, vous êtes retenu bien faiblement, vous pouvez fuir sans aucune *difficulté*, sauvez-vous... et elle me détacha du tronc de l'arbre auquel j'étais lié. Je saisis la corde, et je la remis dans sa main en disant avec *vivacité* : Reprenez-la. — Vous êtes un insensé, répliquat-elle d'une voix émue... Malheureux Chactas, ne sais-tu pas que tu vas être brûlé ? En vain espèrerais-tu vaincre la *cruauté* de mon père, la *férocité* de ses guerriers ? Tu vas être la proie des flammes. — Je restai inflexible.

210ᵉ Dictée (ou Copie). *Vers.*

Le soleil nous luit tous les jours,
Tous les jours sa *clarté* succède à l'ombre noire,
Sans que nous en puissions autre chose inférer
Que la *nécessité* de luire et d'éclairer.

.... Un fripon d'enfant (cet âge est sans *pitié*)
Prit sa fronde, et du coup tua plus d'à *moitié*
   La volatile malheureuse,
 Qui, maudissant sa *curiosité*,
   Demi-morte et demi-boiteuse,
 Droit au logis s'en retourna.

   Deux *sûretés* valent mieux qu'une,
Et le trop, en cela, ne fut jamais perdu.

   Retenez cet ancien adage :
   Le tout ne vaut pas la *moitié*.

VINGT-CINQUIÈME LEÇON.

1° DES TERMINAISONS DU VERBE AU FUTUR INDICATIF (GROUPE 1er).

Faire continuer les analyses expliquées, et s'occuper particulièrement désormais de tout ce qui concerne le verbe (son *nombre*, sa *personne*, etc.); — puis faire conjuguer : *amadouer*, *s'essuyer*; et d'après le verbe-modèle *finir* : *grandir*, *jaunir*, *réunir*.

PHRASES-TYPES.

1° *Je* marcher**ai** *pour vous* (dit l'aveugle).

2° *Tu* manger**as** *mon fils!...*

3° *Ah! qui me* donner**a** *l'aile de la colombe!*

4° *Nous vous* voiturer**ons** *par l'air en Amérique*,

5° *Vous* verr**ez** *mainte république...*

6° *Vos yeux* diriger**ont** *mes pas mal assurés.*

TERMINAISONS DU FUTUR INDICATIF (GROUPE 1er).

RÈGLE XXIVe.

1° Tout verbe au futur indic. (*gr.* 1er) finit par *AI*   quand il est ajouté à *JE* (1re personne du singulier).

2° Tout verbe au futur indic. (*gr.* 1er) finit par *AS*   quand il est ajouté à *TU* (2e personne du singulier).

3° Tout verbe au futur indic. (*gr.* 1er) finit par *A*   quand il est ajouté à *IL*, à *ELLE*, à *ON*, etc., ou à un substantif absolu (3e personne du singulier);

4° Tout verbe au futur indic. (*gr.* 1er) finit par *ONS* quand il est ajouté à *NOUS* (1re personne du pluriel).

5° Tout verbe au futur indic. (*gr.* 1er) finit par *EZ*   quand il est ajouté à *VOUS* (2e personne du pluriel).

6° Tout verbe au futur indic. (*gr.* 1er) finit par *ONT* quand il est ajouté à *ILS*, à *ELLES*, etc., ou à un substantif absolu (3e personne du pluriel.)

7

No 2, son *a*.	No 12, son *u*.	No 18, son *on*.
No 5, son *é*.	No 13, son *ou*.	No 30, son *r*.
No 9, son *i*.	No 15, son *oi*.	No 31, son *l*.

150e THÈME.

Copier et déchiffrer; — puis séparer par une ligne verticale | la terminaison du reste du mot-verbe. *Ex.*: *j'achèter|ai*.

Je vous *achèter*-5 un joli panier (P) d'osier (P).

Je te *donner*-5 quatre feuilles d'un joli papier (P) à vignettes quand tu m'*apporter*-2 un cahier (P) entier sans un seul pâté.

L'ânier (P) *conduir*-2 fièrement ses coursiers (P) à longues oreilles, et nous l'*admirer*-18.

Vous *écouter*-5 à Venise les chants des gondoliers.

L'aubépine et l'églantier nous *embaumer*-18 dans les champs.

151e THÈME.

Copier et déchiffrer, etc.; — puis appliquer les règles précédemment étudiées.

T'*amuser*-2-tu bien avec ton casque et ton bouclier (P)?

Nous *achèter* 18 des cartes à jouer chez le premier (P) cartier que nous *trouver*-18 dans notre quartier.

Lucien et Xavier nous *poursuivr*-18 à outrance l'*ép*-5 *n*-12 à la main, mais nous nous *défendr*-18 en braves chevaliers.

Jul-9, tu *pourr*-2 le dire: Celui qui *dormir*-2 à l'ombre d'un mancenillier *perdr*-2 promptement la *v*-9.

152e THÈME.

Vous ne *trouver*-5 que de la *b*-13 *noi*-30 dans votre encrier (P); apportez-le, je vous y *mettr*-5 de l'encre.

Olivier, tu *attacher*-2 tes livres avec cette *courr*-15, et tu les *porter*-2 lorsqu'on te *conduir*-2 au collège.

Je ne *manger*-5 pas une *seu*-31 noisette de votre noisetier.

Quand nos ennemis nous *présenter*-18 l'olivier, symbole de la paix, nous nous *réconcilier*-18.

(P) PHRASE-TYPE. *Trouverai-je dans cette ville un* fran**gier** (ou *franger*)?

Les mots qui se terminent en *ié* s'écrivent par *ier* à la fin.

Nota. A partir de cette leçon, les règles placées comme des notes ne devront plus être étudiées que par les élèves avancés.

211ᵉ Dictée (ou Copie).

Dans ces diotées, indiquer abréviativement le *nombre* et la *personne* de chaque verbe ;
séparer par une ligne verticale | les terminaisons de tous les mots du *futur indicatif;*
— puis conduire un trait de plume du verbe à son sujet.

Ma chère petite Eulalie, lorsque je *sortirai* demain ,
tu *viendras* avec moi, et ton cousin Théodore nous
accompagnera ; car je ne le *laisserai* pas seul avec sa
bonne pendant que toi, tu te *distrairas :* je vous *mènerai* tous les deux au boulevard où vous vous *amuserez*
certainement beaucoup, parce que je vous *permettrai* de
vous arrêter devant toutes les boutiques de joujoux; tu *verras* là de magnifiques poupées, mais elles ne *seront* pas
les seules choses qui nous *occuperont; nous regarderons*
aussi les nouveautés, les rubans, etc.: quant à ton cousin,
les tambours et les fusils seuls lui *sembleront* dignes de
ses regards ; hé bien, il les *admirera* tout à son aise.

212ᵉ Dictée (ou Copie).

Claire allait avoir huit ans, elle devenait fort raisonnable , et elle aimait beaucoup les pauvres. — Maman ,
dit-elle un jour , tu me *feras* un grand plaisir si tu
me donnes l'argent que te coûteraient les gâteaux et les
joujoux que tu m'apportes quelquefois. — Comme tu
voudras, lui répondit sa mère ; mais je te devine : hé
bien , je te *remettrai* de plus quatre francs que je donne
chaque semaine à deux malheureuses , tu les leur *distri-
bueras*, et tu y *ajouteras* de ton argent ce que bon te
semblera ; ainsi nous *ferons* nos charités à nous deux :
puis , dès que tu *auras* tes huit ans, je te *mettrai* à ta
pension pour le papier, l'encre, etc; moins tu en
achèteras, plus il te *restera* d'argent; ainsi tu *éviteras*
de recommencer un devoir, tu ne *feras* plus de dessins
sur la table avec ta poudre , tu ne *tailleras* plus tes
crayons sans nécessité ; et les pauvres *auront* tout ce
que tu *économiseras*.

2° DES TERMINAISONS DU VERBE AU FUTUR CONDITIONNEL (GROUPE 2e).

PHRASES-TYPES.

1° *Je* voudr**ais** *du bonheur...*

2° *Tu* te rompr**ais** *toutes les dents.*

3° *(Si vous étiez perdu). On* dir**ait** *: Il est mort!*

4° *Nous* pleurer**ions** *ici...*

5° *Vous* crier**iez**... *de si loin* ser**iez**-*vous entendu?*

6° *Et vos cris* redir**aient**: *O ma mère!...*

TERMINAISONS DU FUTUR CONDITIONNEL (GROUPE 2e).

RÈGLE XXVe.

1° Tout verbe au fut. cond. (*gr.* 2e) finit par *AIS*   quand il est ajouté à *JE* (1re personne du singulier).

2° Tout verbe au fut. cond. (*gr.* 2e) finit par *AIS*   quand il est ajouté à *TU* (2e personne du singulier).

3° Tout verbe au fut. cond. (*gr.* 2e) finit par *AIT*   quand il est ajouté à *IL*, à *ELLE*, à *ON*, etc., ou à un substantif absolu (3e personne du singulier).

4° Tout verbe au fut. cond. (*gr.* 2e) finit par *IONS*   quand il est ajouté à *NOUS* (1re personne du pluriel).

5° Tout verbe au fut. cond. (*gr.* 2e) finit par *IEZ*   quand il est ajouté à *VOUS* (2e personne du pluriel).

6° Tout verbe au fut. cond. (*gr.* 2e) finit par *AIENT* quand il est ajouté à *ILS*, à *ELLES*, etc., ou à un substantif absolu (3e personne du pluriel).

N° 4, son *è*.	—— N° 12, son *u*.	—— N° 18, son *on*.
N° 5, son *é*.	—— N° 13, son *ou*.	—— N° 30, son *r*.
N° 9, son *i*.	——, N° 15, son *oi*.	—— N° 31, son *l*.

153ᵉ Thème.

Copier et déchiffrer ; — puis séparer par une ligne verticale | les terminaisons du reste du mot-verbe déchiffré. *Ex.* : je *demander* | *ais*.

Avant de me baigner (Q), je *demander*-4 l'heure du flux et du reflux de la mer ; et tu me *conduir*-4 au bain, grand'mère?

Toutes les fois que tu *penser*-4 à saluer (Q) monsieur le maire, il te *rendr*-4 ton salut, cela est sûr.

Nous *voudri*-18 bien naviguer (Q) sur le lac de Genève.

Si vous voyagiez dans les Indes-Orientales, vous y *recueilleri*-5 de la laque, vous nous l'*enverri*-5, et nos teinturiers l'*emploier*-4 et l'*utiliser*-4.

154ᵉ Thème.

Copier et déchiffrer, etc. ; — puis appliquer les règles précédemment étudiées.

Nous *pourri*-18 acheter (Q) des meubles de vieux laque.

Tu nous *changer*-4 notre billet pour de l'or, et afin de nous rassurer (Q) nos cousins nous *conduir*-4 hors du bois.

Tu *voudr*-4 en vain nous cacher toutes tes *austérit*-5.

Je *renverser*-4 cette *pot*-5 d'eau sur ma robe de *s*-15.

Oseri-5-vous vous plonger dans cette fange *impu*-30, dans cette *b*-13 *noi*-30? je vous en *défier*-4.

155ᵉ Thème.

Tu nous *fer*-4 remarquer (Q) d'où part cette voix *aig*-12.

On te *soigner*-4 avec de la jujube, cela est fort doux.

Pierre et Denis *pourr*-4 cultiver ma *lait*-12.

Quoi! vous ne nous *liri*-5 pas une *seu*-31 *tragéd*-9!

Quand tu *ser*-4 las de chasser je *tendr*-4 un lacs sous quelque chêne, et des rouges-gorges *viendr*-4 sans doute s'y prendre.

Mes sœurs *aimer*-4 à contempler une aurore *boréa*-31 lorsqu'elles *voyager*-4 vers le pôle boréal.

(Q) Phrase-type. *Je voudrais faire* frang**er** *mes rideaux*.

L'infinitif des verbes qui finit par le son *é* s'écrit par *er*.

213ᵉ DICTÉE (ou COPIE).

Indiquer le *nombre* et *a personne* des verbes, etc.; séparer les terminaisons des mots
du *conditionnel*, et rattacher le verbe à son sujet par un trait de plume.

ADÈLE. Maman, je *serais* bien contente si tu m'emmenais chez madame de Saint-Yon, parce que je *jouerais* avec Anna et sa cousine, et que nous nous *amuserions* beaucoup.

LA MAMAN. Il fait trop de boue, chère petite; tu *crotterais* ta robe et ton pantalon, ou bien quelque voiture t'*éclabousserait*, nous nous *verrions* dans la nécessité de te faire une autre toilette pour le dîner; et si par hasard tes petites amies arrivaient de bonne heure elles te *trouveraient* malpropre, et cela nous *contrarierait* l'une et l'autre : d'ailleurs tu leur *ravirais* quelques moments de plaisir, car vous ne *pourriez* pas jouer ensemble pendant qu'on t'*habillerait*, Élisabeth et Amélie t'en *voudraient* peut-être.

ADÈLE. Hé bien, maman, je resterai à la maison.

214ᵉ DICTÉE (ou COPIE).

Que je *voudrais* aller à la chasse! s'écria un jour le petit Marcellin. Mon papa, tu *serais* bien bon si tu m'y menais comme Philippe, c'est si amusant la chasse! et puis, vois-tu, je te *serais* utile aussi; d'abord je te *porterais* ta carnassière, et puis je te *préviendrais* dès que Briffaut *ferait* lever le gibier; alors toi et Philippe vous n'*auriez* plus qu'à tirer... Oh! ils *seraient* bien fins les lièvres qui nous *échapperaient* à nous trois : quelle bonne chasse vous *feriez*! N'est-ce pas, mon papa, que tu veux bien? — Tu es trop jeune encore, lui répliqua son père : tes petites jambes ne nous *suivraient* certainement pas, d'ailleurs il *pourrait* bien pleuvoir aujourd'hui, tu *pataugerais*, tu te *crotterais* jusqu'à l'échine, et nous *souffririons* beaucoup de te voir ainsi... L'année prochaine je vous emmènerai tous les deux.

No 2, son *a*.	—	No 9, son *i*.	—	No 18, son *on*.
No 4, son *è*.	—	No 12, son *u*.	—	No 30, son *r*.
No 5, son *é*.	—	No 13, son *ou*.	—	No 31, son *l*.

156e THÈME.

(Récapitulation des 5 précédents; — à faire comme le 150e et le 151e.)

Je *voudr*-4 bien finir (r) la paire de pantoufles de mon bon
père, mais il me *faudr*-4 encore un peu de laine verte.
Fer-2-tu bâtir (r) ton hôtel près de la Chambre des Pairs?
Quoi! tu *essaier*-2 de mentir (r) pour couvrir ta faute? mais
elle se *découvrir*-2, je me *verr*-5 contraint de te punir
doublement, et tu *ser*-2 en butte aux *railler*-9.
Si tu étais modeste, non-seulement tu *éviter*-4 de t'enorgueillir
de tes succès, mais ils ne t'*enfler*-4 même pas.

157e THÈME.

Est-ce que le ciel *voudr*-4 s'obscurcir (r)?
Nous *achèteri*-18 pour nous réjouir deux *jol*-9 *sapaj*-13.
N'*aur*-4-je pas là *j*-13 gauche un peu *noi*-30?
Mes brus *fêter*-18 elles ma *bienven*-12 par des bals?
Nous *agréer*-18 la fête toute *roya*-31 qu'elles nous *donner*-18.
Je vous l'*avouer*-5, votre *bont*-5, votre bienveillance, me char-
ment; ces précieuses *qualit*-5 nous *charmer*-18 tous.

158e THÈME.

Voudr-4-tu nous étourdir (r) de tes *puérilit*-5?
Mes brebis *pourr*-4 devenir la proie des loups!
Je *chasser*-5 de cette bauge la *l*-4 *impu*-30 qui veut s'y éta-
blir; vous le *verr*-5, je vous le *fer*-5 voir.
Hermin-9 et *Octav*-9 *goûter*-4 volontiers de ce lait.
Pourr-2-tu consentir à rester gai en sondant le gué?
Je vous *gronder*-5 quand vous *ir*-5 dans la *prair*-9 sans me
prévenir.

(r) PHRASE-TYPE: *S'il faut périr nous périrons ensemble.*
La plupart des infinitifs qui finissent par le son *ir* s'écrivent par *ir*
(sans *e* après le *r*).

215ᵉ Dictée (ou Copie).

Dans toutes les dictées qui suivent, indiquer abréviativement (par le chiffre 1 ou 2) sous chaque mot du futur *indicatif ou du* conditionnel *auquel de ces deux temps (ou* groupes*) il appartient ; — puis en séparer la terminaison.*

Si Péronnelle devint reine, je vous l'*apprendrai* aujourd'hui. — La vieille, vous le savez, avait dit : Péronnelle, tu *auras* bien assez de la moitié de mon royaume; et la petite fille lui avait répondu : Hé bien, vous le *garderez* tout entier, je vous le *laisserai*, et avec lui vos cent ans, et tous leurs charmes. — Que *ferais*-je, s'écria la reine qui avait grande envie de rajeunir, à quoi m'*occuperais*-je si je n'avais plus de royaume à gouverner? —Vous *feriez* comme moi, répondait la paysanne : vous *ririez*, vous *chanteriez*, vous *danseriez;* et elle chantait, elle dansait en disant cela. Mais toi, poursuivait la vieille, que *ferais*-tu étant reine? — Ce que je *ferais?*... et elle pensait en elle-même : Je *ferais* tout ce que je *voudrais*, tout ce qui me *passerait* par la tête....

216ᵉ Dictée (ou Copie). *Suite.*

Péronnelle pensait donc : Si j'étais reine, j'*aurais* de magnifiques habits, et puis on me *servirait* de grands festins, et puis je *commanderais* et l'on *exécuterait* sur-le-champ tous mes ordres, et puis Colette et Jacqueline me *regarderaient*, m'*admireraient*, *envieraient* mon sort, et puis... et pendant ce temps la reine repassait dans son esprit tous les avantages de la jeunesse... En ce moment une fée survint. —Vous pensez en vous-mêmes à ce que vous *feriez* l'une et l'autre, faites-en l'épreuve, vous *dirai*-je; changez! — Changeons! s'écrièrent-elles en même temps... Mais l'heure s'avance, nous nous *arrêterons* ici : je vous *dirai* seulement que la reine et Péronnelle *accepteront* les propositions de la fée, mais qu'elles se *repentiront* presque aussitôt de leur marché, et que la bonne fée leur *permettra* de revenir à leur premier état.

217e DICTÉE (ou COPIE).

Mentor et Télémaque fuyant l'île de Calypso nageaient depuis longtemps lorsqu'ils arrivèrent à un vaisseau phénicien : Recevez-nous dans votre vaisseau, s'écria Mentor tout haletant, nous *irons* partout où vous *irez!* Les Phéniciens répondirent : Nous vous *recevrons* avec joie, mais vous nous *expliquerez* comment vous avez pu entrer dans l'île d'où vous sortez, puisqu'on ne *pourrait* en approcher sans faire naufrage. Je vous le *dirai,* répondit Mentor. Nous y avons été jetés par une tempête; notre patrie est l'île d'Ithaque : vous pouvez nous reconduire quand même vous ne *voudriez* pas relâcher dans l'île; il nous *suffirait* d'être menés dans l'Épire, où vous allez, nous y *trouverions* des amis qui *auraient* soin de nous faire faire le court trajet qui nous *resterait* : et nous vous *devrions* la joie de revoir ce que nous avons de plus cher au monde.

218e DICTÉE (ou COPIE).

Calypso dit : Je *serai* de cette chasse... En *serai*-je? *irai*-je faire triompher ma rivale? *Ferai*-je servir ma beauté à relever la sienne? *Faudra*-t-il que Télémaque soit encore plus épris de cette nymphe? Non, je n'*irai* pas, ils n'*iront* pas eux-mêmes; je *saurai* bien les en empêcher. J'*irai* trouver Mentor, je le *prierai* d'enlever Télémaque; il le *ramènera* à Ithaque. Mais que *deviendrais*-je si Télémaque était parti? Télémaque, je me *vengerai* de tes ingratitudes, ta nymphe le *verra,* et je te *percerai* à ses yeux... Mais je m'égare... Calypso, *ferais*-tu périr un innocent? ne le *sauverais*-tu pas plutôt?.. Et vous, Mentor, ne *ferez*-vous rien pour cet infortuné?... Il y a dans cette forêt de grands peupliers propres à construire un vaisseau. Vous *trouverez* au même endroit tous les instruments nécessaires....

219e DICTÉE (OU COPIE).

Et moi, je *resterais* dans un lâche silence !
Moi qui t'ai vu, Seigneur, je n'*oserais* parler !
A ce peuple impur qui t'offense
    Je *craindrais* de te révéler !

Vous *mourrez* de faim... (*dit la fourmi à une mouche*)
Quand Phébus *règnera* sur un autre hémisphère,
Alors, je *jouirai* du fruit de mes travaux ;
    Je n'*irai* par monts et par vaux
    M'exposer au vent, à la pluie ;
    Je *vivrai* sans mélancolie :
Le soin que j'*aurai* pris de soins m'*exemptera* :
    Je vous *enseignerai* par là
Ce que c'est qu'une fausse ou (*une*) véritable gloire.

220e DICTÉE (OU COPIE).

Un laboureur de Castille dit à Philippe V vaincu :
    Le hasard gagne les batailles,
Mais il faut des vertus pour gagner notre cœur ;
Tu l'as, tu *règneras*.... Voici mes douze enfants,
Voilà douze soldats : malgré mes cheveux blancs
Je *ferai* le treizième ; et, la guerre finie,
Lorsque tes généraux, tes officiers, tes grands,
Viendront te demander, pour prix de leur service,
    Des biens, des honneurs, des rubans,
Nous ne *demanderons* que repos et justice...

M. Alexandre Guiraud fait dire à la mère du petit Savoyard :

Si ma force première encor m'était donnée,
J'*irais*, te conduisant moi-même par la main ;
Mais je n'*atteindrais* pas la troisième journée,
Il *faudrait* me laisser bientôt sur ton chemin,
Et moi, je veux mourir aux lieux où je suis née.

VINGT-SIXIÈME LEÇON.

1° DES TERMINAISONS DES VERBES EN *ER*, ETC. AU PRÉSENT DE L'INDICATIF (GROUPE 3°).

Pour l'analyse, comme dans la précédente leçon ; — puis faire conjuguer : *brunir, avertir, polir, vernir, tutoyer, corriger.*

PHRASES-TYPES.

1° *Je balbutie des excuses, et...*
2° *Tu joués, par conséquent...*
3° *On renvoie ce fourbe, on le hue, mais...*
4° *Nous nous appliquons et nous réussissons.*
5° *Vous connaissez le quai nommé de la Ferraille..*
6° *Mes bœufs m'enseignent la constance.*

TERMINAISONS DU PRÉSENT INDICATIF (GROUPE 3°).

RÈGLE XXVI°.

1° Au singulier, pour les verbes en *er* seulement.

1° Tout mot d'un verbe en *er* au prés. ind. (*gr*. 3°) finit par *E* quand il est aj. à *JE* (1re personne du singulier).
2° Tout mot d'un verbe en *er* au prés. ind. (*gr*. 3°) finit par *ES* quand il est aj. à *TU* (2e personne du singulier).
3° Tout mot d'un verbe en *er* au prés. ind. (*gr*. 3°) finit par *E* quand il est aj. à *IL*, à *ELLE*, à *ON*, etc.,
on à un substantif absolu (3e personne du singulier).

2° Au pluriel, pour tous les verbes.

4° Tout mot-verbe au présent indicatif (*gr*. 3°) finit par *ONS* quand il est ajouté à *NOUS* (1re pers. du pluriel).
5° Tout mot-verbe au présent indicatif (*gr*. 3°) finit par *EZ* quand il est ajouté à *VOUS* (2e pers. du pluriel).
6° Tout mot-verbe au présent indicatif (*gr*. 3°) finit par *ENT* quand il est ajouté à *ILS*, à *ELLES*, etc.,
on à un substantif absolu (3e personne du pluriel).

| N° 5, son *é*. | —— | N° 8, son *e* (*e* muet). | —— | N° 13, son *ou*. |
| N° 6, son *eu*. | —— | N° 12, son *u*. | —— | N° 18, son *on*. |

159ᵉ THÈME.

Copier et déchiffrer ; — puis séparer la terminaison du verbe par une ligne verticale |.
Ex. : je *travaill* | *e*, etc.

Terminaisons des verbes en *er* au singulier du présent indicatif.

Je *travaill*-8 à détruire (s) en moi ce qui déplaît à maman.

Tu *essai*-8 de bien lire (s) l'anglais n'est-ce pas?

Mon voisin nous *cri*-8 que le geôlier ne peut nous nuire (s).

Terminaisons de tous les verbes au pluriel du présent indicatif.

Nous *dev*-18 dire (s) toujours la vérité.

Vous *su*-5 à grosses gouttes pour transcrire ce cahier.

Les prophètes inspirés de Dieu *peuv*-8 seuls prédire l'avenir.

160ᵉ THÈME.

Copier et déchiffrer, etc., — puis appliquer les règles précédemment étudiées.

Quoi! tu *cherch*-8 à relire (s) ce livre à la seule *clart*-5 de
la lune? mais tu te *fatigu*-8 la *v*-12 pour t'instruire.

C'est la plus mauvaise *r*-13 du char qui *cri*-8 toujours.

Olivier et Ferdinand *lutt*-8 souvent, et je ne *désir*-8 pas leur
interdire ces jeux qui *peuv*-8 les divertir et les aguerrir.

Je *pri*-8 mon père de me décrire les pyramides d'Égypte.

Mes cousins me *défi*-8 de leur écrire une longue lettre.

161ᵉ THÈME.

La mouche en courroux s'*écri*-8 : Quoi! vous *os*-5 vous produire (s) à mes yeux?

On *pens*-8, n'est-ce pas, à cuire et à confire tout le coing qui est
tomb-5 du cognassier dans le coin de ce mur.

Je te *pri*-8 de me dire à quoi vous vous *occup*-5, ton frère et
toi? — Mon papa, nous *range*-18 nos joujoux.

Médor *remu*-8 la *qu*-6, je *pari*-8 qu'il *désir*-8 sortir.

(s) PHRASE-TYPE. *Quoi! vous osez, dit-elle, à mes yeux vous*
produ**ire**?

Les infinitifs qui finissent par le son *ir* s'écrivent par *ire* lorsqu'ils
peuvent former un mot en *isant* ou en *ivant*, ex. : produ*ire* (en pro-
duisant), nu*ire* (en nuisant), etc.; décr*ire* (en décrivant), etc., etc.

221ᵉ Dictée (ou Copie).

Dans ces dictées, indiquer abréviativement le *nombre* et la *personne* de chaque verbe: séparer par une ligne verticale | les terminaisons de tous les mots du *présent indicatif;* — puis unir par un trait le verbe à son sujet.

La reine Joyeuse avait été enfermée dans une obscure prison, et son geôlier ne lui donnait chaque jour qu'un morceau de pain noir, et trois pois ; un soir que toute triste elle filait, une petite souris se *présente* à ses regards. Hélas, ma mignonne, s'*écrie* aussitôt Joyeuse, que *penses*-tu trouver ici ? qu'*espères*-tu de moi ? on ne me *donne* que trois pois pour la journée, si nous les *partageons*, nous mourrons toutes les deux ; je t'*engage* à chercher ta vie ailleurs : mais au lieu de s'éloigner, la petite souris s'*efforce* d'égayer la pauvre prisonnière ; elle *saute, danse, cabriole*, et Joyeuse tout (*inv.*) émue lui *présente* le seul petit pois qui lui restait, en disant : Je ne *possède* que cela, je te le *donne* de bon cœur.

222ᵉ Dictée (ou Copie). *Suite.*

Mais à peine la souris a-t-elle le petit pois, qu'une perdrix merveilleusement rôtie *tombe* sur la table de la reine, deux grands pots de confitures l'*accompagnent;* et Joyeuse devinant qui les lui *envoie* : Bien merci! crie-t-elle à sa petite protectrice, tu ne m'*abandonnes* pas, toi, lorsque mes anciens amis même (*inv.*) m'*oublient:* prends, je te *prie*, la moitié de mon dîner ! La souris *accepte* et *grignote*. —Alors une vieille fée *crie* du bas de la tour : Madame, je vous délivrerai, je le *jure*, si vous me *donnez* une souris grasse et dodue ; j'en suis friande!... mais si vous ne m'en *procurez* pas une, je vous accablerai de maux. Saisie d'horreur, la reine s'*écrie* : Moi! te livrer ma bienfaitrice?... Ah! vous me *refusez*, dit la vieille, hé bien! vous *pouvez* être sûre que!.. Mais Joyeuse lui *ferme* la fenêtre au nez. —Depuis ce temps la fée-souris reconnaissante donna tous les jours d'excellents mets à Joyeuse, et enfin elle la délivra.

2° DES TERMINAISONS DES VERBES EN *ER*, ETC. AU FUTUR IMPÉRATIF (GROUPE 4ᵉ).

(SUITE DE LA XXVIᵉ LEÇON.)

NOTA. Les mots-verbes à l'impératif ne sont jamais ajoutés à un substantif exprimé; — *ils ont toujours rapport à un substantif (ou pronom)* sous-entendu.

PHRASES-TYPES.

1° »

2° Dore *ce meuble*, et...

3° »

4° Pleur**ons** *et gémissons, mes fidèles amies.*

5° Côt**oyez** *moins le bord, suivez le fil de l'eau.*

6° »

TERMINAISONS DU FUTUR IMPÉRATIF (GROUPE 4ᵉ).

RÈGLE XXVIIᵉ.

1° Au singulier, pour les verbes en *er* seulement.

2° Au pluriel, pour tous les verbes.

1° Tout verbe en *er* au (*gr*. 4ᵉ) finit par *E* (1) quand il a rapport à *TOI* (sous-ent.) (3ᵉ pers. du sing.).

2° Tout verbe au fut. imp. (*gr*. 4ᵉ) finit par *ONS* quand il a rapp. à *NOUS* (sous-ent.) (1ʳᵉ pers. du plur.).

3° Tout verbe au fut. imp. (*gr*. 4ᵉ) finit par *EZ* quand il a rapp. à *VOUS* (sous-ent.) (2ᵉ pers. du plur.).

(1) C'est seulement dans les verbes en *er*, que le mot de l'impératif (groupe 4ᵉ) qui a rapport au mot *toi* (pour *tu*) sous-entendu doit s'écrire sans *s* à la fin.

Nº 5, son é.	Nº 9, son s.	Nº 18, son on.
Nº 8, son e (e muet)	Nº 12, son u.	Nº 31, son l.

162ᵉ Thème.

Copier et déchiffrer ; — en n'oubliant pas de séparer les terminaisons par une ligne verticale]. Ex. : tâch | e, etc.

Terminaison des verbes en er au singulier de l'impératif.

Tâch-8 de ne pas te laisser choir (T) sur le verglas.

Étudi-8 toujours ; non pour recevoir (T) des récompenses, mais pour obéir à la loi du travail, et pour t'instruire.

Pri-8, et *demand*-8 au riche ; il donne au nom de Dieu.

Terminaisons de tous les verbes au pluriel de l'impératif.

Engage-18 nos grand'mères à ne pas s'asseoir (T) sur ce banc, et *préven*-18-les qu'il va pleuvoir.

Évit-5 de vous prévaloir de vos avantages, Ildefonse.

163ᵉ Thème.

Copier et déchiffrer, etc. — puis appliquer les règles précédemment étudiées.

Ne *consent*-8 pas à une *seu*-31 *pens*-5 d'orgueil.

Montr-8-moi ta *dict*-5, je pense y voir (T) une grosse faute ; *rapport*-8-la-moi promptement!.... *all*-18 donc!

Fuy-18, *fuy*-18 avec *rapidit*-5! je crois apercevoir une trombe dévastatrice... *rentr*-8 promptement tous nos bestiaux.

Étudi-8 assidûment et longtemps, si tu veux t'instruire.

164ᵉ Thème.

Donn-8-moi ma belle écritoire *incrust*-5 d'or.

Veuill-5, me dire si mon *jol*-9 encrier n'a pas été *renvers*-5.

Port-18 nos toasts, mais *évit*-18 les *cr*-9 bruyants.

Apport-8-moi ce marron *cr*-12, et *fais*-18 le cuire.

Appliqu-8-toi pour savoir aujourd'hui le nom de tous les isthmes de l'Europe et de tous les caps de l'*As*-9.

Écout-8 l'écho, il répète : *Pai*-8 ton écot!

Fâch-8 de produire un seul grain de *bl*-5.

---

(4) PHRASE-TYPE. *Voul**oir** tromper le Ciel, c'est folie à la terre.*

Les infinitifs en *oir* s'écrivent généralement à la fin par *oir* (sans e muet).

223e Dictée (ou Copie).

Indiquer le *nombre* et la *personne* des verbes, etc., séparer les terminaisons des mots
de *l'impératif;* — et rétablir entre parenthèses le substantif (ou *pronom*) sous-entendu avec lequel chacun d'eux est en rapport.

Mon Albéric, *raie* toi-même ta page; toi, Clémence,
plie ta serviette, *enlève* les miettes de pain que tu viens
de jeter devant la cheminée, et *rappelle*-toi bien que rien
n'est plus malpropre qu'une cheminée remplie de papiers
et de balayures: vous avez fini; bien, *embrassez*-moi...
mais un cabriolet s'arrête devant la porte; c'est sans
doute votre bon père qui rentre : *courons* tous au-devant de lui; vite, vite, petit Benjamin, *hâte*-toi! *allons!*
embrasse le premier ton papa.

224e Dictée (ou Copie).

Écoute, mon cher Gabriel : Mahomet *crée* une religion nouvelle; il ordonne, dans le Coran, à ses disciples
d'employer le sabre pour l'établir, et de détruire tous
ceux qui n'embrassent pas ses idées : *Combattez,* leur
dit-il, les Infidèles jusqu'à ce que toute fausse religion
soit exterminée, *mettez*-les à mort, ne les *épargnez*
pas; et lorsque vous les aurez affaiblis à force de car-
nages et de meurtres, *réduisez* le reste en esclavage,
et *écrasez*-les par des tributs.

225e Dictée (ou Copie). *Suite.*

Écoute et *pèse* maintenant les paroles d'un ministre
de l'Évangile, de la religion de charité dont tout
l'enseignement peut se réduire à ceci : *Aime* Dieu par-
dessus toutes choses, *aime* ton prochain comme toi-
même; et tu jugeras parfaitement les deux lois. *Péné-*
trons, dit-il, dans les prisons ténébreuses, images de
l'enfer, *entrons* dans ces cachots affreux, *brisons* les
chaînes des captifs, et *disons*-leur : « *Adorez* Dieu qui
vous délivre, et *glorifiez*-le! » Ils nous obéiront, et nous
aurons sauvé leur âme.

No 5, son *é*.	No 9, son *i*.	No 30, son *r*.
No 8, son *e* (e muet).	No 18, son *on*.	No 31, son *l*.

165e THÈME.

Copier, déchiffrer, etc;. — séparer les terminaisons, puis indiquer par un numéro
si le verbe déchiffré appartient au groupe 3e ou au 4e.

Ne *cueill*-18 pas une *seu*-31 fleur (ʋ) dans ce parterre.

Montr-8 ta douceur (ʋ) et ta *docilit*-5 à toutes tes petites *am*-9,
ma *chèr*-30 *Rosal*-9.

N'*admir*-8-tu pas la fraicheur (ʋ) de ma toilette ?

Cous-5, *brod*-5, mes filles, avec autant d'ardeur que vous en
av-5 mis ce matin à étudier l'arithmétique.

Rien ne *surpass*-8 la noirceur de cette action.

Rang-8 les joujoux, mon cher *Ren*-5, et *part*-18.

166e THÈME.

Compar-5 la blancheur (ʋ) du lis à celle de la neige.

Nous *respir*-18 ici la suave odeur (ʋ) de l'héliotrope.

Ni Paul ni *Henr*-9 ne *comprenn*-8 la rondeur de la terre.

March-8 avec moins de raideur, ma *Clél*-9; port-8 la tête
plus haute, et les pieds plus en dehors.

Tu *tomb*-8 dans une erreur fort grave si tu *ni*-8 qu'on *gagn*-8
les esprits par beaucoup de douceur.

Vous vous *enfonc*-5 à tort dans l'épaisseur du taillis.

167e THÈME.

L'*oisivet*-5 et le désœuvrement *produis*-8 la langueur (ʋ).

Tu *redout*-8 probablement comme moi la *sociét*-5 et le contact
de toute personne dont l'humeur est bizarre et *inéga*-31.

Nous t'*écout*-18; *récit*-8-nous la fable de la tortue qui joûtant
avec un lièvre, s'*évertu*-8, se *hât*-8 avec lenteur, et *gagn*-8
enfin la gageure.

Pri-5 toujours avec ferveur, voilà ce que je *désir*-8.

(ʋ) PHRASE-TYPE. *Je tomberai comme une* **fleur**.

Les mots terminés en *eur* s'écrivent généralement à la fin par **eur**
(sans *e* muet).

226ᵉ DICTÉE (ou COPIE).

Dans toutes les dictées qui suivent, indiquer abréviativement (par le chiffre 3 ou 4) sous chaque mot du *présent indicatif* ou de l'*impératif* auquel de ces deux temps (ou *groupes*) il appartient ; — puis en séparer les terminaisons.

Luc, *écoute* les extravagances du distrait Ménalque : On lui *parle*, on lui *demande* s'il *désire* quelque chose ; il *reste* sourd : il *cherche*, il *brouille*, il *crie*, il s'*échauffe*, il *maugréc* ; il *appelle* enfin ses domestiques : ceux-ci *arrivent*, il leur *demande* ses gants : et *devine* où ils sont ? dans ses propres mains. Un soir Ménalque *passe* sous un lustre, sa perruque s'y *accroche* et y *demeure* suspendue : tous ceux qui l'*entourent* le *regardent*, *rient*, et se *récréent* en le voyant ; pour lui il *cherche* des yeux celui qui *montre* ses oreilles. Ménalque se *marie* le matin et l'*oublie* le soir : ne le *trouves*-tu pas fou ? *avoue*-le, je te *prie*..... Mes enfants, *riez* de Ménalque, je vous en *accorde* la permission ; *amusons-nous* bien à ses dépens ; *faisons* comme tous ceux qui le *voient*.

227ᵉ DICTÉE (ou COPIE).

Allons, mesdemoiselles, *dépêchez*-vous ! Marie, Juliette, *mettez* vite vos brodequins et vos châles ; Pauline, *noue* les brides de ton chapeau ; quoi ! Pulchérie, tu *joues* encore ? *quitte* donc ta poupée ! vous *avez* fini, bien, *partons* ! Si je vous *emmène* ainsi toutes les quatre, c'est parce que depuis quelques jours vous *travaillez* bien ; *écoutez*, je vous dirai comment vous pourrez me contenter en tout. Toi, Juliette, si tu m'*aimes*, ne te *montre* plus impérieuse, *cesse* de dire : Mes sœurs, *apportez*-moi ma chaise ! mes sœurs, *pliez* ma serviette ! Et toi, Pulchérie, tu ne me contenteras pas si tu *manges* toujours aussi malproprement, si tu *essuies* encore à ton tablier tes doigts pleins de confitures ; *montre*-toi grande fille en devenant propre et soigneuse.

228ᵉ Dictée (ou Copie).

Tu *demandes* ce que j'ai vu d'extraordinaire dans l'hôtel où je *demeure*, *écoute* : Hier j'*entre* dans la cuisine, au plafond est une petite cage où *repose* un oiseau : on a beau faire rage autour de lui, rien ne le *réveille* ! les charretiers *jurent*, les femmes *querellent*, les enfants *crient*, les chiens *aboient*, les chats *miaulent*, l'horloge *sonne*, le couperet *cogne*, la lèchefrite *piaille*, le tournebroche *grince*, la fontaine *pleure*, les bouteilles *sanglotent*, les vitres *frissonnent*, les diligences *passent* sous la voûte comme le tonnerre ; la petite boule de plumes ne *bouge* pas....

229ᵉ Dictée (ou Copie).

L'ABEILLE ET LA MOUCHE (*fable.*).

Une mouche bourdonnait près d'une ruche : Que *cherches*-tu dans ces lieux, s'*écrie* une orgueilleuse abeille, et pourquoi *oses*-tu approcher de ma demeure? *éloigne*-toi de la reine des airs ! — Je *trouve* ta colère raisonnable, répliqua froidement la mouche, la sagesse *exige* qu'on fuie toujours une nation fougueuse.—Nous fougueuses? sages devais-tu dire ! ignorant animal ! de bonnes lois *garantissent* la durée de notre société ; nous ne *broutons* que des fleurs odoriférantes, nous ne *faisons* que du miel délicieux, et qui *égale* le nectar. Ote-toi de ma présence, vilaine mouche importune, et *cherche* encore ta vie sur des ordures. —Nous *vivons* comme nous *pouvons*, répondit la mouche; la pauvreté n'est pas un vice, mais l'orgueil en est un grand : *fuyez*-le donc; *fuyez* également la colère, et *rappelez*-vous que souvent la piqûre que vous faites est ce qui *cause* votre mort.

230ᵉ DICTÉE (ou COPIE). *Vers.*

...Jouons, je suis de la partie :
Jouons donc, mes amis ; *jouons,* je vous en *prie.*

FLORIAN.

Toujours, vers quelque frais asile,
Tu *(mer) pousses* ma barque fragile
Avec l'écume de tes bords.
　　Ah ! *berce, berce, berce* encore,
Berce pour la dernière fois,
Berce cet enfant qui t'adore....
　　Aussi libre que la pensée
Tu *brises* le vaisseau des rois ;
Et dans ta colère insensée,
Fidèle au Dieu qui t'a lancée,
Tu ne t' *arrétes* qu'à sa voix....

A. DE LAMARTINE.

231ᵉ DICTÉE (ou COPIE). *Vers et prose.*

Gouverne ta maison, et tu sauras combien *coûtent* le bois et le riz ; *élève* tes enfants, tu sauras combien tu dois à ton père et à ta mère.

Tout ce que tu *donnes* (pour Dieu), tu l'emporteras avec toi.

　　Allez, allez, ô jeunes filles,
Cueillir des bleuets dans les blés.
　　　　Ne *pleure* pas en me quittant,
Porte au seuil des palais un visage content.
　　Quand tu *piques,* moi je *dévore ;*
Disait au serpent venimeux
Un tigre au regard furieux.

DUTREMBLAY.

VINGT-SEPTIÈME LEÇON.

1° DES TERMINAISONS DU VERBE AU PASSÉ SIMULTANÉ (IMPARFAIT) INDICATIF (GROUPE 5°).

Faire continuer les exercices d'analyse grammaticale ; — puis faire conjuguer : *choisir, réussir, roussir, transir ; — nier, larmoyer*, etc.

PHRASES—TYPES.

1° *J'avalais au hasard quelque aile de poulet.*

2° *Ah! si tu* pouvais *passer l'eau !*

3° *Une souris* craignait *un chat.*

4° (Alors) *Nous* gagnions *lentement la terre…*

5° *Voilà des maux que vous ne* saviez *pas.*

6° *Ensemble ils* répétaient : *J'ai grand'froid!*

TERMINAISONS DU PASSÉ SIMULTANÉ INDICATIF (GROUPE 5°).

RÈGLE XXVIII°.

1° Tout verbe au passé sim. ind. (*gr.* 5°) finit par *AIS*   quand il est aj. à *JE* (1re personne du singulier).

2° Tout verbe au passé sim. ind. (*gr.* 5°) finit par *AIS*   quand il est aj. à *TU* (2e personne du singulier).

3° Tout verbe au passé sim. ind. (*gr.* 5°) finit par *AIT*   quand il est aj. à *IL*, à *ELLE*, à *ON*, etc., ou à un substantif absolu (3e personne du singulier).

4° Tout verbe au passé sim. ind. (*gr.* 5°) finit par *IONS*   quand il est aj. à *NOUS* (1re personne du pluriel).

5° Tout verbe au passé sim. ind. (*gr.* 5°) finit par *IEZ*   quand il est aj. à *VOUS* (2e personne du pluriel).

6° Tout verbe au passé sim. ind. (*gr.* 5°) finit par *AIENT* quand il est aj. à *ILS*, à *ELLES*, etc., ou à un substantif absolu (3e personne du pluriel).

Nota. Les terminaisons du groupe 5° sont, dans tous les verbes, les mêmes que celles du groupe 2°.

N° 4, son *è*.	—	N° 9, son *i*.	—	N° 18, son *on*.	
N° 5, son *é*.	—	N° 12, son *u*.	—	N° 30, son *r*.	

168ᵉ THÈME.

*Copier et déchiffrer; — puis séparer les terminaisons du verbe par une ligne
verticale* |. *Ex. : j'approch* | *ais, etc.*

Dès que j'*approch-4* de ce rosier (v), j'en *cueill-4* toutes les
roses puisque tu me le *permett-4*, ma *chè-*30 Élise.

Jacques *exprim-4* le jus du raisin (v), et nous *procur-4* du vin
doux : nous *cuisi-*18 dedans des poires et des coings ; et nous
*faisi-*18 ainsi cet excellent raisiné que vous *mangi-*5 avec
tant de plaisir, et dont vos frères se *régal-4* comme vous.

169ᵉ THÈME.

Copier et déchiffrer; — puis appliquer les règles précédemment étudiées.

Chacun *gagn-4* vite la maison (v) la plus voisine, car de brillants éclairs *sillonn-4* la *n*-12.

La brebis et le chien, de tous les temps amis,
Se *racont-4* un jour leur *v*-9 *infortun-*5.

Lorsque vous *conduisi-*5 à la promenade le petit *Désir-*5,
n'est-ce pas que vous ne *crii-*5 pas, que vous ne vous *égo-
silli-*5 pas après lui, et qu'il vous *obéiss-4* toujours ?

Je *ri-4*, je *pleur-4*, je *voy-4* Palestrine....

En l'an 1794 la disette *désol-4* notre pauvre *pair-*9.

170ᵉ THÈME.

Quand tu *fredonn-4* dans la *r*-12, tu *montr-4* peu d'usage (v).

Lise et Rosine *mange-4* toutes les fraises de ce fraisier.

J'*ensemenç-4* mon champ, pendant que vous *déployi-*5 vos
voiles, et que vous *pavoisi-*5 votre barque.

L'hirondelle en volant *ras-4* la surface des eaux, elle nous
annonç-4 ainsi de la *plu-*9.

Personne ne *concev-4* pourquoi vous *crii-*5 si fort, et pourquoi vous *craigni-*5 ce paisible bison.

(v) PHRASE-TYPE. *Quel poison pour l'esprit que les fausses
louanges !*

On doit mettre un seul *s* entre deux voyelles pour écrire le son *z*.
(Les voyelles sont *a, e, i, o, u, y*.)

232ᵉ Dictée (ou Copie).

Le pauvre Robinson, de retour dans sa patrie, *racontait* avec gaîté toutes les circonstances de la vie solitaire qu'il *avait* si longtemps menée. J'*étais*, *disait*-il, le seigneur de mon île ; maître absolu de mes sujets, je *disposais* d'eux à mon gré, et j'*avais* droit de vie et de mort sur tous les êtres qui m'*entouraient* : je *dînais* comme un roi à la vue de toute ma cour, où mon perroquet seul *avait* la faculté de me parler : je *possédais* un chien et deux chats ; le premier *restait* assis à ma droite, les autres se *tenaient* aux deux bouts de ma table, attendant d'un air d'indifférence les bons morceaux que j'*avais* l'habitude de leur donner à chaque repas, car je *partageais* en frère avec ces fidèles animaux. Ces chats *étaient* les enfants de ceux que j'*avais* sauvés lors de mon naufrage.

233ᵉ Dictée (ou Copie). *Suite.*

Mon habillement de peaux de bêtes, et surtout ma coiffure pointue, *étaient* des plus grotesques, et si l'on *rencontrait* en Angleterre un homme dans l'équipage où j'*étais* alors, on s'en épouvanterait, ou bien l'on rirait aux éclats ; mais ma toilette ne m'*inquiétait* plus guère : j'*étais* bien revenu des vanités de ce monde ; et dans le dénûment total où je me *trouvais*, je *remerciais* Dieu chaque jour du bonheur dont sa bonté *gratifiait* un indigne pécheur comme moi. Dans ma jeunesse, lorsque moi et mes compagnons de plaisir nous *éprouvions* la moindre privation, la plus petite contrariété, nous nous *lamentions*, et nous nous *jugions* très-malheureux ; mais j'*avais* appris dans ma solitude quels sont les vrais besoins de l'homme.

2° DES TERMINAISONS DU VERBE AU FUTUR OU PRÉSENT SUBJONCTIF (GROUPE 6°).

(SUITE DE LA XXVII° LEÇON.)

PHRASES–TYPES.

1° *On veut que j'étudie l'histoire.*
2° *Télémaque il faut que tu meures!*
3° *A toute outrance il veut qu'on le bafoue.*

4° *Ce sexe vaut bien que nous le regrettions.*
5° *Il faut que vous priez pour vos ennemis*
6° *afin qu'ils se convertissent...*

TERMINAISONS DU FUTUR OU PRÉSENT SUBJONCTIF (GROUPE 6e).

RÈGLE XXIX°.

• Tout verbe au futur ou prés. subj. (*gr.* 6°) finit par **E** quand il est aj. à *JE* (1re personne du singulier).
2° Tout verbe au futur ou prés. subj. (*gr.* 6°) finit par **ES** quand il est aj. à *TU* (2e personne du singulier).
3° Tout verbe au futur ou prés. subj. (*gr.* 6°) finit par **E** quand il est aj. à *IL*, à *ELLE*, à *ON*, etc.,
ou à un substantif absolu (3e personne du-singulier).

4° Tout verbe au futur ou prés. subj. (*gr.* 6°) finit par *IONS* quand il est aj. à *NOUS* (1re personne du pluriel).
5° Tout verbe au futur ou prés. subj. (*gr.* 6°) finit par *IEZ* quand il est aj. à *VOUS* (2e personne du pluriel).
6° Tout verbe au futur ou prés. subj. (*gr.* 6°) finit par *ENT* quand il est aj. à *ILS*, à *ELLES*, etc.,
ou à un substantif absolu (3e personne du pluriel).

No 4, son *è*. ——	No 6, son *eu*. ——	No 9, son *i*.
No 5, son *é*. ——	No 8, son *e* (*e* muet). ——	No 18, son *on*.

171ᵉ THÈME.

Copier et déchiffrer ; — séparer les terminaisons du verbe par une ligne verticale | .
Ex. : *J'achèt* | *e*, etc.

Il faut que j'*achèt*-8 une cassolette (x) à odeurs, que tu *montr*-8
à maman ce bijou, et que tu la *pri*-8 de l'accepter.

Je désire bien qu'on me *montr*-8 des assignats (x).

Dieu veut que nous nous *humilii*-18 quand il nous châtie, et
que nous *reconnaissi*-18 (x) en tout sa bonté providentielle.

J'exige que vous *mangi*-5 chaque jour une salade de cresson,
et que vos bonnes vous l'*assaisonn*-8 elles-mêmes.

172ᵉ THÈME.

Je ne veux pas que vous vous *asseyi*-5 (x) dans la *prair*-9 sur
l'herbe humide de *ros*-5.

Il faut que je l'*avou*-8, je crains que vous ne *plii*-5 sous le
faix.

Il faut que tu *fui*-8 de ce *li*-6, et que tu ne *cess*-8 de courir que
lorsque tu ne verras plus cette *l*-4 en *fur*-9.

Il faut que chaque pauvre *reçoiv*-8 une grande *assiett*-5 de
pur-5, et que cette *charit*-5 se *fass*-8 en secret.

173ᵉ THÈME.

Maman veut, je t'assure (x), que nous *plii*-18 chaque jour
notre serviette, et que nous ne *négligi*-18 jamais ce soin.

J'exige que Léopold et Jules ne t'*exclu*-8 pas de leur *sociét*-5 ;
je veux même qu'ils te *souri*-8 amicalement, et aussi que tu
cess-8 de les bouder.

Il est utile que tu *étudi*-8 l'histoire, et que tu l'*extrai*-8 ; il
faut que nous l'*étudii*-18, que nous l'*extrayi*-18 également.

(x) PHRASE-TYPE. *Petit* poisson *deviendra grand.*

On met le plus souvent *ss* (deux *s*) entre deux voyelles pour écrire
le son *s* (mais jamais on n'écrit le son *s* entre deux voyelles par un
seul *s*).

8

234ᵉ Dictée (ou Copié).

Indiquer le *nombre* et la *personne* des verbes ; — séparer les terminaisons des mots du futur ou présent subjonctif, — et rattacher chaque verbe à son sujet.

Pourquoi élever ainsi la voix, mon Alexandre? crois-tu qu'il soit nécessaire que tu *cries* aussi fort pour que tes petits camarades *t'entendent?* — Et toi, Marie, il faut encore que je te *fasse* un reproche; veux-tu que tes sœurs *plient* ta serviette, ou peut-être désires-tu que je la *plie*, moi? J'aime qu'une petite fille se *montre* soigneuse en tout; il est temps que tu y *penses*, et que tu te *fasses* une loi de me contenter. Oui, ma fille, il est bien temps que tu te *montres* attentive à me plaire, que ton frère *corrige* ses défauts de caractère, et que vous vous *pliiez* tous les deux à mes désirs, si vous voulez que nous vous *gardions* auprès de nous, et que nous ne vous *renvoyions* pas finir vos études dans vos pensions.

235ᵉ Dictée (ou Copie).

Je ne vous ferai pas aujourd'hui une longue dictée, mes chers petits amis; je veux que vous *alliiez* tous vos devoirs, et il faut que nous *allions* de bonne heure souhaiter la fête à votre tante; cependant comme il est urgent que vous n'*oubliiez* pas ce que vous avez appris, que vous *fassiez* même des progrès, et que vous *rattrapiez* vos petits cousins, je veux que nous *travaillions* un peu, et que nous ne *passions* pas un seul jour sans faire une dictée. — Félicie, il faut que tu nous *cueilles* des fleurs, et que tu *fasses* trois bouquets. — Vous, écrivez : « Que les peuples de l'air me *chantent* leurs hymnes, que les animaux de la terre me *saluent*, que les forêts *courbent* leur cime sur mon passage!... » C'est assez : maintenant serrez vos cahiers et vos plumes, et partons.

No 4, son è. — No 8, son e (e muet). — No 13, son ou.
No 5, son é. — No 12, son u. — No 18, son on.

174ᵉ THÈME.

Copier, déchiffrer et séparer les terminaisons ; — puis indiquer par un numéro
si le verbe déchiffré appartient au groupe 5ᵉ ou au groupe 6ᵉ.

Pendant que nous *expliqui*-18 à ce cheik les soi-disant vertus
de notre talisman (Y), nous *rii*-18 sous cape de voir que vous
nous *croyi*-5, et que presque (Y) tous ceux qui nous *écout*-4
nous *croy*-4.

Ursule (Y), j'exige que tu *rentr*-8 ; que tu n'*attend*-8 pas qu'il
pleuv-8 à verse et que tes vêtements *soi*-8 *travers*-5.

Eustache et Baptiste *pass*-4 la herse sur notre champ.

Il faut que nous *rii*-18 aux dépens du vaniteux Bastien.

175ᵉ THÈME.

Il ne faut pas que tu *secou*-8 ainsi (Y) ce cep de vigne, tu le
renverserais comme tu as renversé les sept autres qui *ét*-4
ses voisins.

Chacun de nous *observ*-4 ces sept étoiles qui forment la con-
stellation (Y) de la Grande-Ourse.

J'exige que tu *sucr*-8 demain ta tisane de grande consoude (Y)
avec de la cassonade, comme tu la *sucr*-4 hier.

On *pêch*-4 des marsouins sur cette côte ; mais personne n'y
pouv-4 trouver d'oursins, *dis*-4 les pêcheurs.

176ᵉ THÈME.

Pendant que nous nous *récréi*-18 à voir un chameau *boss*-12,
une jeune ourse (Y) avec ses deux oursons, et trois chacals
nouvellement *arriv*-5, deux adroits *fil*-13 nous *vol*-4 des bi-
joux que nous *veni*-18 d'acheter.

Je ne pense pas que tu *ai*-8 fait même une panse d'*a*.

Il faut que nous *supplii*-18 mon oncle d'aller à Versailles chercher Stanislas et Augustin dans leur pension.

Je me *mouch*-4 presque au bord de ma poche.

(Y) PHRASE-TYPE. *La* pensée *et l'*esprit *sont exempts de mourir.*

On ne doit jamais mettre qu'un seul s pour écrire le son s quand
le s est entre une consonne et une voyelle.

236ᵉ Dictée (ou Copie).

Dans toutes les dictées qui suivent, indiquer abréviativement (par le chiffre 5 ou 6) sous chaque mot du passé simultané indicatif, ou du futur subjonctif, auquel de ces deux temps (ou *groupes*) il appartient.

Écoutez-moi, mes petits amis, vous devenez grands, je veux que désormais vous *priiez* régulièrement le bon Dieu, que vous vous *habituiez* à honorer le Seigneur, et à le remercier de ses bienfaits tous les matins et tous les soirs ; je veux aussi que vous ne *croyiez* plus qu'il vous suffit de dire, comme lorsque vous *aviez* deux ou trois ans : « Mon Dieu, je vous donne mon cœur!... » Si j'*apprenais*, si votre bonne me *disait*, que vous avez manqué à ce premier de tous les devoirs, j'en éprouverais une vraie douleur. Tu entends, Edmond, je serais fâchée contre toi si tu me *causais* ce chagrin, et si tu *entraînais* ta petite sœur par tes mauvais exemples ; ton frère Edouard n'*oubliait* jamais ses prières, et tes cousines, encore toutes petites, les *faisaient* aussi très-régulièrement.

237ᵉ Dictée (ou Copie).

Autrefois, dans la Grèce, les plus grands guerriers, les héros, les rois *tuaient*, *apprêtaient*, *dépeçaient*, *faisaient* cuire ou rôtir eux-mêmes les viandes qu'on *servait* à leurs hôtes ; les princesses s'*occupaient* de tous les soins du ménage, et *lavaient* leurs vêtements de leurs propres mains : vous verrez la vérité de ce que j'avance dans des poèmes que je vous ferai lire un jour ; mais il est bon que vous le *sachiez* dès à présent, afin que vous ne vous *croyiez* pas déshonorées, mes chères petites, lorsque vous vous rendez utiles dans la maison.

Deux frères jardiniers *avaient* par héritage
Un jardin dont chacun *cultivait* la moitié ;
    Liés d'une étroite amitié
    Ensemble ils *faisaient* leur ménage.

238ᵉ Dictée (ou Copie).

Je *demeurais* à la campagne près d'une ferme, et je *voyais* presque tous les soirs rentrer des brebis suivies de leurs agneaux. Ces pauvres petits animaux *faisaient* bê-ê-êe d'une manière si gentille que chaque fois qu'on me le *permettait* je *courais* après eux et je les *caressais*, et puis je les *suivais* des yeux jusqu'à la bergerie; ma sœur Rosalie *faisait* comme moi. — Il faut que tu en *demandes* un tout petit pour nous deux, me dit-elle un jour, et que nous l'*élevions*, que nous le *soignions* nous-mêmes, entends-tu : en effet, on nous donna un charmant petit agneau que nous appelâmes Favori : nous le *soignions* bien, nous lui *mettions* du lait dans une terrine, et il l'*aspirait* avec un bruit si drôle que j'en ris encore : quand nous le *menions* promener, je le *portais*, et si nous nous *asseyions* Favori *restait* près de nous; — il se montra aimable tant qu'il fut petit : mais quand il a grandi, il est devenu si mutin que mon père l'a donné au berger : et je le regrette tous les jours.

239ᵉ Dictée (ou Copie).

La semaine passée, tandis que vous *liiez* vos bottes de foin et que nous *pliions* notre linge, vous *transpiriez* abondamment, nous *suions* aussi à grosses gouttes, voilà comment nous nous *enrhumions* les uns et les autres; pour nos ouvriers et nos ouvrières, ils *pliaient* sous le faix : je veux qu'ils se *reposent* un peu aujourd'hui, et que tu ne les *tourmentes* pas.

La nuit *tombait*, dit le père Géramb, j'*étais* sans interprète, et j'*ignorais* entièrement la langue du pays que je *parcourais*; nous *côtoyions* la Mer-Rouge : mon cheik *marchait* silencieusement auprès de moi... nous *gagnions* bien péniblement le lieu du repos.

240ᵉ Dictée (ou Copie). *Vers.*

On veut que j'*étudie*
L'histoire, la géographie,
Et que , quittant le rudiment,
Je m'*occupe* plus doctement ;
Puisqu'on le veut, il faut le faire.

Que *faisiez*-vous au temps chaud ?....
— Je *chantais*, ne vous *déplaise.*
— Vous *chantiez*, j'en suis fort aise ;
Hé bien, dansez maintenant.

... Que dorénavant on me *blâme*, on me *loue* ,
Qu'on *dise* quelque chose ou qu'on ne *dise* rien,
J'en veux faire à ma tête...

241ᵉ Dictée (ou Copie).

LE ROI DE PERSE.

Un roi de Perse, certain jour ,
Chassait avec toute sa cour ;
Il eut soif, et dans cette plaine
On ne *trouvait* point de fontaine.
Près de là seulement *était* un grand jardin
Rempli de beaux cédrats, d'oranges, de raisin :
A Dieu ne *plaise* que j'en *mange !*
Dit le roi ; ce jardin courrait trop de danger :
Si je me *permettais* d'y cueillir une orange,
Mes vizirs aussitôt mangeraient le verger !

Est-il possible que toi, français, tu t'*écries* ce que
s'*écriaient*, selon M. Casimir Delavigne, les Anglais,
bourreaux de Jeanne d'Arc ?

Qu'elle *meure !* elle a contre nous
Des esprits infernaux suscité la magie !

VINGT-HUITIÈME LEÇON.

DES MOTS-VERBES QUI DOIVENT FINIR PAR *IIONS, IIEZ*.

PHRASE-TYPE. *Autrefois nous* **criions** (gr. 5e) *beaucoup, il est inutile que vous nous* **suppliiez** (gr. 6e) *maintenant de n'en rien faire.*

RÈGLE XXXe. On doit finir par *IIONS, IIEZ* les mots du gr. 5e (*passé* [*imparf.*] *ind.*) et du gr. 6e (*fut.* ou *prés. subj.*) de tous les verbes qui ont le premier mot de leur gr. 5e terminé en *IAIS.*

Ainsi, comme on écrit *je riais*, on écrira : au groupe 5e : nous *riions*, vous *riiez* ; au groupe 6e : il faut que nous *riions*, que vous *riiez* (tandis que les mots du même verbe, au groupe 3e et au 4e, s'écriront par *rions, riez*).

177e THÈME.

Copier et déchiffrer ; — puis finir les mots-verbes qui ne sont que commencés, et mettre sous chacun d'eux le n° du groupe auquel il appartient.

Ambroise (z), quand vous me *pri-* de vous laisser emmener (z) Olympio (z) votre air était sombre (z) et soucieux ; il faut que vous m'en *pri-* plus gaiement.

Autrefois, dès que nous *suppli-* maman de nous laisser em-maillotter (z) notre petite sœur elle nous accordait cette faveur; il faudra que nous l'en *suppli-* encore.

Monsieur, je désire que vous *reli-* le livre de Sophie somptueusement (z), et comme vous *reli-* autrefois les miens.

178e THÈME.

J'exige que vous *pli-* ces osiers aussi vite que vous *pli-* ce matin vos deux bambous (z), vous les *pli-* promptement (z) alors.

Hier vous *cri-* avec impatience ; si vous *cri-* encore ainsi, je vous ferais emmener (z) d'auprès de moi.

J'exige impérieusement que vous ne vous *associ-* qu'avec vos égaux, que vous ne vous *associ-* jamais avec d'autres.

Ne *ri--*nous pas ce matin de vos sottes frayeurs comme nous *ri-* hier de votre témérité intempestive ?

(z) PHRASE-TYPE. Ambroise *est* emménagé *près de l'*amphithéâtre. On met toujours un *m* (et jamais un *n*) devant *b, m, p.*

VINGT-HUITIÈME LEÇON (SUITE).

DES MOTS-VERBES QUI DOIVENT FINIR PAR *YIONS, YIEZ*.

PHRASE-TYPE. *Pierre, il faut que vous* déploy**iez** (gr. 6ᵉ) *toute votre énergie comme nous* déploy**ions** (gr. 5ᵉ) *la nôtre l'année dernière.*

RÈGLE XXXIᵉ. On doit finir par *YIONS, YIEZ* les mots du gr. 5ᵉ *(passé* [*imparf.*] *ind.*) et du gr. 6ᵉ (*futur* ou *prés. subj.*) de tous les verbes qui ont le premier mot de leur gr. 5ᵉ terminé en *YAIS*.

Ainsi, comme on écrit je *croyais*, on écrira : au groupe 5ᵉ : nous *croyions*, vous *croyiez* ; au groupe 6ᵉ : il faut que nous *croyions*, que vous *croyiez* (tandis que les mots du même verbe, au groupe 3ᵉ et au groupe 4ᵉ, s'écriront par *croyons, croyez*).

179ᵉ THÈME.

Copier et déchiffrer ; — puis finir les mots-verbes qui ne sont que commencés, et mettre sous chacun d'eux le numéro du groupe auquel il appartient.

Si nous *voy*– un loup furieux (AA) nous fuirions au plus vite, il est fort heureux (AA) que nous n'en *voy*- pas.

Ce chemin creux (AA) est dangereux ; nous *enray*- toujours lorsque nous y entrions, je juge utile que vous *enray*- aussi.

Vous manqueriez de bonté si vous *fuy*- la présence du malheureux, le Dieu de charité défend que vous la *fuy*–.

180ᵉ THÈME.

Arthur, je défends que vous *tournoy*– ainsi ; vous êtes peureux (AA), je crains que vous ne vous *effray*–.

Dans l'ennuyeux (AA) trajet que nous fîmes en mer, dès que nous ne *louvoy*- pas nous nous *fourvoy*–; il faut que nous *voy*– si nous serons plus chanceux maintenant.

Si vous combattez un penchant vicieux vous resterez victorieux ; Dieu vous aidera, il veut que vous le *croy*–.

Vous *envoy*– autrefois Marianne gourmander ces paresseux, n'est-il pas nécessaire que vous l'y *envoy*– de nouveau ?

(AA) **PHRASE-TYPE.** *Son front cicatrisé rend son air* furi**eux**. Les adjectifs qui finissent en *eu* s'écrivent par *eux*.

REMARQUES.

Conjuguer : *épaissir, languir, intervertir,* etc.; — puis copier au Supplément
le modèle des verbes en **re** : *rendre.*

Pour rendre plus complètes et plus claires la règle xxxe et la xxxie,
données pages 175 et 176, nous ajouterons les remarques suivantes :

1re *Rem.* On finit par *ONS, EZ*, les deux premiers
mots du pluriel du gr. 3e (*prés. ind.*) et du gr. 4e (*impér.*)

2e *Rem.* On finit par *IONS, IEZ* les deux premiers
mots du pluriel du gr. 5e (*passé* [*imparf.*] *indic.*) et du
gr. 6e (*futur* ou *prés. subj.*). (*Or il y aura deux* I
(*ou* YI) *dans les mots de ces deux groupes qui auront
un* I (*ou un* Y) *pour dernière lettre de leur racine.*)

181ᵉ Thème,

où sont opposés des mots en *iions, iiez* et *yions, yiez ;*
et des mots en *ions, iez* et *yons, yez.*

Copier et déchiffrer;— puis finir les mots-verbes qui ne sont que commencés, et indiquer
sous chacun d'eux le numéro du groupe (3, 4, 5 ou 6) auquel il appartient; — enfin sé-
parer les terminaisons par la ligne verticale | .

Li- en vous baissant (BB) les cordons de vos souliers , puisque
votre maman veut que vous les *li-* .

Aujourd'hui, nous *employ-* en vous exhortant (BB) toute notre
éloquence et toute notre charité pour que vous nous *croy-;*
croy- –nous donc.

Hier vous *effeuill-* en jouant une fleur bleue; qu'*effeuill-* vous
maintenant, ma petite Julie?

182ᵉ Thème.

Pendant que nous *déploy-* notre valeur en combattant (BB), si
notre ami s'enfuyait nous nous *enfuy-* quelquefois aussi;
nous avions tort; ne nous *enfuy-* plus.

Franck, je ne veux pas que vous *rudoy-* Alix en lui parlant,
ni que vous lui *témoign-* toujours de la mauvaise humeur:
vous *larmoy-* sans cesse l'un et l'autre, cela me déplaît.

Je veux que vous *balay-* vous-même ces mies de pain.

(BB) Phrase-type. *Le Bordelais est* abond**ant** *en raisin.*

On finit par *ant* tous les mots en *an* qui formeraient un infinitif
de verbe si l'on en changeait les dernières lettres. (D'abond*ant* on ferait l'infinitif abond*er*; de cour*ant* on ferait l'infinitif cour*ir*, etc.)

No 5, son *é*.   —— No 9, son *i*.   —— No 13, son *ou*.

Faire continuer l'analyse ; — puis conjuguer : *prier, se coudoyer, s'attendrir.*

183e THÈME.
A faire comme le 181e.

Pli– les genoux ; bon! Si vous vous *pli*– un peu plus habituellement (cc), vous n'auriez pas tant de raideur.

Avant que vous *extray*– le jus de cette orange, il faudra que
nous en *cueill*– une ou deux autres sûrement (cc).

Nous *tri*– maintenant nos fruits avec un soin minutieux, nous
ne les *tri*– pas aussi soigneusement autrefois.

Ne *clign*– pas comme vous le faites à chaque moment, cela est
disgracieux.

184e THÈME.

Lorsque vous *souri*–gracieusement (cc) hier à la petite *Aspas*-9,
cette enfant *gât*-5 vous faisait la *m*-13 ; ne lui *souri*– plus,
et *pri*– Dieu pour elle.

Je n'aime pas que vous *tutoy*– inconsidérément (cc) des
enfants que vous *voy*– pour la première fois, ni que vous vous
li– avec eux ; néanmoins, je ne veux pas que vous vous *refro-
gn*–, ni que vous leur *montri*– un visage maussade.

Faut-il que nous *nettoy*– toutes les *malpropret*-5 que vous
faites dans vos jeux ? Que nous *balay*– vos *m*-9 de pain?

185e THÈME.

Quand en pension vous vous *brouill*– avec vos camarades,
vous *réconcili*––vous promptement (cc)? je suis curieux de
le savoir.

Pourquoi *fuy*– vous ce matin de mon appartement? petit sauvage! ne me *fuy*– donc pas ainsi. Quoi! vous *fuy*– encore?

Ce matin, Jacquelin et moi, nous *épi*– attentivement un lape-
reau que nous *croy*– pouvoir tuer facilement.

Résign– nous ; quand Dieu permet que nous ayons quelque
tourment, il veut que nous nous *résign*– .

(cc) PHRASE-TYPE. *Le* from**ent** *est la meilleure espèce de blé.*

Les mots qui finissent en *man* s'écrivent par *ment.*

242e Dictée (ou Copie).

Dans toutes les dictées de cette vingt-huitième leçon, indiquer abréviativement (par les chiffres 3, 4, 5 ou 6) sous chaque mot-verbe de la 1re et de la 2e personne du pluriel auquel de ces quatre groupes il appartient;—et y séparer la terminaison par une ligne verticale |.

Faut-il que vous *suppliiez* ce vaurien afin que sa fureur se calme? mais, je vous en prie, ne le *suppliez* pas.

Nous *liions* un bouquet de pois de senteur lorsque vous entriez; aidez-nous; *liez*-le, ou *liez*-en un autre.

Témoignez bien à votre tante l'inquiétude que vous avez eue pendant sa maladie; je désire que vous la lui *témoigniez* dès aujourd'hui, ma Cornélie.

243e Dictée (ou Copie).

Dieu veut que nous *priions* pour tous les hommes qui sont nos frères, et que nous l'*invoquions* et le *suppliions* même pour nos ennemis.

Nous nous *distrayons* beaucoup aujourd'hui en peignant cette fleur, je souhaite que vous vous *distrayiez* autant en la cultivant.

Vous *bâilliez* hier en prenant votre leçon de géographie, aujourd'hui vous *bâillez* encore, cela m'ennuie; ne *bâillez* plus: vous me comprenez, je ne veux pas que vous *bâilliez* en travaillant.

244e Dictée (ou Copie).

Vous *étudiiez* l'hiver dernier la chronologie des rois de France avec une ardeur excessive, parce que vous *croyiez* avoir de bonnes places au cours; *étudiez*-la aussi bien maintenant pour me faire plaisir.

Nous *effrayions*-nous hier lorsque la souris grignotait du papier dans votre armoire? Pourquoi voulez-vous que nous nous *effrayions* maintenant? Nous ne nous *effrayons* pas pour si peu de chose.

Notre maître exige que nous *travaillions, travaillons* donc pour le contenter.

245ᵉ Dictée (ou Copie).

SÉRAPHIE. Maman, je m'ennuie; Albert s'ennuie aussi.

ALBERT. Oh oui! je crois que nous nous *ennuyons* aujourd'hui plus encore que nous ne nous *ennuyions* hier; nous sommes bien malheureux.

LA MÈRE. Savez-vous ce qu'il faut que vous *fassiez* pour que vous ne vous *ennuyiez* plus ni l'un ni l'autre?

ALBERT ET SÉRAPHIE. Quoi donc, maman, quoi donc?

LA MÈRE. Il faut que vous *travailliez* avec beaucoup de zèle et de courage, et ensuite que vous *jouiez* et vous *récréiez* sans vous disputer ni vous taquiner jamais.

ALBERT. Mais, maman, lorsque je contrarie Séraphie ou Ludovic c'est pour m'amuser, nous ne nous en voulons pas : tu as vu comme nous *riions* de bon cœur quand tu es entrée.

LA MÈRE. Joli amusement, en effet! tu cries, elle pleure, je gronde... Voilà qui est fort distrayant!...

246ᵉ Dictée (ou Copie). *Suite.*

LA MÈRE. Mes petits enfants, je veux que vous vous *liiez* de plus en plus, je défends donc que vous *guerroyiez* jamais ensemble; et comme c'est l'oisiveté qui amène toujours les disputes, j'exige que vous *employiez* bien tous vos moments.

ALBERT. Maman, que faut-il faire pour que nous les *employions* comme tu le désires?

LA MÈRE. Il faut que dès que vous êtes levés vous *priiez* le bon Dieu, n'*oubliez* jamais cela ; il faut ensuite que vous *étudiiez* la géographie, l'histoire sainte, et la chronologie, que vous *copiiez* vos devoirs d'orthographe, en soignant votre écriture, car je veux que vous la *rectifiiez* : je permets que vous *jouiez* et vous *distrayiez* ensuite, mais sans cris et sans disputes surtout.

247ᵉ Dictée (ou Copie).

EDMOND ET GUSTAVE. Maman, nous voudrions bien ne concourir ni en dictée ni en chronologie avec Valentine; nous la *croyons* très-forte, nous nous *méfions* de nous, et nous *craignons* de ne pas te faire honneur.

MADAME DORVAL. Ecoutez, si vous vous *croyiez* les plus forts, vous concourriez sans faire aucune réflexion; par conséquent refuser de concourir ce serait montrer de l'orgueil, et l'orgueil est un vice affreux : d'ailleurs, à la vérité, Valentine savait parfaitement toute sa petite chronologie quand vous en *balbutiiez* à peine la première page; et lorsque vous *orthographiiez* très-mal encore, elle orthographiait déjà fort passablement : mais depuis plusieurs mois que vous *travaillez* exactement, et que vous vous *appliquez*, vous avez fait de grands progrès.

248ᵉ Dictée (ou Copie). *Suite.*

EDMOND ET GUSTAVE. Ainsi, maman, tu trouves que nous *travaillons* bien, et que si nous *craignons* par trop Valentine, nous nous *effrayons* à tort.

MADAME DORVAL. Oui, mes bons amis, et je vous l'avouerai avec une vraie satisfaction; je pense donc qu'il ne faut pas que vous vous *méfiiez* de vous, ni que vous *craigniez* par trop : je suis même persuadée d'une chose; c'est que si vous ne vous *coudoyiez* ni ne vous *distrayiez* jamais, si vous vous *identifiiez* avec vos professeurs et vos études, si vous *appliquiez* à chaque mot les règles que vous avez étudiées, si vous *employiez* enfin toute votre ardeur, et si vous *fixiez* votre esprit lorsque vous *travaillez*, vous pourriez être fort bien placés l'un et l'autre dans le concours. *Ayez* donc bon courage; ne *craignez* point, *appliquez*-vous, et je vous récompenserai de vos efforts, *croyez*-le bien.

VINGT-NEUVIÈME LEÇON.

1° DES TERMINAISONS DU VERBE EN *ER* AU PASSÉ PÉRIODIQUE (PARFAIT) INDICATIF (GROUPE 7°).

Faire continuer les analyses expliquées ; — puis faire conjuguer : *pendre, tondre, s'assortir, nourrir, endommager, envoyer.*

PHRASES-TYPES.

1° *En voyant la fourmi j'amassai pour jouir.*
2° *Tu pensas,... tu parlas,*
3° *La parole acheva ta pensée.*
4° *Nous vidâmes quatre pots de bière.*
5° *C'est là que vous daignâtes nous recevoir.*
6° *Les Israélites errèrent dans le désert.*

TERMINAISONS DU PASSÉ PÉRIODIQUE INDICATIF (GROUPE 7°) POUR LES VERBES EN ER.

RÈGLE XXXII°.

1° Tout verbe en *er* au passé pér. ind. (*gr.* 7°) finit par *AI* (1)   quand il est aj. à *JE* 1re personne du singulier).

2° Tout verbe en *er* au passé pér. ind. (*gr.* 7°) finit par *AS*   quand il est aj. à *TU* (2e personne du singulier).

3° Tout verbe en *er* au passé pér. ind. (*gr.* 7°) finit par *A*   quand il est aj. : à *IL,* à *ELLE,* à *ON,* etc., ou à un substantif-absolu (3e personne du singulier).

4° Tout verbe en *er* au passé pér. ind. (*gr.* 7°) finit par *ÂMES*   quand il est aj. à *NOUS* (1re personne du pluriel).

5° Tout verbe en *er* au passé pér. ind. (*gr.* 7°) finit par *ÂTES*   quand il est aj. à *VOUS* (2e personne du pluriel).

6° Tout verbe en *er* au passé pér. ind. (*gr.* 7°) finit par *ÈRENT* quand il est aj. à *ILS,* à *ELLES,* etc., ou à un substantif absolu (3e personne du pluriel).

(1) La (ou l'é) qui commence ces terminaisons ne se retrouve dans aucun verbe en *ir*, en *re*, en *oir*.

No 2, son *a*.	— No 8, son *e* (*e* muet). —	No 12, son *u*.
No 5, son *ĕ*.	— No 9, son *i*. —	No 15, son *oi*.

186ᵉ THÈME.

Copier et déchiffrer ; — puis séparer par une ligne verticale | les terminaisons
du reste du mot-verbe. *Ex.*: je puis | ai.

Je *puis*-5 de l'eau abondamment (DD) à cette source.

Je vous *expliqu*-5 suffisamment (DD) ces règles.

Evidemment (DD) tu *jou*-2 trop longtemps hier.

Le chevreau *frapp*-2 violemment (DD) *Euphras*-9.

Nous *laiss*-2-*m*-8 (1) vos cheveux flotter négligemment (DD).

Vous *achet*-2-*t*-8 (1) ces nopals pour orner votre serre.

Cyprien et Marc *jouèr*-8 hier constamment à la paume, et *gagnèr*-8 aux mains d'horribles cals.

187ᵉ THÈME.

Copier et déchiffrer ; — puis appliquer les règles précédemment étudiées.

Tu *jet*-2 méchamment (DD) ces cailloux qui nous *blesser*-8.

Chacun de vous *parl*-2 obligeamment (DD) de ses condisciples.

Lorsque la vieille *Perpét*-12 *approch*-2 de la lice du *tourn*-15,
deux chevaliers élégamment *vêt*-12 se *mesurèr*-8.

Dans notre dernier voyage, nous *visit*-2-*m*-8 les lieux les plus
renomm-5 de la *Normand*-9, notamment les ruines de la
célèbre *abbay*-8 de Jumièges.

188ᵉ THÈME.

Les Français *s'avancèr*-8 vaillamment (DD) contre *l'ennem*-9.

Je *mange*-5 hier de ces choux que tu *cultiv*-2 si bien.

Nous *racont*-2-*t*-8-vous plaisamment cette anecdote !

N'*écout*-2-*m*-8-nous pas patiemment toutes tes doléances,
quand tu nous les *cont*-2 ?

Pélag-9 *saut*-2-*t*-elle au cou de sa petite *am*-9 lorsque tu la lui
amen-2 complaisamment de la pension ?

Témoin de ce malheur, Paul en *parl*-2 sciemment.

(DD) PHRASE-TYPE. Évide**mm**ent, *Léon se trompe* consta**mm**ent.

Les mots invariables en *amment* et en *emment* prennent tous *mm*
(deux *m*).

(1) Que l'élève n'oublie jamais l'accent circonflexe des mots en *âmes* et en *âtes*.

184 VINGT-NEUVIÈME LEÇON.

249e DICTÉE (OU COPIE).

Dans ces dictées, indiquer abréviativement le *nombre* et la *personne* de chaque verbe ;
— séparer par une ligne verticale | les terminaisons de tous les mots du passé pé-
riodique (ou *parfait*) ; — puis conduire un trait du sujet à son verbe.

Le petit Albin était un franc tapageur : son père qui
voyagea lui *rapporta* un jour de Paris le plus beau de
tous les tambours…. et, pendant huit jours entiers, cheval à bascule, fouets, trompettes, l'enfant *oublia* tout ;
avouons-le, il *négligea* même ses devoirs, et cela était
fort mal. Tu nous *cassas* la tête hier, lui dit enfin son
père, depuis plusieurs jours tu *oublias* tes promesses,
je te reprends le jouet, cause de ta désobéissance.

250e DICTÉE (OU COPIE). *Suite.*

Albin *pleura* très-fort, mais il ne *gagna* rien : alors
il *travailla* avec zèle, et il s'*appliqua* tant et tant que
son père lui dit : Lorsque tu *manquas* aux promesses que
j'*exigeai* de toi quand je t'*apportai* ton tambour, ta
mère et moi nous nous *trouvâmes* dans la nécessité de
te punir ; mais comme depuis quelques jours tu t'*effor-
ças* de nous contenter, je te rends celui de tes joujoux
que tu *aimas* jamais le mieux : cependant si tu désobéis-
sais encore !…. — Oh non, jamais, s'*écria* l'enfant.

251e DICTÉE (OU COPIE). *Fin.*

Albin s'*oublia* cependant ; alors le papa *prohiba* entièrement ce jeu, puis pour s'assurer de la docilité de
son fils, il *glissa* des pommes cuites sous le parchemin
du tambour qu'il *plaça* à la portée de l'enfant : Albin n'y
toucha pas d'abord : mais, hélas ! un jour qu'il était
seul, trois petits camarades *arrivèrent*…. — Ah vous
vous *moquâtes* hier de moi, leur dit-il, hé bien le voilà
mon tambour ! Aussitôt il s'en *empara*, *frappa* des deux
baguettes à la fois ; et…. Jugez des beaux éclats de
rire !…. son visage était tout arrosé de jus de pommes !

2° TERMINAISONS DU VERBE EN ER AU PASSÉ OU FUTUR (IMPARFAIT) SUBJONCTIF (GROUPE 8°).

(SUITE DE LA XXII° LEÇON).

PHRASES-TYPES.

1° Il me servait sans que je l'en priasse.
2° Il faudrait que tu le grondasses bien fort
3° pour qu'il se corrigeât.

4° Voudriez-vous que nous jouassions?
5° Je voudrais que vous me donnassiez ce bijou.
6° Dieu était avant que les cieux existassent.

TERMINAISONS DU PASSÉ OU FUTUR SUBJONCTIF (GROUPE 8°) POUR LES VERBES EN ER.

RÈGLE XXXIII°.

1° Tout verbe en er au passé ou fut. subj. (gr. 8°) finit par ASSE   quand il est aj. à JE (1re pers. du sing.)

2° Tout verbe en er au passé ou fut. subj. (gr. 8°) finit par ASSES   quand il est aj. à TU (2e pers. du sing.)

3° Tout verbe en er au passé ou fut. subj. (gr. 8°) finit par ÂT   quand il est aj. à IL, à ELLE, à ON, etc., ou à un substantif absolu (3e personne du singulier).

4° Tout verbe en er au passé ou fut. subj. (gr. 8°) finit par ASSIONS quand il est aj. à NOUS (1re pers. du plur.)

5° Tout verbe en er au passé ou fut. subj. (gr. 8°) finit par ASSIEZ   quand il est aj. à VOUS (2e pers. du plur.)

6° Tout verbe en er au passé ou fut. subj. (gr. 8°) finit par ASSENT   quand il est aj. à ILS, à ELLES, etc., ou à un substantif absolu (3e personne du pluriel).

Nº 2, son *a*.	— — Nº 6, son *eu*.	— — Nº 9, son *i*.
Nº 5, son *é*.	— — Nº 8, son *e* (*e* muet).	— — Nº 18, son *on*.

189ᵉ THÈME.

Copier et déchiffrer ; — puis séparer par une ligne verticale ( ) les terminaisons du reste du mot-verbe. *Ex.*: que je *cherch* | *asse*.

Il fallait que je *cherchass*-8 un lieu commode (EE) pour m'y établir et que tu m'*aidass*-8 à le trouver, afin que la fatigue ne m'*incommod*-2 (1) (EE) pas trop.

On voulait que nous *jouassi*-18 (EE) devant nos grands parents le commencement de notre *symphon*-9 en ut, et que vous nous *accompagnassi*-5 (EE).

Il faudrait que les bœufs, les vaches, les brebis, tous les bestiaux enfin *commençass*-8 à rentrer dans leur étable; qu'Antoine et Grosjean les *ramenass*-8 promptement.

190ᵉ THÈME.

Copier et déchiffrer : — puis appliquer les règles précédemment étudiées.

Je désirerais que vous ne *communiquassi*-5 (EE) à personne le secret que je vous ai *dévoil*-5, et que le père de Célestine la *corrige*-2 (1) de son indiscrétion.

J'aimerais que nous *soulageassi*-18 les *infortun*-5 par commisération, mais je voudrais surtout que chacun les *aid*-2 pour plaire à Dieu qui nous recommande la *charit*-5.

On désirerait que je *contemplass*-8 de ce *li*-6 la lumière *bl*-6 et *voil*-5 de la lune.

191ᵉ THÈME.

Pourquoi ne voudrait-on pas que les Français *commerçass*-8 (EE) avec les Chinois comme avec les Indiens, ni que l'Europe leur *communiqu*-2 ses lumières?

Il ne faudrait jamais ni que tu *commandass*-8 avec cette hauteur au petit Léonard, ni qu'il *men*-2 son troupeau ailleurs que dans les communaux.

L'*honnêtet*-5 exigerait que je *traitass*-8 avec *civilit*-5 ces ennuyeux commensaux.

(EE) PHRASE-TYPE. *Dieu com**m**ande au soleil d'animer la nature.*

Les mots en *comm* s'écrivent avec *mm* (deux *m*).

(1) Que l'élève n'oublie jamais l'accent circonflexe dans les mots en *ât*.

252ᵉ Dictée (ou Copie).

Indiquer le *nombre* et la *personne* des verbes, etc.; — séparer les terminaisons de tous les mots du passé ou futur du subjonctif; — et rattacher chaque verbe à son sujet.

Quelque chose que j'*exigeasse* de toi, Virginie, ou même que je te *demandasse* simplement, j'aimerais que tu t'*habituasses* à la faire tout de suite, et sans prendre le temps de réfléchir; je voudrais encore que tu *pensasses* sérieusement à t'instruire, que tu t'*appliquasses* à toujours bien apprendre tes leçons, et que jamais tu ne *jouasses* que lorsque tous tes devoirs seraient finis; alors, quelque chose qui *arrivât*, tu ne craindrais ni qu'on te *grondât*, ni que ta mère et moi nous t'*éloignassions* de nous pour le temps de tes études, ni que tes professeurs te *désignassent* à tes petites compagnes comme une enfant inappliquée, ni qu'ils t'*accablassent* de pensums.

253ᵉ Dictée (ou Copie).

THÉRÈSE. Ma tante Sophie, je voudrais bien que tu me *menasses* aux Tuileries, et que tu *emmenasses* Louise, Hélène, Eugénie et Mathilde, afin que nous nous *amusassions* toutes ensemble, que nous *sautassions* à la corde, que nous *roulassions* nos cerceaux, et que nous *dansassions* des rondes avec toutes nos petites compagnes.

LA TANTE. Je ne demanderais pas mieux, ma chère petite, mais il fait bien chaud à cette heure; si nous sortions maintenant j'exigerais que vous *restassiez* assises sur vos chaises comme les mamans, parce que je craindrais que vous ne vous *échauffassiez* en courant, que vous ne *transpirassiez* outre mesure; puis que, par suite d'un refroidissement, deux ou trois d'entre vous ne s'*enrhumassent*, que vous ne vous *enrhumassiez* même (*inv.*) toutes les cinq, ou bien encore qu'une de vous ne *gagnât* une fluxion de poitrine : attendons à ce soir; je vous emmènerai, et vous permettrai de jouer.

N° 2, son *a.* ── N° 5, son *é.* ── N° 8, son *e* (e muet). ── N° 9, son *i.*

192ᵉ THÈME.

(Récapitulation des six précédents. — A faire comme le 186ᵉ et le 189ᵉ.)

Je voudrais qu'on s'*occup*-2 de pendre (FF) ces raisins dans mon fruitier, et qu'on ne *cherch*-2 pas à en suspendre (FF) ailleurs.

Nous nous *plaç*-2-*m*-8 dans le belvédère, afin de voir les bestiaux descendre (FF) de la colline.

Un agneau s'*éloign*-2 de sa mère et fit entendre (FF) des bêlements plaintifs, aussitôt le chien du berger s'*élanç*-2 vers lui afin qu'il *regagn*-2 le troupeau.

193ᵉ THÈME.

Je désirerais, Herman, que tu ne *parlass*-8 pas toujours de vaincre et de pourfendre (FF); et qu'une humiliation bien *mérit*-5 te *corrige*-2 de tes continuelles *vanter*-9, comme la défaite qu'il *éprouv*-2 l'an *pass*-5 *corrige*-2 César des siennes.

Nous *vis*-2-*m*-8 l'un et l'autre à un but différent.

Tu *rest*-2 sur cette butte en butte aux traits de l'*ennem*-9.

Hé quoi! vous *command*-2-*t*-8 qu'on *employ*-2 des oignons et des aulx pour assaisonner ce ragoût? mais je ne puis comprendre quels étonnants régals vous nous *prépar*-2–*t*-8!

194ᵉ THÈME.

Pour condescendre (FF) aux désirs de mes parents qui voulaient que tous leurs fils *parlass*-8 l'allemand, j'*étudi*-5 avec ardeur cette langue, quoique je *désirass*-8 d'en apprendre une autre, comme je vous l'*avou*-5 l'an *pass*-5.

Je désirerais que vous *appréciassi*-5 les beaux coraux, et surtout les magnifiques émaux qu'on *charge*-2 Louis de vendre.

Lorsque vous *entr*-2-*t*-8 dans le bois pour détendre votre arc, et que votre jockey *lanç*-2 deux flèches contre des servals, croyez-vous qu'il en *tu*-2 un?

(FF) PHRASE-TYPE. *Un malheureux s'imagina qu'il ferait bien de se* pendre.

Les verbes en *endre* s'écrivent presque tous avec en.

254e Dictée (ou Copie).

Dans toutes les dictées qui suivent, indiquer abréviativement (par un 7 ou un 8) sous chaque mot du passé (*parfait*) indicatif ou du futur ou passé (*imparfait*) subjonctif auquel de ces deux temps (ou groupes) il appartient.

Berthe, tu le sais, hier je me *privai* pour toi de sommeil et de repos, je me *levai* de grand matin pour que ta bonne *t'habillât* sous mes yeux, avec soin et promptitude, afin que tu *arrivasses* à l'heure convenue au rendez-vous qu'Angèle et Théonie t'avaient donné; tu *jouas* toute la journée aux mille jeux que tes petites amies *inventèrent* pour te récréer, et tu *t'amusas* beaucoup certainement : je voudrais bien qu'aujourd'hui tu me *dédommageasses* de ma sollicitude et de mes fatigues, et que ton application me *payât* de tous les sacrifices que je m'impose continuellement pour toi; il faudrait enfin que je *trouvasse* en ma fille la docilité, la soumission, la tendresse que j'ai le droit d'attendre d'elle.

255e Dictée (ou Copie).

Nous *voguâmes* longtemps sans que la terre se *présentât* à nos regards, enfin notre navire *aborda* dans un pays si extraordinaire que je ne croyais pas qu'il en *existât* un semblable : c'était une île de sucre avec des montagnes de compote, des rochers de meringues et de gaufres, et des rivières de sirop : toi qui *voyageas* beaucoup, aurais-tu pensé que de semblables choses *existassent*? Quoique je m'y *amusasse*, je la *quittai* bientôt, parce qu'on m'*assura* qu'il y avait à dix lieues une autre île renfermant des mines de jambons, de saucisses, et de ragoûts poivrés, avec des ruisseaux de sauces à l'oignon; j'y *allai*.... Oh combien j'aurais voulu que vous m'*accompagnassiez*, mes amis, ou qu'un bon génie vous y *portât*! j'y *trouvai* des marchands qui se *présentèrent* à moi, m'offrant de l'appétit, afin que je *goûtasse* à tous ces mets; et je *passai* ma journée à faire douze repas!!!

256ᵉ Dictée (ou Copie).

Que tu es personnelle, ma Célie! il faudrait, me dis-tu, que je te *laissasse* jouer jusqu'à ce que ton petit frère *commençât* son travail; mais pense donc un peu : il est bien jeune, le pauvre petit Gaston : hé bien! hier je me *consacrai* toute à toi, hier ta bonne et moi nous nous *levâmes* de très-bonne heure pour que tu *t'amusasses*; lui, il se *leva* en même temps que nous, et il *resta* à la maison pendant que tu *allas* te distraire; il *travailla* pendant que toi et tes amies vous vous *promenâtes* et vous *récréâtes* tout un jour entier : il serait bien juste que ce matin il se *reposât*, et que tu *travaillasses*, toi; je voudrais même qu'il *jouât* et s'*amusât* aujourd'hui autant que tu *t'amusas* et *jouas* hier. Ne trouves-tu pas que cela est juste?

257ᵉ Dictée (ou Copie).

Lorsque, il y a deux ans, tu me *présentas* François, je *jugeai* sur le champ qu'il fallait qu'on lui *accordât* de prompts secours, et je *parlai* de lui afin que des âmes charitables nous *aidassent*; toi de ton côté tu *exposas* ses infortunes à tes frères, nous nous *chargeâmes* de lui, et dès lors chacun de vous *contribua* à cette bonne œuvre; tu te rappelles que tu lui *donnas* un pantalon et une veste, et que vous vous *engageâtes* à l'entretenir de vêtements, quelque somme qu'il vous en *coûtât* : Urbain et Ferdinand lui *donnèrent* des leçons, quand leurs devoirs leur en *laissèrent* le temps; cependant comme il était indispensable que François *étudiât* régulièrement, et que jamais je ne *pensai* le pouvoir garder chez moi, j'*appelai* mes amis à mon aide, et nous *trouvâmes* la somme nécessaire; il va entrer en pension, c'est pour son bien; laisse-le donc partir sans pleurer.

258ᵉ Dictée (ou Copie). *Vers.*

Écrivez : Tout l'auditoire s'*étonna*
Qu'il (le léopard) n'y *jetât* pas son bonnet...

FLORIAN.

PREMIÈRE VOIX.

Un enfant devant eux (les docteurs de la loi) s'*avança*...
  Il *parla*, les sages *doutèrent*
  De leur orgueilleuse raison,
  Et les colonnes l'*écoutèrent*,
  Les colonnes de Salomon !....

DEUXIÈME VOIX.

Comment disparut-il de la foule ravie?

PREMIÈRE VOIX.

  Il *rentra* dans l'obscurité ;
Dans les humbles travaux d'une vie inconnue...
Il se *cacha* vingt ans dans son humilité...,

A. DE LAMARTINE.

259ᵉ Dictée (ou Copie). *Vers.*

 Dieu dit à l'homme : Tu *pensas*....
Tu *parlas*; la parole *acheva* ta pensée,
  Et j'y *gravai* mon nom.
  Tu m'*adoras* dans ma puissance,
  Tu me bénis dans mon bonheur,
  Et tu *marchas* en ma présence
  Dans la simplicité du cœur.

La faim détruisit tout; il ne *resta* personne
De la gent marcassine et de la gent aiglonne
  Qui n'*allât* de vie à trépas.

Un d'eux... (de ceux à qui l'on offrait une ferme)
Promit d'en rendre tant, pourvu que Jupiter
  Le *laissât* disposer de l'air,
  Lui *donnât* saison à sa guise.

| No 4, son *è*. | —— | No 9, son *i*. | —— | No 16, son *an*. |
| No 5, son *é*. | —— | No 15, son *oi*. | —— | No 17, son *in*. |

TRENTIÈME LEÇON.

DES TERMINAISONS DU VERBE NON EN *ER*, AU SINGULIER DU PRÉSENT INDICATIF (GROUPE 3ᵉ).

Faire continuer les analyses expliquées ; — puis faire conjuguer : *entendre, mordre, rompre, s'amoindrir,* etc.; — enfin faire copier au Supplément le verbe *recevoir*.

PHRASES-TYPES.

1° *Je* frémi**s** *d'indignation.*

2° *Tu te* résou**s** *à rester ici.*

3° *On* voi**t** *la rougeur du misérable.*

RÈGLE XXXIVᵉ.

1° Tout mot d'un verbe *non en ER* au prés. ind. (gr. 3ᵉ) finit par *S* quand il est ajouté à *JE*.

2° Tout mot d'un verbe *non en ER* au prés. ind. (gr. 3ᵉ) finit par *S* quand il est ajouté à *TU*.

3° Tout mot d'un verbe *non en ER* au prés. ind. (gr. 3ᵉ) finit par *T* quand il est ajouté à *IL*.

195ᵉ THÈME.

Copier et déchiffrer ; — puis écrire entre parenthèses après chaque verbe déchiffré l'infinitif dont il est formé, *ex.* : je sai | s, *(savoir)*; et toujours séparer les terminaisons du reste du verbe.

Je ne *s*-5 quels jeux inventer (GG) pour vous plaire.

Je te *d*-9 de ne pas tourmenter ainsi les animaux.

Martin, je te *déf*-16 de fréquenter les bals publics, or tu ne *d*-15 pas le faire.

Tu *vi*-17 d'impatienter ton professeur, et de mentir (GG).

On nous *f*-4 pressentir que le cafier *dépér*-9 hors de la serre chaude, et qu'on *d*-15 le laisser toujours à l'abri du vent.

(GG) PHRASE-TYPE. *Sans* men**t**ir, *dis-moi qui tu* fréque**n**tes, *et je te dirai qui tu es.*

Beaucoup de verbes en *enter* et en *entir* s'écrivent avec *en* (comme les verbes en *endre*).

No 4, son *è*.	—	No 9, son *i*.	—	No 16, son *an*.
No 5, son *é*.	—	No 13, son *ou*.	—	No 17, son *in*.
No 6, son *eu*.	—	No 15, son *oi*.	—	No 30, son *r*.

196e THÈME.
A faire comme le 195e.

Ta guenon est à peindre (HH); tu *r*–9 de sa grimace, n'est-ce pas?
Je *cr*–15 atteindre (HH) enfin le but de mes désirs.
Un pompier *vi*–17 pour éteindre (HH) l'incendie.
Je *v*–15 que tu te *rés*–13 à faire teindre ce ruban.
On ne *d*–15 jamais feindre ce qu'on ne *ress*–16 pas, Noel.
Tu t'*ém*-6 trop pour faire enceindre ta propriété.
Je *v*–4 essayer d'ay eindre seule mon linge.

197e THÈME.

Où chercher, où trouver l'auteur de ma naissance,
Celui par qui je *v*-9, je *s*–16, j'*ent*–16, je *v*–15,
Qui m'a fait ce bonheur qu'à peine je *conç*–15?
— Que *f*-4-tu dans ce bois, plaintive tourterelle?
— Je *gém*-9, j'ai perdu ma compagne fidèle.
— Ne *cr*–17-tu pas que l'oiseleur
Ne te fasse périr comme elle?
— Si ce *n*'-4 lui, ce sera ma douleur.

198e THÈME.

Ignorante du monde avant de le quitter,
Je ne le *h*-4 point....
Souvenirs du bonheur, que voulez-vous de moi?
Que vous *se*-30 de troubler ma retraite profonde?
Ici la *charit*-5 *rempl*-9 mes chastes heures,
Je *nourr*-9 l'orphelin d'espérances meilleures...
Je *f*-4 souvent du bien pour avoir du plaisir.

(HH) PHRASE-TYPE. *Jamais, s'il* (l'ours) *me veut croire, il ne se fera* **pein**dre.

Les verbes terminés en *indre* s'écrivent presque tous par *eindre*.

194 TRENTIÈME LEÇON.

260ᵉ Dictée (ou Copie).

E. **Dans ces dictées, séparer les terminaisons, indiquer abréviativement le *nombre* et la *personne* des verbes, et les unir à leurs sujets.**

OLYMPE. Ma tante, je *sais* parfaitement mes fables, je *fais* tous mes verbes sans faute, je *comprends* très-bien la grammaire, et je *couds* aussi bien qu'Artémise, elle me le *dit* souvent.

LA TANTE. Ma petite Olympe, tu *dis* toujours : Je *fais* ceci très-bien ; je *comprends* cela parfaitement : *sais*-tu qu'il *est* fort sot de se vanter ainsi, que cela *déplaît* à tout le monde, et *rend* ridicule ? D'ailleurs, tu n'*es* pas aussi habile que tu le *crois* ; tu *fais* très-souvent des fautes tout à fait grossières dans tes dictées ; il *faut* qu'on te prépare toutes tes coutures, et tu ne *sais* rien tailler ; enfin, tu ne *rends* aucun service à ta mère dans la maison : tu *vois* que tu as beaucoup à apprendre.

261ᵉ Dictée (ou Copie).

Deux grands fleuves rivaux, le Nil et le Gange, se présentèrent devant Neptune pour disputer le premier rang : Je *viens*, *dit* le Nil, des climats brûlants dont les mortels n'osent pas même approcher, je *fais* délicieuse et puissante l'Égypte où je *répands* l'abondance ; au lieu que mon adversaire *sort* des terres sauvages et glacées des Scythes, et *aboutit* à une mer qui ne *voit* que des barbares : confondez, Dieu puissant, son orgueil et sa témérité. — C'*est* la vôtre qui *doit* être confondue, *repart* le Gange : comme vous, je *descends* de montagnes élevées, je *parcours* de vastes contrées, et je les *enrichis* ; comme vous je *reçois* le tribut de beaucoup de rivières ; et, ce que vous n'avez pas, je *fournis* aux mortels de l'or, des perles, des diamants... cependant je ne *prétends* à la primauté que lorsque j'aurai pu rendre heureux les mortels qui habitent mes bords....

DES TERMIN. DU PRÉS. INDIC. DANS TOUS LES VERBES.

RÉCAPITULATION DES RÈGLES XXVI ET XXXIV.

1° *Je* balbuti**e** *des excuses,* — *et je* frémi**s** *d'indignation.*

2° *Tu* jou**es**, *par conséquent* — *tu te* résou**s** *à rester ici.*

3° *On* renvoi**e** *ce fourbe, mais…* — *on* voi**t** *sa rougeur.*

4° *Nous nous* appliqu**ons** *et nous* réussiss**ons**,… etc.

· Pages 155 et 192.

REMARQUE. Les terminaisons du gr. 3ᵉ sont :

AU SINGULIER

dans les verbes en *er* :	dans les verbes non en *er* :
E	*S*
ES	*S*
E	*T*

AU PLURIEL
dans tous les verbes :

ONS
EZ
ENT

Or, il faut, quand on écrit un mot du singulier du présent indicatif (*groupe* 3ᵉ) rechercher toujours comment finit à l'infinitif le verbe dont il dépend ; — sans cette précaution, on ne serait jamais sûr de lui donner la terminaison convenable.

199ᵉ THÈME.
A faire comme le 195ᵉ.

Quand je m'*ennu*-9 de ne rien faire, je *l*-9.

Dès que je *v*-15 le soleil briller, j'*env*-15 Clara au parc.

Tu *empl*-15 de l'indigo, je *cr*-15, pour teindre ton drap ?

Lorsque tu *abs*-13 un accusé, le *l*-13-tu quelquefois ?

Artus se *sacrif*-9 pour l'ami qui lui *nu*-9.

Gilbert *pa*-30, tu *so*-30 ; et moi j'*e*-30 seul ici.

Là, naguère, une pauvre fille

Me disait en pleurant : Dieu *fin*-9 mes malheurs.

No 4, son *è*. ——	No 9, son *i*. ——	No 16, son *an*.
No 5, son *é*. ——	No 15, son *oi*. ——	No 30, son *r*.

200ᵉ Thème.
A faire comme le 195ᵉ.

Je *conf*-9 des prunes, et je te les *conf*-9.

Rosa se *divert*-9 beaucoup de vos jeux enfantins, et elle s'*ennu*-9 quand il lui faut faire la demoiselle.

Bonaventure serait-il envieux? il m'*env*-15 demander tout ce qu'il *v*-15 de nouveau.

Donnez, peu me *suff*-9, je ne *su*-9 qu'un enfant,

Un petit sou me *r*-16 (II) la *v*-9.

Pendant que je *l*-9 mes fleurs, Léopoldine me *l*-9 une belle pièce de *poés*-9, et mes petites *am*-9 *r*-9.

201ᵉ Thème.

Chacun *r*-4 son papier comme cela lui *pl*-4.

Quoi! personne, ó mon Dieu! n'*ent*-16 (II) notre prière!

Bathilde, tu te *pa*-30 trop élégamment; le jour où tu *pa*-30 de ton pays *d*-15 être un jour de tristesse.

Cr-15-on vaincre avec des troupes qu'on *soud*-15?

Habituellement je *rel*-9 chaque matin du Boileau; dans ce moment je ne *pu*-9 en relire, le relieur me *rel*-9 ce livre.

202ᵉ Thème.

Je *p*-4 comptant tout ce que je *f*-4 faire.

Hè quoi! mon fils m'*écr*-9 une lettre aussi sèche! s'*écr*-9 avec douleur ce père *infortun*-5.

Anne, ma sœur Anne, ne *v*-15-tu rien venir? — Je ne *v*-15 rien que l'herbe qui *verd*-15 (de verdoyer), et la poussière qui *poudr*-15 (de poudroyer, vieux mot); on n'*ent*-16 (II) rien non plus; *ent*-16-tu quelque chose?

(II) Phrase-type. *Elle* (l'hirondelle) *bâtit un nid*, pon**d**.... *fait éclore....*

La plupart des verbes en *dre* ont un *d* au lieu d'un *t* au troisième mot du présent indicatif (*groupe* 3ᵉ).

262e DICTÉE (ou COPIE).

Dans toutes les dictées qui vont suivre, unir tous les verbes à leurs sujets; — puis mettre entre parenthèses l'infinitif dont chaque verbe est formé, et séparer les terminaisons du reste du verbe.

Doreur, mon ami, tu *dors* les yeux ouverts, tu *perds* plus d'or que tu n'en *emploies; est*-ce que tu ne t'*aperçois* pas combien ce que tu *dores* est mal doré? *espères*-tu que ton maître sera content de toi ?

Je *finis* à l'instant ma bourse, et je t'en *gratifie*.

Pendant que le relieur *relie* mes livres, son fils les *lit* et les *relit;* je *crois* qu'il *emploie* fort mal son temps, il ferait mieux d'aider son père.

263e DICTÉE (ou COPIE). *Vers et prose.*

Peu de gens que le Ciel *chérit* et *gratifie.*
Ont le don d'agréer infus avec la vie.

Quand je *joue* avec mes petites amies, je m'*amuse* tellement que je me *résous* à grand'peine à les quitter.

Je *serre* avec grand soin l'arrosoir dont je me *sers* ici.

Lorsque tu *remues* beaucoup, tu *sues* et tu t'*affaiblis;* je m'*évertue* en vain à te le dire.

Hilaire me *déplaît* bien, lorsqu'il n'*essaie* pas même de commencer son devoir, et qu'il *fait* une moue d'une aune.

264e DICTÉE (ou COPIE). *Vers.*

On me *dit* que toi (*Dieu*) tu *produis*
Les fleurs dont le jardin se *pare.*

Elle (*la tortue*) *part* , elle s'*évertue,*
Elle se *hâte* avec lenteur.

Je *pars* ,
Déjà de toutes parts
La nuit sur nos remparts
      Étend (II p. 196) ses ombres
      Sombres.

265e DICTÉE (ou COPIE).

Est-ce que vous aimez le petit Polydore? l'insupportable enfant! Savez-vous ce qu'il *fait* lorsqu'il *vient* passer ici la journée et qu'on le *contrarie*? Il *saisit* avec emportement les joujoux de Joseph, et il les *lance* violemment à l'autre extrémité de la chambre; ou bien il les *brise* en éclats, il les *broie* sous ses pieds; il les *détruit :* or apprenez de quel moyen je me *sers* pour le punir. Dès que je m'*aperçois* que son accès de colère *commence*, j'*envoie* reprendre les jouets, et je les *serre* sous les verrous; oh alors il se *reconnaît* et *avoue* sa faute; alors il me *prie* et me *supplie* à mains jointes de les lui faire aveindre, mais je *suis* inflexible; je ne les *sors* de leur cachette et ne les lui *rends* qu'après plusieurs heures de sagesse.

266e DICTÉE (ou COPIE).

Et la paresseuse Fanchette? oh! voilà encore une enfant bien peu raisonnable! depuis un mois elle *étudie* la géographie, et elle *écrit;* mais à peine se *met*-elle à l'ouvrage qu'elle s'*écrie :* Maman, je *sue!* j'*étouffe!* le mal de tête me *prend!* je t'en *supplie*, dispense-moi de ma tâche aujourd'hui, aujourd'hui seulement : si tu *agrées* ma demande, tu verras avec quel zèle je travaillerai demain! Cependant c'*est* en vain que la paresseuse *essaie* de fléchir sa mère, et qu'elle *fait* toutes ses simagrées, madame de Francheville *tient* bon, elle *emploie* même parfois la sévérité; Fanchette *doit* donc finir sa tâche, mais c'*est* bien malgré elle; aussi Dieu *sait* combien de fois elle *bâille* en la faisant! Toutes ses petites amies rient de pitié, et la bafouent; mais personne ne *rit* plus à ses dépens que son malin petit frère.

267ᵉ Dictée (ou Copie). *Vers.*

L'ÉCOLIER ET L'ABEILLE.

Un tout petit enfant s'en allait à l'école...
Il *pleure*, et *suit* de loin une abeille qui *vole*.
Abeille, lui *dit*-il, voulez-vous me parler?
Moi, je *vais* à l'école; il *faut* apprendre à lire,
Mais le maître *est* tout noir, et je n'*ose* pas rire.
Voulez-vous rire, abeille, et m'apprendre à voler?
—Non, *dit*-elle, j'*arrive*, et je *suis* très-pressée.
J'avais froid; l'aquilon m'a longtemps oppressée :
Enfin, j'ai vu les fleurs, je *redescends* du ciel,
Et je *vais* commencer mon doux rayon de miel....
Vite, vite à la ruche! on ne *rit* pas toujours :
C'*est* pour faire le miel qu'on vous *rend* les beaux jours.
Elle *fuit* et se *perd* sur la route embaumée.

268ᵉ Dictée (ou Copie). *Suite.*

L'ÉCOLIER ET L'HIRONDELLE.

Une hirondelle *passe*, elle *effleure* la joue
Du petit nonchalant qui s'*attriste* et qui *joue;*
Et...
Fait tressaillir l'écho qui *dort* au fond du bois.
Oh! bonjour, dit l'enfant... Oh! bonjour, hirondelle...
Jouons. — Je le voudrais, *répond* la voyageuse,
Car je *respire* à peine, et je me *sens* joyeuse;
Mais... je ne *puis* jouer...
J'*emporte* un brin de mousse...
Nous allons relever nos palais dégarnis :
L'herbe *croît*... Maintenant, fidèle messagère,
Je *vais* chercher mes sœurs, là-bas sur le chemin.
Ainsi que nous, enfant, la vie *est* passagère;
Il *faut* en profiter, je me *sauve*.... à demain!

Mᵐᵉ DESBORDES-VALMORE.

Nº 4, son *è*.	——	Nº 12, son *u*.	——	Nº 16, son *an*.
Nº 5, son *é*.	——	Nº 13, son *ou*.	——	Nº 17, son *in*.
Nº 9, son *i*.	——	Nº 15, son *oi*.	——	Nº 30, son *r*.

TRENTE ET UNIÈME LEÇON.

DES TERMINAISONS DES VERBES NON EN *ER* AU SINGULIER DU FUTUR IMPÉRATIF (GROUPE 4ᵉ).

Faire continuer les exercices d'analyse ;—puis faire conjuguer : *apercevoir, concevoir, vendre, corrompre, intervertir ;*—et copier *être* deux fois.

PHRASE-TYPE. *Ne t'*endors *pas.*

RÈGLE XXXVᵉ. Tout mot d'un verbe *non en ER* au futur impératif (*gr.* 4ᵉ) finit par *S* lorsqu'il a rapport au mot *TOI* (pour *TU*) sous-entendu.

203ᵉ THÈME.

Copier et déchiffrer ; — séparer la terminaison, puis écrire entre parenthèses, après chaque mot-verbe, l'infinitif dont il est formé.

Obé-9 si tu veux qu'on t'obéisse un jour.

Fin-9 ce thème sans tarder, Madeleine.

Sais-9 par les ailes ce papillon qui veut s'enfuir.

Ne *concl*-12 jamais un *march*-5 sans réfléchir.

R-16 toujours le bien pour le mal, et n'*att*-16 que de Dieu la récompense de tes actions.

Ti-17, voilà mon fusil, *pr*-16 avec toi mon chien...

204ᵉ THÈME.

Et-17 sur le champ ta *boug*-9, elle va finir (1).

V-17 le désir *immodér*-5 que tu as de te conduire (1) toi-même.

Pr-16 les *bij*-13 d'Anna, et *m*-4-les sous les *verr*-13.

F-4 ce que dois, advienne que pourra.

Cr-15 les personnes qui cherchent à t'éclairer (1), et *reç*-15 leurs conseils avec reconnaissance.

Se-30-toi de ton esprit sans te prévaloir (1) de ce don.

Va où tu peux, *meu*-30 où tu dois.

---

(1) Rappelons-nous que l'infinitif du verbe finit toujours en *er*, en *ir*, en *re* ou en *oir*

269ᵉ Dictée (ou Copie).

Dans ces dictées, séparer les terminaisons; — indiquer abréviativement le *nombre* et la *personne* des mots-verbes, et les unir à leurs sujets.

Savez-vous ce qu'on entendait du matin au soir dans une maison où demeurait une petite fille appelée Bonne (elle était bien mal nommée cette enfant-là)? — Maman, *viens* écrire auprès de moi, je m'ennuie toute seule. — Louis, *cours* vite me chercher mon mouchoir, sur le banc blanc. — Suzanne, *tiens*-toi plus tranquille, ne *fais* pas de bruit quand je travaille. — Mais *finis*, te dis-je, Godefroy, ou bien *sors* d'ici sur-le-champ, tu me casses la tête avec tes vilains jeux de garçon. — Léontine, *rends*-moi tout de suite ma poupée. — Puis à un petit frère qui n'avait pas un an : *Dors* donc, Firmin; tes cris me fatiguent;... enfin à sa bonne : Héloïse, *viens*, *prends* mon châle, et *mets*-le-moi promptement;... *tiens*-le mieux; *aveins* mon tablier; *sers*-moi donc plus vite, je suis pressée... Ennuyée d'avoir essayé vainement de corriger la petite impérieuse, que fit sa mère? elle la mit en pension... Qui de vous, mes enfants, voudrait ressembler à la petite Bonne?

270ᵉ Dictée (ou Copie).

Tiens, *tiens*, Casimir! *vois* donc, la porte de la cage est ouverte!... Oh! ta jolie serine verte qui n'y est plus!... mais la voici sur la fenêtre du salon,... elle s'envole dans le parc; *cours* après elle, Oscar; *cours*, Laurent, *cours* donc!... Toi aussi, Casimir, *joins*-toi à tes amis; *prends* la petite allée, ne *fais* pas de bruit surtout en remuant des feuilles, *saisis* la serine par le corps, et *prends* garde de l'étouffer, tout en la tenant assez ferme... ou bien, plutôt, *sers*-toi de ton filet à papillons,... Ah! elle revient de ce côté : *attends*, *tiens*-toi tranquille.... Bon, la voilà rentrée ici, *reviens*.

9.

N° 4, son *è*.	——	N° 16, son *an*.	——	N° 27, son *n*.
N° 5, son *é*.	——	N° 18, son *on*.	——	N° 30, son *r*.
N° 9, son *i*.	——	N° 23, son *j*.	——	N° 31, son *l*.

DES TERMIN. DE L'IMPÉR. DANS TOUS LES VERBES.

RÉCAPITULATION DES RÈGLES XXVII ET XXXV.

1° Dor**e** *ce meuble,* — *et ne t'*endor**s** *pas.*

2° Pleur**ons** *et* gémiss**ons**, *mes fidèles amies,* *etc.*

Pages 158 et 200.

REMARQUE. Les terminaisons du gr. 4ᵉ sont :

AU SINGULIER

dans les verbes en *er* :   dans les verbes non en *er* :

»   »

E   *S*

»   »

AU PLURIEL
dans tous les verbes :

ONS
EZ

»

Or, il faut, quand on écrit un mot du singulier de l'impératif (*gr.* 4ᵉ), rechercher comment finit à l'infinitif le verbe dont il dépend ; — cette précaution est indispensable pour donner au verbe la terminaison convenable.

205ᵉ THÈME.

Copier et déchiffrer, placer l'infinitif entre parenthèses ;— puis séparer les terminaisons.

Rent-30 sur-le-champ, et ne *so*-30 plus désormais sans permission ; ne *pe*-30 pas tes habitudes de *docilit*-5.

Céline, *pl*-9 ta robe et ton écharpe, et *l*-9 ensuite une fable.

Toi, Anna, *f*-4 ta page d'écriture, et *ess*-4 de me contenter.

Ent-16 d'abord, et *par*-31 après.

J'ai conservé sa peau (du blaireau) ; *m*-4-la dessus (1) la tienne,

Et *retour*-27 à la cour...

Ne *r*-18 point *l'amiti*-5 pour des fautes légères.

Ne *prolon*-23 pas mon effroi....

(1) Il fallait : *mets*-la sur la tienne.

Nº 4, son *è*.	——	Nº 15, son *oi*.	——	Nº 30, son *r*.
Nº 5, son *é*.	——	Nº 16, son *an*.	——	Nº 31, son *l*.
Nº 9, son *i*.	——	Nº 17, son *in*.	——	Nº 32, son *s*.
Nº 13, son *ou*.	——	Nº 23, son *j*.	——	Nº 34, son *t*.

206ᵉ Thème.
A faire comme le 203ᵉ.

Son-23 à compatir (jj) aux maux de tes semblables, et *oubl*-9 tes bonnes actions après les avoir (jj) faites.

Hippolyte, ne *so*-30 qu'après t'être (jj) habillé avec soin.

Constance, *pr*-9 tes bisaïeuls de t'acheter (jj) une *poup*-5.

Fu-9 le contact de l'impie, *pr*-16 soin de l'éviter (jj).

V-17 ta *timidit*-5, et *évit*-34 de montrer de l'embarras.

Stéphen, *f*-9 toi à nous, et *jou*-9 de notre bonheur.

F-4 en sorte d'écrire droit, ne *r*-4 plus ton papier.

207ᵉ Thème.

Perm-4-moi d'imiter (jj) les gestes de ce maladroit.

Commen-32 par l'instruire (jj), et *fin*-9 par parler.

T-4 les efforts que tu fais pour te corriger (jj).

Ess-4 de rester huit jours sans t'impatienter (jj).

Honorine, *desc*-16 *seu*-31, mais *pr*-16 garde de tomber.

J-13 du luth pour charmer tes *ennu*-9.

C-13 plus vite pour achever aujourd'hui ce corsage.

208ᵉ Thème.

Ne te *pa*-30 pas tant pour aller (jj) aux champs.

Pa-30 sur-le-champ pour revenir de bonne heure.

S-15 toujours sage pour faire mon bonheur.

L-9 couramment ces mots, puis *l*-9 ensemble ces sept œillets.

Su-9 cette *v*-15, *poursu*-9 ta route sans hésiter (jj).

Rel-9-moi ce manuscrit sans le rogner.

Cr-15-moi, *env*-15 Arsène se coucher sans souper.

(jj) PHRASE-TYPE. *Les femmes ont une maison à* régl**er**, *un mari à* rend**re** *heureux, des enfants à bien* élev**er**.

Après l'un de ces six mots : *à, après, de, par, pour, sans,* le mot du verbe est toujours l'infinitif.

271ᵉ Dictée (ou Copie). *Prose et vers.*

Mariette, *sers*-nous le dîner; mais avant de le servir *serre* toute cette argenterie inutile et superflue aujourd'hui : tu le sais, j'aime que tout soit en ordre chez moi.

Prends ton vol, ô mon âme, et *dépouille* tes chaînes.

> Mon Dieu! *donne* l'onde aux fontaines,
> *Donne* la plume aux passereaux,
> Et la laine aux petits agneaux,
> Et l'ombre, et la rosée aux plaines.

272ᵉ Dictée (ou Copie).

Connais-toi toi-même.

Calme tes agitations; ne *meurs* pas, ô mon âne : le printemps viendra, et avec lui croîtra le trèfle.

Si tu as de l'argent, *secours* les hommes avec; si tu n'en as point, *emploie* les bons procédés.

> *Donne* au malade la santé,
> Au mendiant le pain qu'il pleure,
> A l'orphelin une demeure,
> Au prisonnier la liberté.

273ᵉ Dictée (ou Copie).

Dans le doute, *abstiens*-toi.

Dans le péril, *confie*-toi à un vieil ami.

Ne *mets* pas la faux dans la moisson d'autrui.

Reconnais les bienfaits par d'autres bienfaits, mais ne te *venge* jamais par d'autres injures.

> *Donne* une famille nombreuse
> Au père qui craint le Seigneur.
> *Donne* à moi sagesse et bonheur,
> Pour que ma mère soit heureuse.

274ᵉ Dictée (ou Copie).

Tobie croyant sa mort prochaine fit venir son fils,
et lui dit : Mon fils, *écoute* mes paroles, et *grave*-les
dans ton cœur. — Quand mon âme aura été reçue par le
Seigneur, *donne* la sépulture à mon corps. — *Honore* ta
mère tous les jours de ta vie, n'*oublie* jamais combien
elle a souffert pour toi, *sois* toujours pour elle aussi
respectueux que tendre, et quand elle aura atteint le
terme de ses jours, *ensevelis*-la auprès de moi. — Ne
consens jamais au péché, et ne *crains* rien tant que de
violer la loi. — *Fais* l'aumône selon tes moyens : si tu
as beaucoup, *donne* beaucoup ; si tu as peu, *donne*
peu, mais de bon cœur : ne *détourne* jamais tes regards de dessus un pauvre, car l'aumône préserve du
péché, et de la mort éternelle.

275ᵉ Dictée (ou Copie). (*Suite*).

Ne *permets* pas à l'orgueil de dominer dans ton cœur,
ni de se manifester dans tes paroles, car l'orgueil a été
la source de la perdition des hommes. — *Tais* et *cache*
soigneusement tes bonnes actions. — Ne *retiens* jamais
le salaire de l'ouvrier. — *Garde*-toi de faire aux autres
ce que tu ne voudrais pas que l'on te fît. — *Partage*
ton pain avec ceux qui ont faim, et *couvre* de tes vêtements ceux qui sont nus. — *Prends* toujours conseil
d'un homme sage. — *Fuis* la société des méchants. —
Prie le Seigneur de te diriger dans tes voies, et *rap-
porte*-lui toutes tes actions, c'est-à-dire *fais*-les dans le
but de lui plaire.

Fais le bien, et ne *regarde* pas à qui.

Vous m'avez dit : Pour qu'il te soit prospère, *sers* le
riche, *sois*-lui fidèle, et *conserve* ton humilité.

276ᵉ DICTÉE (ou COPIE). (*Vers*).

Pauvre petit, *pars* pour la France,
Que te sert mon amour, je ne possède rien;
On vit heureux ailleurs; ici, dans la souffrance :
Pars, mon enfant, c'est pour ton bien.
Mais, si loin que tu sois, *pense* au foyer absent;
Avant de le quitter, *viens*, qu'il nous réunisse....
Ne *pleure* pas en me quittant;....
Chante tant que la vie est pour toi moins amère;
Enfant, *prends* ta marmotte et ton léger trousseau,
Répète en cheminant les chansons de ta mère...
Maintenant, de ta mère *entends* le dernier vœu :
Souviens-toi, si tu veux que Dieu ne t'abandonne,
Que le seul bien du pauvre est le peu qu'on lui donne,
Prie et *demande* au riche; il donne au nom de Dieu :
Ton père le disait, *sois* plus heureux.... Adieu!

277ᵉ DICTÉE (ou COPIE). (*Vers*).

Apprends-moi ton métier,... (dit le renard au loup),
   Rends-moi le premier de ma race
Qui fournisse son croc de quelque mouton gras :
Tu ne me mettras point au nombre des ingrats.

Sa prière (du charretier) étant faite, il entend dans la nue
   Une voix qui lui parle ainsi :
   Hercule veut qu'on se remue,
Puis il aide les gens : *regarde* d'où provient
   L'achoppement qui te retient;
   Ote d'autour de chaque roue
Ce malheureux mortier, cette maudite boue,
   Qui jusqu'à l'essieu les enduit;
Prends ton pic, et me *romps* ce caillou qui te nuit;
Comble-moi cette ornière. As-tu fait?...

                                        LA FONTAINE.

TRENTE-DEUXIÈME LEÇON.

1° TERMINAISONS DES VERBES NON EN *ER* AU PASSÉ PÉRIODIQUE (PARFAIT) INDICATIF (GROUPE 7°).

Faire continuer les analyses expliquées ; — puis faire conjuguer : *percevoir, tendre, perdre, s'assujettir, prier* ; — faire copier, puis conjuguer de mémoire le verbe *être* ; — enfin faire copier le verbe *avoir*.

PHRASES—TYPES, on écrit :

1° { Hier } *je gémis de douleur.*
2° { Hier } *tu pris une médecine.*
3° { Hier } *le héros sut éviter cet affront, il le prévint.*

4° *Nous partîmes cinq cents.....*
5° *Vous courûtes de grands dangers.*
6° *Les zéphyrs retinrent leurs haleines.*

DANS LES VERBES NON EN *ER*, AU PASSÉ PÉRIODIQUE (PARFAIT) INDICATIF.

RÈGLE XXXVI°.

1° Le verbe aj. à *JE*   au passé (parfait) finit par *S,*   ou plutôt par *IS,*   *US,*   *INS.*
2° Le verbe aj. à *TU*   au passé (parfait) finit par *S,*   ou plutôt par *IS,*   *US,*   *INS.*
3° Le verbe aj. à *IL*, etc. au passé (parfait) finit par *T,*   ou plutôt par *IT,*   *UT,*   *INT.*
4° Le verbe aj. à *NOUS*   au passé (parfait) finit par *MES,* ou plutôt par *ÎMES,* *ÛMES,* *ÎNMES.*
5° Le verbe aj. à *VOUS*   au passé (parfait) finit par *TES,* ou plutôt par *ÎTES,* *ÛTES,* *ÎNTES.*
6° Le verbe aj. à *ILS*, etc. au passé (parfait) finit par *RENT,* ou plutôt par *IRENT, URENT, INRENT.*

N° 9, son *i*. ——	N° 17, son *in*. ——	N° 30, son *r*.
N° 12, son *u*. ——	N° 26, son *m*. ——	N° 34, son *t*.

209ᵉ Thème.

Copier et déchiffrer ; — puis écrire après chaque mot-verbe l'infinitif dont il est formé,
et séparer les terminaisons.

Hier, je *v*-9 un roquet attaquer (ll) un bouledogue ; d'abord je
voul-12 le battre (ll), mais je me *cont*-17.

Dès que tu *sent*-9 hier le parfum de cette rose fraîchement
éclose, tu *cour*-12 la demander (ll), et tu l'*obt*-17.

Clovis qui *vainqu*-9 les Romains à Soissons *conç*-12 dès lors le
dessein de les expulser entièrement de la Gaule, et il en
v-17 à bout.

210ᵉ Thème.

Nous *part*-9-26 du collège, non pas lorsque nous *reç*-12-26 la
lettre de notre père, mais lorsque nous *obt*-17-26 du provi-
seur la permission de partir.

Lorsque vous *grav*-9-34 la colline, n'*aperç*-12-34-vous pas le
sentier par lequel vous *rev*-17-34 ici ?

Les Français *combatt*-9-30 presque toujours avec avantage ; et
lors même qu'ils *f*-12-30 beaucoup moins nombreux que leurs
ennemis, ils *obt*-17-30 fréquemment la victoire.

211ᵉ Thème.

En trois jours la fièvre *f*-9 perdre (ll) à mon Abel ses belles
couleurs, il *dev*-17 pâle comme vous le *v*-9-34 hier ; ses
petits *am*·9 le *reconn*-12-30 à peine lorsqu'ils *v*-17-30
le voir.

Ne *conv*-17-tu pas hier avec Rollon que lorsque je te *f*-9 étudier
l'histoire de la juive Noémi, aïeule du roi David, tu en *f*·12
attendri jusqu'aux larmes, surtout lorsque tu *v*-9 les témoi-
gnages si touchants de piété et de tendresse qu'elle prodigua
à Ruth, sa belle-mère ?

(ll) Phrase-type. *Je veux me corrig*er, *je veux chang*er *de vie*....

Quand un verbe est placé après un autre verbe qui n'est ni *avoir*
ni *être* et qu'il en complète le sens, on l'écrit à l'infinitif (ainsi on le
termine toujours par *er, ir, re, oir*).

278e DICTÉE (ou COPIE).

Dans ces dictées, séparer les terminaisons des verbes dont on indiquera abréviativement le *nombre* et la *personne*, et qu'on unira à leurs sujets.

Si nous *voulûmes* quitter l'île de sucre dont je vous
ai parlé et passer dans une autre, c'est parce que
toutes les douceurs dont nous y *jouîmes* nous *paru-
rent* bientôt fades : j'achetai, vous *dis-je*, de l'appétit
dans ce nouveau séjour, et d'autres marchands *vinrent*
aussi m'y vendre du sommeil ; mais à peine *fus-je* dans
mon lit que j'*entendis* un bruit fort extraordinaire :
j'*eus* peur, je me *crus* perdu, je demandai du *secours*,
et l'on *vint* me dire que la terre s'entr'ouvrait ainsi
toutes les nuits, pour vomir avec grand effort des ruisseaux bouillants de chocolat... Je *sortis* de ma couche,
je *fis* une provision aussi ample que je le *pus* de ces
douceurs, puis je *repris* mon sommeil ; alors je *crus*
voir en songe des hommes de cristal, qui se nourrissaient
de parfums, avaient des ailes et des nageoires... mais
étaient toujours en colère...

279e DICTÉE (ou COPIE). (*Suite*).

A peine *fus-je* éveillé qu'il *vint* un marchand d'appétit : je *convins* autrefois avec vous que j'en achetai
beaucoup, mais je *fus* bientôt las de tant de mets ; le
lendemain je ne me *nourris* que de bonnes odeurs, et
la nuit j'*eus* une indigestion ; alors le jour suivant je
jeûnai ;... lorsque j'*eus* recouvré toutes mes forces, nous
partîmes pour une ville singulière, où l'on est servi par
des souhaits ; on me *mit* dans une petite chaise toute
garnie de plumes ; quatre oiseaux, grands comme des
autruches, et ayant des ailes proportionnées à leur
corps, y *furent* attelés ; ils *prirent* leur vol, je *condui-
sis* les rênes du côté de l'Orient, et en une heure nous
fûmes dans cette ville si renommée...

2° REMARQUES SUR LES TERMINAISONS DES VERBES AU SINGULIER DES GROUPES 7, 3, 4, 6.

(SUITE DE LA XXXII° LEÇON).

Beaucoup de mots du singulier du gr. 3°, du 4° et du 7° des verbes non en *er* font entendre à la fin le même son que des mots du gr. 4°, du 3°, ou même du 6° des verbes en *er* ; mais toujours ils doivent se terminer d'une manière différente.

LES PHRASES-TYPES suivantes :

1° { Hier } je gémis de douleur, et { maintenant on veut que } je balbutie des excuses.

2° { Hier } tu pris une médecine, et { maintenant il faut que } tu pries ta mère de ne t'en plus donner, prie-l'en bien (je te le conseille).

3° { Hier } le héros sut éviter cet affront, { maintenant il ne convient pas qu' } on le hue.

sont destinées à nous rappeler que :

1° Les terminaisons du singulier du passé périod. indicat. (*gr.* 7°) des verbes non en *er*, sont :

S, S, T

aussi bien que celles du présent indicatif (*gr.* 3°) des verbes non en *er*;

2° La terminaison du singulier de l'impératif (*gr.* 4°) des verbes non en *er* est **S**;

1° Les terminaisons du singulier du présent indicat. (*gr.* 3°) des verbes en *er*, sont :

E, ES, E

aussi bien que celles du futur ou prés. subj. (*gr.* 6°) de tous les verbes;

2° La terminaison du singulier de l'impératif (*gr.* 4°) des verbes en *er* est **E**.

Il faut donc, pour être sûr de donner au mot-radic qu'on écrit la terminaison qui lui convient, rechercher toujours comment finit l'infinitif, dont il dépend, et à quel groupe il est employé.

Nº 5, son é.	—— Nº 12, son u.	—— Nº 17, son in.
Nº 9, son i.	—— Nº 15, son oi.	——

212e Thème.

Copier et déchiffrer ; — puis indiquer, après chaque mot-verbe déchiffré, l'infiniti
dont il est formé et le numéro du groupe auquel il appartient ; — enfin sépar
les terminaisons.

Je me *m*-9 hier à travailler (JJ, page 203) de bonne heure.

Après l'avoir (JJ) félicité d'abord, tu me *f*-9 part du bonheur de
Théophile ; et il *feign*-9 de l'ignorer (JJ).

Je *s*-12 hier cette nouvelle dès qu'elle *f*-12 *rend*-12 publique.

La colère m'*ém*-12 violemment hier ; mais je me *cont*-17 assez
pour n'en pas manifester (JJ) au dehors les effets, lorsque
tu *v*-17 me voir.

On *conv*-17 que sans plus tarder (JJ) tu étudierais cette *symphon*-9.

213e Thème.

Je vous *d*-9 maintenant que je veux être le maître chez moi,
et que je vous *suppl*-9 de ne plus m'importuner.

Je *grad*-12 pour toi les *difficult*-5 d'orthographe, de ton *côt*-5
tu *contin*-12 à t'appliquer beaucoup ; j'en *concl*-12 que c'est
par ces deux causes que tu fais des progrès aussi rapides.

Tu *r*-9 souvent sans cause, Euphémie, et tu me *contrar*-9 par
cette mauvaise habitude ; je dirai plus : cela m'*ennu*-9 et *fin*-9
par me déplaire, pense-s-y bien.

Ah ! j'*oubl*-9 de te dire que je *f*-9 hier une *jol*-9 promenade !

214e Thème.

Fu-9 comme la peste l'enfant que tu as vu une seule fois man-
quer de *docilit*-5 aux ordres de son père, et ne te *l*-9 jamais,
Léonard, avec un pareil sujet.

Habit-12-toi à conserver les amis que tu *s*-12 te faire.

V-15 cette rivière, mon cher Népomucène ; elle *distrib*-12 ses
eaux sur nos *prair*-9 par cent canaux : ton père en *concl*-12
que le génie et l'*activit*-5 de l'homme doivent souvent aider
la nature ; *concl*-12-en la même chose.

Empl-15 toujours ton intelligence à te rendre compte de tout ce
que tu *v*-15 et de ce que tu *l*-9.

No 5, son *é.*	——	No 12, son *u.*	——	No 15, son *oi.*
No 9, son *i.*	——	No 13, son *ou.*	——	

215e THÈME.

A faire comme le 212e.

Faudra-t-il que je *rassas*-9 tous ces ogres, et que j'*extén*-12 Christine pour satisfaire à leurs appétits gloutons?

Ma bonne Adélaïde, il faut que tu *sanctif*-9 toutes tes œuvres, même les plus simples, par la *puret*-5 d'intention; et pour cela que tu *l'habit*-12 à rechercher dans toutes tes actions uniquement à plaire à Dieu.

Il faut que je *l'av*-13, avant-hier je *v*-9 une charrette renverser (LL, page 208) et écraser un magnifique chien de Terre-Neuve, cet accident me *f*-9 mal.

216e THÈME.

Où sont entremêlés des mots des quatre groupes : 7, 3, 4, 6.

Tu *entend*-9 chanter (LL) en chœur hier de saints capucins qui avaient les reins ceints d'une corde.

Je te *d*-9 que cet abricot n'est pas sain.

Je *pr*-9 Ernest de rester dans le sein de sa famille.

Il faut que tu *pr*-9 Horace de te conduire dans la *prair*-9 où tu *v*-9 hier cinq magnifiques bœufs.

Hier Joseph *m*-9 ou apposa son seing sur ce contrat.

Arthur, n'*env*-9 point les *prospérit*-5 des méchants, les *j*-15 de l'homme impie; et *su*-9 toujours la droite *v*-15.

217e THÈME.

Maintenant tu te *f*-9 à Théodore, n'est-ce pas? faut-il que j'en *concl*-12 qu'il le mérite?

Hier, je *pr*-9 un looch blanc pour mon rhume, comme tu me *pr*-9 toujours de le faire.

Je n'aime pas qu'on *sour*-9 à la *v*-12 d'un *insens*-5.

Sais-9 cette lettre, *dépl*-9-la, et *l*-9-la tout haut.

Ma foi, sur l'avenir est bien fou qui se *f*-9! *d*-9 l'homme léger.

La corneille *avert*-9 des malheurs à venir.

Pr-9 et travaille, mon bon *am*-9, et *fu*-9 toujours *l'oisivet*-5.

No 5, son *é*.   —   No 9, son *i*.   —   No 12, son *u*.

218ᵉ THÈME,
A faire comme le 212ᵉ.

Faudra-t-il donc que je *r*-9 de toutes les extravagances de ce soi-disant ami des beaux-arts?

Je *v*-9 hier Joachim donner (LL, page 208) des arrhes au marchand, en à compte sur le payement de son bahut.

Symphorien, *l*-9 mes fagots avec cette hart.

Il faut que l'on *appu*-9 ce mur par des arcs-boutants.

Je *d*–12 hier te paraître bien extraordinaire.

Aline, *habit*–12-toi à supporter des *contrariét*–5.

Je *pr*-9 et je *suppl*-9 en vain ma grand'mère de m'emmener à ces Champs-Élysées, où tu *v*-9 hier de si *jol*-9 choses.

Euphrosine, Hermance *l*-9 couramment; et enfin, elle *écr*-9 en fin.

219° THÈME.

Ce bouc *p*-12 comme un rat mort, il infecte.

Hier je ne *s*-12 pas bien ma leçon de géographie, mais Théodose *s*-12 parfaitement son histoire.

Je t'en *pr*-9, *excl*-12 Jacqueline de chez toi, il faut que tu l'*excl*-12, et que personne ne te *pr*-9 en sa faveur.

Je *s*-12 à grosses gouttes, *essu*-9-moi le visage.

Je ne me *méf*-9 pas du moyen qu'Alphée propose.

Déf-9-tu sans peine hier tous ces nœuds?

Est-il possible que tu te *déf*-9 de mes intentions?

220° THÈME.

Horace *pr*·9 son adversaire à bras-le-corps, le *sais*-9 avec violence, et le terrassa.

Il faut que Judith se *souc*-9 bien peu de mon *amiti*·5 pour agir de la sorte, qu'en *d*·9-tu?

Je *faill*-9 tomber sur la *jet*-5 à Dieppe.

Hier je *p*-12 achever ma tâche avant midi.

Alexandre-le-Grand *p*-12 contraindre ses ennemis à l'admirer, lors même qu'il les *déf*-9.

Si tu veux que Jeannette se *l*-9 avec Marthe, *d*-9-le-lui.

280ᵉ DICTÉE (OU COPIE).

Dans toutes ces dictées séparer les terminaisons des verbes ;—indiquer par un numéro
le groupe auquel chacun d'eux appartient, et les unir à leur sujets.

Hippolyte se *tut* hier pendant un quart d'heure, et le seul souvenir de cette contrainte l'*ennuie* encore; le silence le *tue*.

Que Léonide et Estelle rient de moi et de ma simplicité, qu'elles me plaisantent et me bafouent même, peu m'*importe* : je me *ris* d'elles; et, comme je le leur *dis* hier, on se *soucie* fort peu de leurs railleries, et des contes, des faussetés qu'elles publient.

Pendant que tu *lies* ces fleurs, je *relis* la lettre que Philippe *écrivit* à Aristote lorsque Alexandre *naquit*.

Je me *fie* peu à ce petit vaurien malgré les remontrances que je lui *fis*, et tout ce qu'il me *promit*.

Prie Dieu que la médecine que tu *pris* avant-hier te guérisse radicalement.

Cruelle alternative que celle du malheureux soldat auquel on dit : *Meurs*, ou *tue !*

281ᵉ DICTÉE (OU COPIE).

Je te *défie* bien de me prouver qu'Alexandre-le-Grand, ce roi de Macédoine qui *mit* fin à l'empire des Perses, *défit* le nœud gordien; il le coupa, te *dis*-je : *demande*-le, je t'en *prie*, à ton professeur d'histoire; à moins que tu ne te *fies* pas à ce qu'il *dit* : mais te dire comment cela se *fit*, c'est ce que je ne *puis*; *prie* un plus savant de te l'expliquer.

Conclus de notre dernière conversation, mon Antonine, que tout *influe* sur la perfection des devoirs; et que, pour que l'orthographe soit correcte, il faut, comme tu *sus* fort bien me le dire hier, qu'on *accentue* régulièrement et très-exactement : il faut également que l'on *ponctue* bien pour rendre clair le sens de ses phrases.

282ᵉ Dictée (ou Copie). (*Vers*).

Une femme *mourut* (à Joppé) qui pratiquait l'aumône ;
A saint Pierre aussitôt le peuple *vint* l'apprendre...
Il se *mit* à genoux et pria. Sur la sainte
    La grâce de Dieu *descendit :*
Levez-vous, lui *dit*-il : la morte l'*entendit*,
Et tous crurent en Dieu dans la funèbre enceinte
    Quand l'apôtre la leur *rendit*.....

Tandis que mes sœurs à de nouvelles fêtes
    Vont peut-être se préparer,
Moi je *veille* et je *prie*... et ne *dois* pas pleurer...
A. Guiraud.

Il (Joyeuse) *prit*, quitta, *reprit* la cuirasse et la haire.

    Je *travaille* et tu *réfléchis*,
    Lequel *rapporte* davantage?
    Tu te *tourmentes*, je *jouis ;*
    Qui de nous deux est le plus sage?

283ᵉ Dictée (ou Copie). (*Vers*).

Un milan *vint* se poser un jour sur le nez d'un roi, et

L'oiseau garda son poste ; on ne *put* seulement
    Hâter son départ d'un moment :
Son maître le *rappelle*, et *crie*, et se *tourmente*,
Lui *présente* le leurre, et le poing ; mais en vain :
    On *crut* que, jusqu'au lendemain,
    Le maudit animal, à la serre insolente,
    Nicherait là malgré le bruit.
    Il *quitte* enfin le roi qui *dit :* Laissez aller
Ce milan, et celui qui m'a cru régaler ;
    Je les *affranchis* du supplice.
La Fontaine.

284ᵉ DICTÉE (ou COPIE). (*Vers*).

Sentant son cœur faillir, elle (Jeanne d'Arc) baissa la tête ;
      Et se *prit* à pleurer.
      Ah ! *pleure*, fille infortunée ;
      Ta jeunesse va se flétrir
      Dans sa fleur trop tôt moissonnée !

Ma mère, tu m'as dit, quand j'ai fui ta demeure :
Pars, *grandis*, et *prospère* ; et *reviens* près de moi !
Hélas ! et tout petit faudra-t-il que je *meure*
      Sans avoir rien gagné pour toi ?
      Non, l'on ne *meurt* point à mon âge :
      Quelque chose me *dit* de reprendre courage...
Eh que *sert* d'espérer, que *puis*-je attendre, enfin ?
J'avais une marmotte, elle est morte de faim...

285ᵉ DICTÉE (ou COPIE). (*Vers*).

      Qu'un sultan *rie*, en bonne foi
Je n'*ose* l'affirmer ; mais je tiendrais un roi
      Bien malheureux s'il n'osait rire :
C'est le plaisir des dieux. Malgré son noir souci,
      .....Le peuple immortel *rit* aussi.....

            La tortue
      S'*écrie* et *dit* : Ah ! si j'étais,
      Comme un corbeau, d'ailes pourvue,
      Tout de ce pas je m'en irais....
      Le chasseur.... *aperçoit* la tortue....
      D'où *vient*, *dit*-il, que je m'*effraie* ?
Je veux qu'à mon souper celle-ci me *défraie*. .

LA FONTAINE.

      O ma douce Néère !
Parmi nos chœurs sacrés tu me *vis* la première ;
Je te *vis* à mon tour,... et ne *vis* plus que toi.

TRENTE-TROISIÈME LEÇON.

DE L'ORTHOGRAPHE DES MOTS DU VERBE *ÊTRE*.

Que l'élève conjugue trois fois au moins chacun des groupes du verbe *être* avant de faire la dictée qui renferme les mots de ce groupe ; — puis qu'il fasse le verbe *avoir*.

NOTA. Le verbe *être* donné dans le Supplément servira de phrase-type ; et, au lieu de faire des thèmes, l'élève écrira sans faute tous les mots du verbe *être* qu'on lui indiquera de cette manière :

Écrivez la 2ᵉ pers. du sing. du présent indicatif (*gr.* 3ᵉ) d'*être*. — Tu *es*.
— la 3ᵉ pers. du sing. du passé ou fut. sub. (*gr.* 8ᵉ) d'*être*. — Qu'il *fût*.
— la 3ᵉ pers. du plur. du prés. ou fut. sub. (*gr.* 6ᵉ) d'*être*. — Qu'ils *soient*.

286ᵉ DICTÉE (OU DÉCHIFFRATION).
(Mots du singulier du futur indicatif, groupe 1ᵉʳ, etc.)

1   Je *ser*-5 bon enfant, je vous ressemblerai.
   Ser-5-je donc toujours satisfait à demi ?

2   Tu *ser*-2 châtié (MM) de ta témérité.
         Dieu d'Israel,
   Des larmes de tes saints quand *ser*-2-tu touché ?

3   Quand *ser*-2 le voile arraché (MM) ?...
   Ce melon *ser*-2 bon si on le mange aujourd'hui ;
   ser-2-t-il bon demain ? je l'ignore : s'il est mauvais,
   j'en *ser*-5 contrarié (MM), mais *ser*-2-ce ma faute ?

287ᵉ DICTÉE (OU DÉCHIFFRATION).
(Pluriel du groupe 1ᵉʳ, etc.)

4   Si nous rentrons de bonne heure, nous *ser*-18 seuls.

5   Vous *ser*-5 mon peuple et je *ser*-5 votre Dieu, dit
   le Seigneur, ne *ser*-5-vous pas heureux ?
         Les tourments qu'ils me causeront

6   *Ser*-18 encor des biens pour mon âme ravie.
   Ne *ser*-18-ce pas là mes plus grandes jouissances ?

(MM) PHRASE-TYPE. *Je suis* perdu *d'honneur* (dit Vatel)...

Le mot venant d'un verbe et qui est placé après un mot du verbe *être* (ou du verbe *avoir*) est toujours un *adjectif* formé d'un verbe (ou *participe*) et jamais il n'est l'infinitif ; on doit donc le terminer par *é, ée, és, ées ; — i, ie*, etc.; — *u, us*, etc., etc. (et jamais par *er*).

10

| N° 2, son *a*. | —— | N° 5, son *é*. | —— | N° 18, son *on*. |
| N° 4, son *ê*. | —— | N° 9, son *i*. | | |

288ᵉ Dictée (ou Déchiffration).
(Futur conditionnel, groupe 2ᵉ, etc.)

1   Si je négligeais mon éducation, je *ser*-4 bien cou-

2   pable; tu *ser*-4 malheureuse, bonne mère, et malheureuse par moi : *ser*-4-je excusable après cela?

3   Quand le malheur ne *ser*-4 bon
Qu'à mettre un sot à la raison,
Toujours *ser*-4-ce à juste cause
Qu'on le dit bon à quelque chose.

4   Nous *seri*-18 exaucés (MM p. 217), si nous priions.

5   Petits princes, videz vos débats entre vous,
De recourir aux rois vous *seri*-5 de grands fous!

6   Les Sarrasins se *ser*-4 probablement emparés (MM)
de la France sans la valeur de Charles-Martel, mais
s'y *ser*-4-ils maintenus (MM)? c'est ce que nous nions.

289ᵉ Dictée (ou Déchiffration).
(Singulier du présent indicatif, groupe 3ᵉ, etc.)

Le cheval remercie

1 L'homme son bienfaiteur, disant : Je *su*-9 à vous.
Qui *su*-9-je pour oser pénétrer dans ces lieux?
N'y *su*-9-je donc venu (MM) que pour braver les dieux?
C'est moi qui *su*-9 Guillot, berger de ce troupeau.

2   Quand tu 4 seul, songe à tes défauts; quand tu 4
en compagnie, oublie ceux des autres.

3   O toi qui 4 chargé de jours, quel 4 ce sceptre que
tu portes? — 4-tu un roi ou un prêtre?
Qui t'2 dit qu'une forme 4 plus belle qu'une autre?
4-ce à la tienne à juger de la nôtre?
Qu'-4-ce donc? — Une montre. — Et nous? — C'4
autre chose. — Qu'4-ce que le hasard?

N° 2, son *a*. ——	N° 9, son *i*. ——	N° 26, son *m*.
N° 4, son *è*. ——	N° 15, son *oi*. ——	N° 34, son *t*.
N° 5, son *é*. ——	N° 18, son *on* —	

290ᵉ DICTÉE (OU DÉCHIFFRATION).
(Présent indicatif, groupe 3ᵉ, etc.)

3 Il 4 certains esprits qu'il faut prendre de biais.
  L'homme 4 un dieu tombé qui se souvient du ciel.
  Oh! dit-il, qu'4-ce-ci? ma femme 4-elle veuve?
    Jamais la guerre avec tant d'art
    Ne s'4 faite parmi les hommes,
4   Non pas même au siècle où nous *so*-26.
  Eh! *so*-26-nous en temps de guerre?...
5 N'*é*-34-vous pas souris? parlez sans fiction :
  Oui, vous l'*é*-34, ou bien je ne *su*-9 pas belette.
6   Les sots *s*-18 un peuple nombreux,
      Trouvant toutes choses faciles.
  S-18-ils arrivés? *s*-18-ce des religieux ? *s*-18-ce
des prêtres? *s*-18-ce des chrétiens?

291ᵉ DICTÉE (OU DÉCHIFFRATION).
(Futur impératif, groupe 4ᵉ, etc.)

2 *S*-15 en tout semblable à ta mère, ma Sabine.
  S-15 juste, et tu *ser*-2 honoré (MM) et chéri.
  Sidonie, *s*-15 bonne, même avec les méchants,
pour plaire à Dieu.
  S-15 colimaçon dans le conseil, oiseau dans l'action.
4 *Soy*-18 comme un soldat.
  Soy-18 bons, et puis nous *ser*-18 heureux.
      Ne *soy*-18 pas trop difficiles,
  Les plus accommodants ce *s*-18 les plus habiles.
5 Ma nièce, *soy*-5 complaisante sans faire valoir vos
complaisances.
      ... Demeurez avec nous,
      Et *soy*-5 de la colonie.

292ᵉ DICTÉE (OU DÉCHIFFRATION).
(Passé (*imparfait*) indicatif, groupe 5ᵉ, etc.)

1   J'*ét*-4 couché (MM) mollement (dit Anacréon),
Je dormais tranquillement.... n'*ét*-4-je pas heureux !

2   Étourdi que tu *ét*-4 par le hennissement des chevaux, l'aboiement des chiens, le rugissement des
lions, n'*ét*-4-tu pas sur le point de t'enfuir ?

3 Il *ét*-4 une vieille ayant deux chambrières,
Qu'*ét*-4-ce que cette femme ? la fable n'en dit rien.

4   Nous *éti*-18 avant-hier dans le pré où vous *éti*-5
5 ce matin, mes amis ; qu'*éti*-5-vous allés y faire, vous ?

6   Jadis l'Olympe et le Parnasse
Ét-4 frères et bons amis... Qu'*ét*-4-ils ?

    Dans une chambre étroite *ét*-4 assises, travaillant de
leurs mains, une femme à cheveux blancs et une jeune
fille.

293ᵉ DICTÉE (OU DÉCHIFFRATION).
(Futur ou présent subjonctif, groupe 6ᵉ, etc.)

1   Toussaint, crois-tu que je *s*-15 assez faible ou assez
aveugle, penses-tu que je prévoie assez peu tous les
malheurs qui fondent sur la tête de l'enfant indocile,

2 pour permettre que tu *s*-15 rebelle à mes ordres ?
    Il faut que tu *s*-15 bien attentive à tes leçons.
     Qu'4-ce-ci ? mon char marche à souhait !

3   Hercule en *s*-15 loué (MM).
    S-15 assis quand tu sièges, pourvu que ton juge-
ment *s*-15 droit.

4   La charité exige que nous *soy*-18 les protecteurs
des faibles, elle défend que nous *soy*-18 leurs tyrans.

5   Roch, je ne me souviens pas que vous *soy*-5 venu ici.

6   Qu'ils *s*-15 couverts de honte ceux qui apostasiè-
rent.

No 4, son *è*.	——	No 18, son *on*.	——	No 30, son *r*.
No 5, son *é*.	——	No 26, son *m*.	——	No 32, son *s*.
No 12, son *u*.	——		——	No 34, son *t*.

294e Dictée (ou Déchiffration).

(Passé *(parfait)* indicatif, groupe 7e, etc.)

1 Je *f*-12 dans une grande anxiété à l'approche des
2 prix, tu *f*-12 inquiète aussi, ma bonne mère, mais
le *f*-12-tu jamais autant que moi?

3 Il (*Henri IV*) *f*-12 de ses sujets le vainqueur et
le père, et comment *f*-12-il payé (MM) de sa tendresse?

4 Une tempête qui dura sept jours nous déroba la vue
de toutes les terres, nous *f*-12-26 trop heureux de
nous réfugier vers l'embouchure du Simoïs. A peine
nous *f*-12-26-nous abrités que la tempête redoubla.

5 Vous *f*-12-34 hier loué par des gens fort sensés.
Il partit comme un trait, mais les élans qu'il fit

6 *Fu*-30 vains; la tortue arriva la première :
(cependant ce ne *fu*-30 point ses efforts seuls qui lui
donnèrent la victoire.)

295e Dictée (ou Déchiffration).

(Passé ou futur *(imparfait)* subjonctif, groupe 8e, etc.)

1 On voudrait que je *fu*-32 le compagnon des jeux
2 de Paulin, et que tu *fu*-32 aussi son ami; mais il
3 faudrait pour cela qu'il *f*-12 plus aimable qu'il ne l'-4:
f-12-il duc, prince du sang même, personne ne sup-
porterait ses inégalités d'humeur.

4 Ne croyez pas que nous *fuss*-18 heureux alors.

5 Si vous *fussi*-5 tombé, l'on s'en *f*-12 pris à moi.
Fussi-5-vous embâtonnés,
Jamais vous n'en *ser*-5 les maîtres.

6 Je voudrais qu'Eusèbe et Sosthène *fu*-32 avec nous
à Dieppe, ou au Hâvre; *fu*-32-ils harassés de fatigue,
ils y resteraient en extase.

TRENTE QUATRIÈME LEÇON.

DE L'ORTHOGRAPHE DES MOTS DU VERBE *AVOIR*.

Faire continuer les analyses expliquées; — puis faire faire pour le verbe *avoir* tous les exercices indiqués pour le verbe *être* en tête de la trente-troisième leçon, p. 217.

296ᵉ DICTÉE (ou DÉCHIFFRATION).
(Mots du singulier du futur indicatif, groupe 1ᵉʳ.)

1 Le porc à s'engraisser coûtera peu de son....
   J'*aur*-5, le revendant, de l'argent bel et bon.

   Si je fais exactement et bien tous mes devoirs,
   qu'*aur*-5-je pour récompense, maman ? — Ma chère

2 Aménaïde, tu *aur*-2 deux bons baisers : n'*aur*-2-tu
   pas sujet d'être joyeuse ?

3 Remuez votre champ dès qu'on *aur*-2 fait (NN) l'oût.
   Qu'*aur*-2-t-on de nouveau à m'apprendre ?

297ᵉ DICTÉE (ou DÉCHIFFRATION).
(Pluriel du groupe 1ᵉʳ.)

4 Mon ami, lorsque nous *aur*-18 retrouvé (NN) ton
   crayon, nous le taillerons et te le rendrons.

5 Vous *aur*-5 toujours des pauvres parmi vous, mais
   vous ne m'*aur*-5 pas toujours (*dit N. S. J. C.*);
   qu'*aur*-5-vous à objecter à cela ?

6 Ne donnez pas aux enfants tout ce qu'ils *aur*-18
   paru (NN) souhaiter, vous les rendriez exigeants ; le
   père et la mère de Séraphine *aur*-18 pu s'en apercevoir : l'humeur, l'impatience habituelles de leur fille
   leur *aur*-18 bien suffisamment prouvé cette vérité.

(NN) PHRASE-TYPE. (*Je suis perdu d'honneur*), *deux rôtis ont*
manqu**é**.

Le mot venant d'un verbe qui est placé après un mot du verbe
avoir (ou du verbe *être*) est toujours un *adjectif* formé d'un verbe (ou
participe), et jamais il n'est l'infinitif; on doit donc l'écrire par *é, ée,
és,* etc.; — *i, is,* etc.; — *u, us,* etc., etc. (et jamais par *er*).

N° 2, son *a*. — N° 4, son *é*. — N° 5, son *é*. — N° 18, son *on*.

298ᵉ DICTÉE (OU DÉCHIFFRATION).
(Futur conditionnel, groupe 2ᵉ.)

1   Je n'*aur-4* jamais, quant à moi,
    Trouvé (NN p. 222) ce secret, je l'avoue.

2   Michel est bavard et indiscret : tu l'*aur-4* vaine-
3 ment exhorté (NN) à se taire ; lors même qu'il t'*aur-4*
  promis de garder ton secret, il l'*aur-4* divulgué.

4   Nous *auri-18* bien voulu (NN) vous mener aujour-
5 d'hui au bois de Boulogne, vous y *auri-5* vu de bien
  beaux équipages, mais le temps est trop incertain.

        N'*auri-5*-vous pas mieux fait (NN)
De le laisser (*l'argent*) chez vous dans votre cabinet...
Vous *auri-5* pu sans peine y puiser à toute heure.

6   Les chiens et les gens
  Firent plus de dégâts en une heure de temps,
    Que n'en *aur-4* fait en cent ans
    Tous les lièvres de la province.

299ᵉ DICTÉE (OU DÉCHIFFRATION).
(Singulier du présent indicatif, groupe 3ᵉ.)

1 La tourterelle dit : Seule ici-bas j'-*5* des vertus,
  Aussi pour ennemi j'-*5* tout ce qui respire ;
  Et qu'-*5*-je fait pourtant ?... que t'-*5*-je fait ?

2   Mon Sylvestre, tu *2* envie d'herboriser, avoue-le.
    Tu n'-*2* qu'à passer ce torrent....
    Tu te vantais d'être si vite,
    Qu'*2* tu fait (NN) de tes pieds ?...

3 L'esprit qu'on veut avoir gâte celui qu'on *2*.
  Chaque peuple à son tour *2* brillé (NN) sur la terre.
    Il n'-*2* pas une âme ingrate.....
  Qui vous *2* pu plonger dans cette humeur chagrine ?
  2-t-on, par quelque édit, réformé (NN) la cuisine ?

300ᵉ DICTÉE (ou DÉCHIFFRATION).
(Pluriel du présent indicatif, groupe 3ᵉ.)

L'abeille dit à la guêpe :

4　　Nous *av*-18 une arme pareille,
　　Mais pour des emplois différents.

Qu'*av*-18-nous donc besoin de nous comparer?

Qu'*av*-18-nous de nous-mêmes? nous n'*av*-18 pas
une seule bonne pensée si Dieu ne nous l'inspire.

5　C'est à vous, mon esprit, à qui je veux parler;
　Vous *av*-5 des défauts que je ne puis céler.

Qu'*av*-5-vous décidé? quel parti prenez-vous?

6　Ils 18 séduit, pleuré, lancé des traits de flamme;
　Et les voilà (*ces yeux*) sans feux, sans larmes, sans
　　　　　　　　　　　　　　　　　　[regard.

Achille et Camille n'-18-ils pas décomposé les
rayons solaires avec leur prisme?

De tant de héros célèbres dans l'histoire,
Il ne peut rien offrir aux yeux de l'univers
Que de vieux parchemins qu'18 épargnés les vers.

301ᵉ DICTÉE (ou DÉCHIFFRATION).
(Futur impératif, groupe 4ᵉ.)

2　　4 bon courage, ô toi que le malheur afflige, et Dieu
fortifiera ton cœur, et le bonheur renaîtra pour toi.

N'-4 aucune crainte des loups-garous, mon cher
Théophile, ils n'existèrent jamais que dans l'imagination; n'-4 pas plus de peur des revenants.

4　　*Ay*-18 toujours le courage de dire la vérité, et
n'*ay*-18 jamais d'arrière-pensée.

5　　*Ay*-5 du naturel; ne songez point à avoir de l'esprit, n'en *ay*-5 point; *ay*-5 toujours un langage
simple, et un ton de vérité.

302ᵉ Dictée (ou Déchiffration).
(Passé (*imparfait*) indicatif, groupe 5ᵉ.)

1 J'*av*-4 franchi les monts qui bornent cet état,
  Et trottais comme un jeune rat...
  Qu'*av*-4-je à faire de mieux?
2   Florence, n'*av*-4-tu pas encore la semaine passée
3 toutes les jolies images que ton oncle t'*av*-4 données?
4   Lorsque nous nous quittâmes, un secret pressenti-
  ment attristait nos cœurs; nous *avi*-18 l'air de nous
5 dire un dernier adieu; ne l'*avi*-5-vous pas remarqué?
6 Béatrix et Bérengère *av*-4 bien aperçu notre malaise.

303ᵉ Dictée (ou Déchiffration).
(Futur ou présent subjonctif, groupe 6ᵉ.)

1   Georges!!! mon frère!!! le seul ami que j'-4 pos-
  sédé(ɴɴ), le plus généreux des hommes, le reverrai-je?
     Il semble que je n'4 qu'à former des souhaits pour
  être exaucée, j'5 bien du bonheur.
2   Quelques maux que tu m'4 faits, ils seront oubliés.
     Cet homme est coupable, avoue-le, à moins que tu
  n'4 promis de garder le secret.
     Mais que t'2-t-il dit à l'oreille (*cet ours*),
     Car il t'approchait de bien près?...
     Il m'2 dit qu'il ne faut jamais
3 Vendre la peau de l'ours qu'on ne l'4 mis par terre.
     Je crains que Zozime n'4 le dessein de me nuire.
4   On veut que nous *ay*-18 des chevaux arabes,
  (mais que nous n'en *ay*-18 que deux); — que vous
5 *ay*-5 une jument anglaise, et que nos pauvres cousins
6 n'-4 que des ânes et des mulets, vieux et laids.
     Les gens mous et inappliqués, quelque génie qu'ils
4, se rendent imbéciles, et se dégradent eux-mêmes.

10.

Nº 4, son *è*.	—	Nº 18, son *on*.	—	Nº 30, son *r*.	
Nº 5, son *é*.	—	Nº 26, son *m*.	—	Nº 32, son *s*.	
Nº 12, son *u*.	—		—	Nº 34, son *t*.	

304ᵉ DICTÉE (ou DÉCHIFFRATION).

(Passé (*parfait*) indicatif, groupe 7ᵉ.)

1   J'-12 hier le malheur de perdre la jolie montre que
ma grand'mère m'*av*-4 léguée; qu'-12-je pu perdre
de plus précieux? et n'-12-je pas un trop juste motif
2 d'affliction? tu n'en 12 jamais un plus grand.

3   Le premier 12 raison, le second 12-il tort?
           Son hôte n'12 pas la peine
           De le semondre deux fois.

4   L'automne dernier, nous 12-26 le temps le plus
5 sec, n'12-34-vous pas de la pluie?

     Généreux Clovis, dès que vous 12-34 vaincu les
Allemands à Tolbiac, reconnaissant la protection
divine, vous abandonnâtes le culte des faux dieux;
6 les Gaulois 12-30 le bonheur de vous voir chrétien :
n'-12-30-ils pas grand sujet de louer le Seigneur?

305ᵉ DICTÉE (ou DÉCHIFFRATION).

(Passé ou futur (*imparfait*) subjonctif, groupe 8ᵉ.)

1   Il faudrait que j'-12-32 une pelisse, que toi, tu
2 12-32 un manchon, et que maman 12 un vitchoura
3 pour que nous sortissions par un froid aussi intense.
     L'attaquer (*le chien*), le mettre en quartiers,
           Sire loup l'-12 fait volontiers.

4   Qu'-12-*ssi*-18-nous gagné (NN) à discuter avec cet
5 entêté? vous nous 12-*ssi*-5 blâmés vous-mêmes.

6   ...Le financier se plaignait
           Que les soins de la Providence
     N'-12-32 pas au marché fait vendre le dormir,
           Comme le manger et le boire.

No 1, son *à* (*a* grave). —— No 4, son *è*. —— No 16, son *an*.
No 2, son *a* (*a* aigu). —— No 9, son *i*. ——

TRENTE-CINQUIÈME LEÇON.

DES MOTS DÉRIVÉS OU ANALOGUES.

Faire faire les verbes: *déjouer, ravir, tordre, redevoir, décharger, nuancer, déblayer, dégarnir, fendre, avoir, être.*

PHRASE-TYPE. *Quel* fracas! *vous* fracassez *tout chez moi.*

REMARQUE. *Il y a parfois à la fin des mots substantifs, adjectifs, etc., des lettres qu'on n'entend pas.*

RÈGLE XXXVIIᵉ. On doit en général mettre à la fin d'un mot une lettre (*quand même on ne l'y entendrait pas*) lorsqu'on *entend* cette lettre au milieu d'un autre mot qui a une ressemblance de signification avec celui qu'on veut écrire;

ainsi :

On met un *S* à la fin du substantif *fracas*, parce qu'on entend ce *S* dans *fracasser, fracassant*, etc., mots qui lui ressemblent pour le sens.

On met un *P* à la fin du substantif *drap*, parce qu'on entend ce *P* dans *drapier, draper, draperie*, etc., qui lui ressemblent pour le sens.

On met un *L* à la fin de l'adjectif *gentil*, à cause de *gentille, gentillesse*, etc., où le L s'entend, et qui lui ressemblent pour le sens, etc.

306ᵉ DICTÉE (ou DÉCHIFFRATION).

Après chaque mot déchiffré, mettre entre parenthèses le dérivé dans lequel se trouve la lettre muette dont il fait connaître l'existence; *Ex.* quel fracas (fracasser)! — il est produit (produite); — il est en bas (basse); etc., etc.

Ma *petite* Victoire, lorsque tu te montreras *soumise*, ton *pet-9* frère sera *soum-9*.

Julienne, *pr-16* (1) ma *chocolatière*, et *f-4*(2)-moi du *chocol-1*; ce mets est fort *stomachique*, c'est-à-dire fort bon pour l'*estom-2*.

_____

(1) *Pr-16* doit s'écrire avec *en*, puisqu'il est formé de *prendre*, qui s'écrit par *en*.

(2) *F-4* prend *ai* (puis *s*) à cause de *faire*, de *façon*, etc. qui lui ressemblent, pour le sens et qui s'écrivent avec un *a*.

Nº 1, son *d* (a grave).	Nº 9, son *i*.	Nº 17, son *in*.
Nº 2, son *a* (a aigu).	Nº 15, son *oi*.	Nº 18, son *on*.
Nº 5, son *é*.	Nº 16, son *an*.	Nº 30, son *r*.

307ᵉ Dictée (ou Déchiffration).
A faire comme la 306ᵉ.

Le *drapier* est celui qui fabrique ou vend le *dr*-1.

On *fusilla* ce grenadier avec son propre *fus*-9.

On a *ébruité* cette nouvelle, le *bru*-9 en est parvenu jusqu'à nous.

Hortense est très-*spirituelle*, son *espr*-9 nous charme.

La *froideur* de ton accueil me glace plus que le plus grand *fi*-15 ne le ferait.

La *lassitude* est presque une maladie, et je suis bien *l*-1 aujourd'hui, mon bon Edgar.

La *soldatesque* est déchaînée, chaque *sold*-2 est un rebelle qui mérite la mort.

Rentre dans la *bergerie*, et dis au *berg*-5 de venir.

Quelle belle *crinière*! quel beau *cr*-17!

La *perversité* de ce renégat est au comble, je n'ai pas vu d'homme plus *perve*-30.

308ᵉ Dictée (ou Déchiffration).

Êtes-vous venu *pédestrement* de Saint-Cloud? — Oui je suis venu à *pi*-5 avec Augustin.

Ce ruisseau *serpente* dans la prairie, il semble un *serp*-16 aux mille ondulations.

Ton mouchoir est tout *ensanglanté*, Victorine, oh! vois donc comme ton *s*-16 coule!

J'assistai à leur fête *champétre*, la simplicité des *ch*-16 eut toujours des charmes pour moi.

Je ne puis rien *nommer* si ce n'est par son *n*-18.

Le *pontonnier* est celui qui perçoit le droit qu'on paie pour traverser un *p*-18.

Tu *bondis* comme un jeune faon, quel *b*-18 tu fais!

Nº 1, son *à* (*a* grave).	Nº 12, son *u*.		Nº 16, son *an*.
Nº 5, son *é*.	Nº 13, son *ou*.		Nº 17, son *in*.
Nº 9, son *i*.	Nº 14, son *od*.		Nº 18, son *on*.
Nº 10, son *ó* (grave).	Nº 15, son *oi*.		Nº 30, son *r*.

309ᵉ DICTÉE (OU DÉCHIFFRATION).

A faire comme la 306ᵉ, c'est-à-dire en écrivant entre parenthèses le dérivé *après chaque mot qu'on a déchiffré*, ainsi qu'on va le voir.

Vois-tu ce *joli* (jolie) *gentil* (gentille) *petit* (petite) *berger* (bergère), *vêtu* (vêtue) de *gris* (grise)? comme il poursuit avec ardeur le *mouton* (moutonnier) qui d'un seul *b*-18 (   ) (1) a sauté dans le *ch*-16 (   ) *vois*-17 (   )? On *ent*-16 bien distinctement le *ch*-16 de cet *enf*-16, tant chaque *s*-18 qu'il forme est *dist*-17: c'est un *gent*-9 *garç*-18 bien *gr*-10, bien *gr*-1, bien *jouffl*-12; il ne *pr*-16 pourtant pas trop de *rep*-10, car dès le *gr*-16 *mat*-17 il court le *tr*-10 et le *gal*-10 pour suffire à *t*-13.

310ᵉ DICTÉE (OU DÉCHIFFRATION). *Fin.*

Souvent le pauvre *pet*-9 *berg*-5 a bien *f*-17, et ce n'est qu'à la *f*-17 du jour qu'il obtient un peu de *p*-17 *b*-9 bien sec; s'il a *fr*-15, ou s'il est *l*-1 il ne trouve d'autre *t*-15 et d'autre *matel*-1 que le ciel et les feuilles *tomb*-5 dans le *b*-14.

Mon *pet*-9 *cous*-17 *Arm*-16 au *t*-17 si *bl*-16 est *ass*-9 sur le *tap*-9 que sa mère a *fin*-9 ce matin; il paraît *gent*-9, son *abo*-30 est *ouve*-30 et gracieux, et néanmoins ce *pet*-9 *enf*-16 est un *s*-10, car le moindre *m*-10 qu'il sait qu'on dit de lui trouble son *rep*-10, et le *r*-16 furieux.

---

(1) Il faudra dans les premières lignes de ces dictées aider un peu l'élève ; et bientôt, si on l'habitue à raisonner, il trouvera de lui-même presque tous les dérivés qui lui sont utiles. — Nous ajouterons que si le mot déchiffré a plusieurs dérivés et a un féminin, ce féminin est le dérivé qu'on doit faire mettre ici entre parenthèses.

N° 1, son *â* (*a* grave). ——	N° 10, son *ô* (grave). ——	N° 17, son *in*.
N° 2, son *a* (*a* aigu). ——	N° 12, son *u*. ——	N° 18, son *on*.
N° 4, son *è*. ——	N° 13, son *ou*. ——	N° 19, son *un*.
N° 9, son *i*. ——	N° 16, son *an*. ——	N° 30, son *r*.

311ᵉ DICTÉE (ou DÉCHIFFRATION).
A faire comme les précédentes.

Un *gr*-16 *méch*-16 *musulm*-16 assez mal *vét*-12, oui,
mal *m*-9 et mal *bât*-9, et qui *v*-16 de l'*enc*-16 sur le
boulevard *S*-17-*Mart*-17, possédait jadis un *jol*-9 *ch*-2
gr-9, *t*-13 *pet*-9 et *t*-13 *gent*-9; il avait eu l'*espr*-9 ou
plutôt l'*a*-30, en lui en abandonnant une grosse *pa*-30,
d'empêcher cet animal *gourm*-16 de manger *t*-13 son
la-30, car notre *musulm*-16 était *fri*-16 de ce mets,
défend-12 aux *Croy*-16 comme le *reb*-12 des mets
parce qu'on craignait qu'ils n'en fissent *ab*-12; soupçon-
neux ou *reconnaiss*-16, le disciple de *Mahom*-4 portait partout ce *ch*-2, qu'il tenait sous son *br*-1, ou qu'il
serrait contre son *estom*-2; vous allez voir ce qui en
arriva.

312ᵉ DICTÉE (ou DÉCHIFFRATION).

Un jour le *ch*-2 du *musulm*-16, *l*-1 sans doute de
cette excessive et importune tendresse, voulut fuir, il
allongea ses griffes, et s'accrocha au *bo*-30 du vêtement
de *dr*-1 autrefois *ve*-30-*br*-19 qui couvrait l'*enf*-16
d'Ismael *deven*-12 à *Par*-9 *march*-16 d'*enc*-16 et de
parf-19; il y fit un énorme *accr*-10; on *prét*-16 même
que les armes pénétrèrent jusqu'à la dernière doublure
du vêtement, et que le *s*-16 rougit la chemise du malheureux; ceci nous l'ignorons : mais quoi qu'il en soit,
le *ch*-2 *sais*-9 de frayeur, et craignant de n'avoir plus
de *rep*-10 près de son maître, fit un *b*-18 très-élevé;
— d'un seul *s*-10 il prit la clef des *ch*-16, et personne
ne le revit plus.

No 1, son *a* (*a grave*).	No 10, son *ô* (*o grave*).	No 17, son *in*.
No 4, son *e*.	No 12, son *u*.	No 18, son *on*.
No 5, son *é*.	No 13, son *ou*.	No 19, son *un*.
No 9, son *i*.	No 16, son *an*.	No 30, son *r*.

313ᵉ Dictée (ou Déchiffration).

A faire comme les précédentes, en pensant à donner aux mots pluriels la marque de ce nombre.

La reine Brunehaut fut, sans *auc*-19 *resp*-4 pour son sexe et pour son *r*-16, condamnée par le roi son neveu à être attachée à la queue d'un cheval indompté, *m*-9 au *gr*-16 *gal*-10 à force de coups de *fou*-4, et à être traînée une *nu*-9 entière sur les cailloux *aig*-12. Cette reine d'un caractère si *alti*-5 et si ferme, ayant les *br*-1, les *m*-17 et les *pi*-5 *meurtr*-9 et ensanglantés même (*inv*), remplit l'air du *bru*-9 de ses *cr*-9 *déchir*-16 entremêlés de *sangl*-10; cependant ses douleurs ne peuvent être comparées à celles de *s*-17 Laurent *m*-9 *viv*-16 sur un *gr*-9 qui couvrait des *charb*-18 des plus *ard*-16.

314ᵉ Dictée (ou Déchiffration). *Vers.*

D'un carrosse en *tourn*-16 elle accroche une roue,
Et d'un choc le renverse en un *gr*-16 *t*-1 de boue;
Quand un autre à l'*inst*-16 s'efforçant de passer
Dans le même *embarr*-1 se vient embarrasser.

BOILEAU.

Sur le *bo*-30 d'un puits très-*prof*-18,
Dormait, *étend*-12 de son *l*-18,
Un *enf*-16 alors dans ses classes.
T-13 est aux *écoli*-5 couchette et *matel*-1 :
Un honnête homme en pareil *c*-1
Aurait fait un *s*-10 de *v*-17 brasses.

LA FONTAINE.

No 1, son *à* (*a* grave). ——	No 10, son *ô* (*o* grave). ——	No 17, son *in*.
No 5, son *é*. ——	No 14, son *oâ*. ——	No 18, son *on*.
No 9, son *i*. ——	No 16, son *an*. ——	No 30, son *r*.

315ᵉ Dictée (ou Déchiffration). *Vers et prose.*

Le *da*-30 du *mépr*-9 perce l'écaille de la tortue.

La nymphe se trouvait malheureuse d'être immortelle, sa grotte ne résonnait plus de son *ch*-16; — la vue des *ch*-16 fleuris et des vallées riantes ne pouvait calmer sa douleur.

Si vous êtes *l*-1 (dit le *berg*-5)
Reposez-vous, gardez mes vaches à ma place,
    Et j'irai faire votre chasse;
Je *rép*-18 du chevreuil! — Ma foi! je le veux bien,
Tiens, voilà mon *fus*-9... (*rép*-18 le garde-chasse).

FLORIAN.

316ᵉ Dictée (ou Déchiffration). *Vers.*

Seul auprès du *gr*-16 *b*-14 je gardais le *troup*-10;
    Le loup vient, emporte un *agn*-10 (dit Mouflar),
    Et tout en *fuy*-16 le dévore;
Je cours, j'atteins le loup qui, laissant son *fest*-17,
    Vient m'attaquer; je le terrasse,
    Et je l'étrangle sur la place.
C'était bien jusque-là; mais, pressé par la *f*-17,
De l'*agn*-10 dévoré je regarde le reste;
J'hésite, je balance... A la *f*-17 cependant
    J'y porte une coupable *d*-16...

FLORIAN.

Des *bo*-30 où l'aurore se lève
Aux *bo*-30 où le soleil achève
Son *cou*-30 tracé par l'Éternel...
La riche mer de Tyr, les *dése*-30 d'Arabie
    Adorent le Dieu d'Israel.

LAMARTINE.

TRENTE-SIXIÈME LEÇON

SERVANT DE

TABLE DES MATIÈRES.

RÉCAPITULATION

DES

RÈGLES ET DES REMARQUES

PRÉSENTÉES

DANS LES 35 LEÇONS PRÉCÉDENTES,

avec l'indication des pages où se trouvent les règles suivies de leurs développements,
c'est-à-dire des exercices qui s'y rattachent.

PREMIÈRE SECTION.

DES GRANDES LETTRES OU MAJUSCULES.

PREMIÈRE LEÇON.

Pag.

PHRASE-TYPE. **V**oici *l'hiver*. **T**u *vas apprendre*
l'orthographe, **C**aroline.

RÈGLE Ire. 1° On commence par une grande
lettre (ou majuscule) le premier mot qu'on
écrit dans une dictée, une lettre, etc., etc.;

2° On commence aussi par une grande lettre
le premier mot qui est après un point (.); 1

3° On commence encore par une grande lettre
tous les noms propres de personnes (c), d'ani-

(c) PHRASE-TYPE. *Faisons pour* **M**arguerite *une couronne de*
marguerites.

Quand un nom commun est employé comme un nom propre, il
prend la grande lettre. 4

Nota. On écrit *Ciel* avec une grande lettre quand il peut être remplacé par le mot 68
Dieu.

maux, de peuples (A), de contrées (B), de villes,
de mers, de fleuves, de montagnes, de fêtes,
de mois, de jours, etc., etc.

DE LA MAJUSCULE APRÈS LE DEUX-POINTS (:).
SIXIÈME LEÇON.

PHRASE-TYPE.

Je ne suis pas de ceux qui disent : Ce n'est rien,
C'est une femme qui se noie.

RÈGLE VIe. On met toujours une grande lettre
au premier mot du discours d'une personne,
lorsque ce discours commence après le deux-
points (:).

DE LA MAJUSCULE AU COMMENCEMENT DES VERS.
ONZIÈME LEÇON.

PHRASE-TYPE. *Dans ces prés fleuris*
Qu'arrose la Seine,
Cherchez qui vous mène
Mes chères brebis.

RÈGLE XIe. On met une grande lettre au premier mot de chaque vers (*et l'on commence*
chaque nouveau vers à une ligne nouvelle).

(A) PHRASE-TYPE. *Voilà un savoyard qui passe.*
On ne met pas de grande lettre au substantif qui désigne un seul
naturel d'un pays, d'une province, etc.; — on n'en met pas non plus
au substantif qui ne désigne qu'un petit nombre de ces naturels.

(B) PHRASE-TYPE. *La capitale des Iles-Britanniques est Londres.*
Quand un nom propre se forme de deux mots, on y met deux
grandes lettres.

DU PLURIEL DANS LES SUBSTANTIFS.

PHRASE-TYPE. *Ce jour est le dernier des jours de l'univers.*

RÈGLE II°. On met généralement un *S* à la fin d'un substantif (*ou d'un pronom*) quand il désigne plusieurs personnes, plusieurs animaux, ou plusieurs choses ; *enfin quand il est du pluriel (1).*

———

DU PLURIEL DANS LES SUBSTANTIFS EN *AU* ET EN *EU*.

PHRASE-TYPE. *Les* tombereaux *roulaient, j'entendais le bruit des* moyeux *sur les* essieux.

RÈGLE III°. Le substantif qui finit au singulier par *AU* ou par *EU* prend un *X* à la fin (*au lieu d'un S*) quand il désigne plusieurs êtres ou plusieurs choses ; *enfin quand il est du pluriel.* 10

21

Par exception, l'Académie écrit : Un landau, des landaus.

———

DU PLURIEL DANS LES SUBSTANTIFS EN *AL*.

PHRASE-TYPE. On dit : *C'est mon* égal, *et ce sont mes* égaux.

RÈGLE IV°. Les mots qui se terminent par *AL* quand ils désignent un seul être ou une seule

———

(1) Les substantifs qui font exception à cette règle sont jugés par la règle 3°, la 4° et la 5° ; — ou indiqués dans une note, page suivante.

chose finissent par *AUX* quand ils désignent plusieurs êtres ou plusieurs choses, *enfin quand ils sont du pluriel* (D) (1).   14

(D) PHRASE-TYPE. *Que ce cheval est beau! Oh que ces chevaux sont donc beaux!*

Les mots en *al* font leur pluriel en *aux*, et les mots en *eau* font leur pluriel en *eaux.*   16

(1)   1re EXCEPTION. — On dit et l'on écrit :

Un aval,	des avals.	Un chacal,	des chacals.
Un bal,	des bals.	Un nopal,	des nopals.
Un cal,	des cals.	Un pal,	des pals (ou des paux).
Un cantal,	des cantals (fromages).	Un régal,	des régals.
Un carnaval,	des carnavals.	Un serval,	des servals, etc.

(Tous les autres substantifs en *al* font leur pluriel en *aux*.)   14

NOTA.

Enfin quelques substantifs qui devraient former leur pluriel par l'addition d'un *s* font exception à la règle IIe, ce sont :

2e EXCEPTION.

Un bijou,	des bijoux.	Un hibou,	des hiboux.
Un caillou,	des cailloux.	Un joujou,	des joujoux.
Un chou,	des choux.	Un pou,	des poux.
Un genou,	des genoux.		

(Tous les autres mots en *ou* forment leur pluriel en *ous*).   21

3e EXCEPTION.

L'ail,	les aulx.	Le soupirail,	les soupiraux.
Le bail,	les baux.	Le travail,	les travaux (généralem.).
Le bétail,	les bestiaux.	Le vantail,	les vantaux (d'une porte).
Le corail,	les coraux.	Le ventail,	les ventaux (en blason).
L'émail,	les émaux.	Le vitrail,	les vitraux.

    21

(Tous les autres mots en *ail* font leur pluriel en *ails*.)

4e EXCEPTION.

Un aïeul fait le plus souvent au pluriel *des aïeux.*
Le ciel fait le plus souvent au pluriel *les cieux.*
L'œil fait le plus souvent au pluriel *les yeux.*   21

DU PLURIEL DANS LES SUBSTANTIFS EN *S*, EN *X*,
ET EN *Z*.
CINQUIÈME LEÇON.

PHRASE - TYPE. *L'ours a-t-il dans les bois la guerre avec les* ours?

RÈGLE V^e. Si le substantif finit par un *S*, un *X*, ou un *Z* lorsqu'il ne désigne qu'un seul être ou une seule chose, il doit s'écrire de même quand il en désigne plusieurs, *c'est-à-dire quand il est du pluriel.*

19

_____

DU PLURIEL DANS LES ADJECTIFS.
SEPTIÈME LEÇON.

PHRASE-TYPE. *Qui pourrait dissiper tes ennuis... Est-ce d'avoir ce lis* bleu *comme tes yeux* bleus?

RÈGLE VIIe. Quand un adjectif est ajouté à un substantif pluriel, il doit généralement prendre un *S* à la fin (1).

26

_____

DU PLURIEL DANS LES ADJECTIFS EN *AU*.
HUITIÈME LEÇON.

PHRASE-TYPE. *Esaü et Jacob étaient deux frères* jumeaux.

RÈGLE VIIIe. Si l'adjectif finit au singulier par *AU*, il doit prendre à la fin un *X* (*au lieu d'un S*) lorsque le substantif auquel il est ajouté est du pluriel (1).

30

_____

(1) Parfois on n'exprime pas le substantif auquel l'adjectif est ajouté.

31

DU PLURIEL DANS LES ADJECTIFS EN AL.

NEUVIÈME LEÇON.

PHRASE-TYPE. *Le château* royal *de Versailles est le plus beau de tous les châteaux* roy**aux**.

RÈGLE IXe. Si l'adjectif finit au singulier par *AL*, il devra généralement finir par *AUX* lorsqu'il sera ajouté à un substantif pluriel.   34

DU PLURIEL DANS LES ADJECTIFS EN S ET EN X.

DIXIÈME LEÇON.

PHRASE-TYPE. *Ah! Claude qui a un habit* gris *et des bas* gri**s**!

RÈGLE X^e. Si l'adjectif finit au singulier par *S* ou par *X*, il s'écrira de même quand il sera au pluriel.   37

Nota. L'adjectif qui paraît être ajouté à plusieurs substantifs s'écrit au pluriel.   100

PRINCIPES GÉNÉRAUX D'ORTHOGRAPHE.

1° Tout substantif pluriel finit par un *S*, un *X* ou un *Z*.

2° Tout adjectif pluriel finit par un *S* ou un *X* (*excepté les adjectifs numéraux quatre, cinq, sept, etc.*).   38

(*Voir* pages 7, 10, 11, 12 et 14.)

NOTIONS ÉLÉMENTAIRES SUR L'ORTHOGRAPHE DU VERBE.

DU VERBE AJOUTÉ A *TU.*
DOUZIÈME LEÇON.

PHRASE-TYPE. *A présent tu* souris, *il sourit;*
Tu tends *vers lui* (le miroir) *les bras, il te les tend*
[*de même.*

RÈGLE XII⁰. Le mot-verbe ajouté au substantif (*ou pronom*) *TU* finit toujours par
un *S* (1, 2, — 3, E, F).

46

DU VERBE AJOUTÉ A *VOUS.*
QUATORZIÈME LEÇON.

PHRASE-TYPE. *Vous* aime**rez** *le Seigneur votre
Dieu de tout votre cœur.*

RÈGLE XIII⁰. Le mot-verbe ajouté au sub-

REMARQUES SUR LE VERBE AJOUTÉ A *TU.*

(E) **PHRASE-TYPE.** *Tu regardes en l'air, et* par**les** *en travaillant.*
Le verbe, ajouté au mot *tu* finit généralement par un *s*, lors même
que ce mot *tu* est sous-entendu.

50

TREIZIÈME LEÇON.

(F) **PHRASE-TYPE.** *Cher enfant,* es-*tu* (G) *fils de quelque saint prophète?*
Le verbe ajouté à *tu* finit toujours par un *s*, lors même que le mot
tu est placé après lui.

52

(G) **PHRASE-TYPE.** *Veillé-je? et* n'*est-ce point un songe que je
vois?*
On doit toujours mettre un tiret (-) entre le mot-verbe et le substantif (*pronom*), tel que: *je, tu, il, nous,* etc., etc.; *moi, toi,* etc.; *ce,
on,* etc., etc. qui est placé après.

53

(1) Par exception, on termine par un *x* : tu peu*x*, tu veu*x*, tu prévau*x*, tu vau*x*. 46
(2) On ne finit jamais par un *s* le mot de l'impératif (gr. 4⁰) des verbes en *er* qui a
rapport au mot *toi* (pour *tu*) sous-entendu. 58
(3) Parfois on n'exprime pas le substantif (ou le *pronom*) auquel un verbe est ajouté.

stantif (ou *pronom*) *VOUS* finit toujours par
EZ quand il se termine par le son de l'*É*
(*é fermé*) (H, I).

PHRASE-TYPE. *Vous ê**tes**, je l'avoue, ignorant
médecin.*

RÈGLE XIVe. Le mot-verbe ajouté au substantif (ou *pronom*) *VOUS* doit finir par *ES* (*au
lieu de EZ*) quand il se termine par le son *E*
(*e muet*) (I).

DU VERBE AJOUTÉ A *NOUS*.
QUINZIÈME LEÇON.

PHRASE-TYPE. *Venez sous mon manteau, nous*
marcher**ons** *ensemble.*

RÈGLE XVe. Le mot-verbe ajouté au sub-
tantif (ou *pronom*) *NOUS* finit généralement
par *ONS* (J).

REMARQUES SUR LE VERBE AJOUTÉ A *VOUS* ET A *NOUS*.

(H) PHRASE-TYPE. *Je vous* enseigner**ai** *les pâtis les plus gras.*
Le mot-verbe placé après *je vous* est toujours ajouté à *je* (jamais
à *vous*).

SEIZIÈME LEÇON.

(I) PHRASE-TYPE. Appri**tes**-vous *ce vers?*
           Travaill**ez**, pren**ez** *de la peine.*
Le mot-verbe ajouté au substantif (ou *pronom*) *vous* finit toujours
par *ez* ou par *es*, et lorsque le mot *vous* n'est exprimé qu'après le verbe,
—et lors même que le mot *vous* est sous-entendu.

(J) PHRASE-TYPE. Arrach**ons** (dîm**es**-nous), déchir**ons** *tous ces
vains ornements — Qui parent notre tête.*
Le mot-verbe ajouté au substantif (ou *pronom*) *nous* finit toujours
par *ons* ou par *es*, et lorsque le mot *nous* n'est exprimé qu'après le
verbe, — et lors même que le mot *nous* est sous-entendu.

Pag

PHRASE-TYPE. *Nous* quittâmes *à regret le rivage, nous nous* embrassâmes.

RÈGLE XVIe. Le mot-verbe ajouté au substantif (ou *pronom*) *NOUS* doit finir par *ES* (*au lieu de ONS*) quand il se termine par le son *E* (*par l'e muet*) (J).   65

DU VERBE AJOUTÉ A *ILS* ET A *ELLES*.
DIX-SEPTIÈME LEÇON.

PHRASE-TYPE. *Considérez les oiseaux du ciel, ils ne* sèment *point, ils ne* moissonnent *point*...

RÈGLE XVIIe. Le mot-verbe ajouté au substantif (ou *pronom*) pluriel *ILS*, ou *ELLES*, finit toujours par *NT* (K).   75

DU VERBE AJOUTÉ A *ILS* ET A *ELLES* (K, L).
Orthographe du verbe ajouté à ON *et généralement à un mot indéfini* (M).
DIX-HUITIÈME LEÇON.

(K) PHRASE-TYPE. *Et les lis des champs, comment* croissent-ils ? *ils ne* travaillent *ni ne* filent.

Le verbe ajouté à *ils* ou à *elles* finit toujours par *nt*, et lorsque le mot *ils* ou *elles* n'est exprimé qu'après le verbe, — et lors même que le mot *ils* ou *elles* est sous-entendu.   83

(L) *Contentons nos parents, ils nous* récompenseront.
Le mot-verbe placé après *ils nous, elles nous*, est toujours ajouté à *ils* ou à *elles* (et jamais à *nous*) (1).   87

(M) PHRASE-TYPE. *Cependant on* fricasse, *on se* rue *en cuisine*.
Le verbe qui est ajouté au substantif (ou *pronom*) indéfini *on, chacun, personne, rien, tout*, etc., s'écrit comme s'il était ajouté au mot singulier *il* (ou à *elle*).   88

(1) *Nota* On doit écrire par analogie :
Les lois nous défendront *ces actions.—Nos tantes nous* promèneront, *etc.*   90

11

DU VERBE AJOUTÉ A UN SUBSTANTIF PLURIEL,
DIX-NEUVIÈME LEÇON.

PHRASE-TYPE.

Un paon faisait *la roue et les autres oiseaux*
Admiraien**t** *son brillant plumage.*

RÈGLE XVIIIe. Le mot-verbe finit toujours aussi par *NT* quand il est ajouté à un substantif absolu désignant plusieurs êtres ou plusieurs choses (N, o).

_____

DU VERBE QUI PARAIT AJOUTÉ A PLUSIEURS SUBSTANTIFS.
VINGTIÈME LEÇON.

PHRASE-TYPE. *La mouche et la fourmi* contestaient *de leur prix.*

RÈGLE XIXe. Le mot-verbe finit toujours par *NT* lorsqu'il paraît être ajouté à plusieurs substantifs désignant des êtres ou des choses dont on parle (1).

_____

(N) PHRASE-TYPE. *Que* peuve**nt** *contre Dieu tous les* ROIS *de la terre?*

Le verbe ajouté à un substantif pluriel finit toujours par *nt*, et lorsque ce substantif n'est exprimé qu'après le verbe, — et lors même qu'il est sous-entendu.

(o) PHRASE-TYPE. *Ceux* QUI emploie**nt** *mal leur temps se* plaigne**nt** *de sa brièveté.*

Le mot-verbe finit toujours par *nt* quand il est ajouté à un substantif (ou *pronom*) qui fait penser à plusieurs êtres ou à plusieurs choses dont on parle (lors même que ce mot n'est pas le nom des êtres ou des choses, et qu'il n'est ni *ils* ni *elles*.)

(1) Quand le verbe paraît être ajouté à plusieurs substantifs désignant les êtres, etc. dont on parle, il est toujours ajouté réellement au mot pluriel *ils* (ou à *elles*).

_____

RÉCAPITULATION

DES NOTIONS ÉLÉMENTAIRES

SUR L'ORTHOGRAPHE DU VERBE.

1° Le verbe ajouté à *tu* finit par *S*.

(Pages 46, 50, 52 et 53.)

2° Le verbe ajouté à *vous* finit par *EZ* (ou par *ES*).

(Pages 57, 58 et 69.)

3° Le verbe ajouté à *nous* finit par *ONS* (ou par *ES*).

(Pages 64, 65 et 70.)

4° Le verbe ajouté à *ils*, à *elles, etc.*, ou à un substantif absolu pluriel, finit toujours par *NT*.

(Pages 75, 83, 87, 89, 91 et 92; enfin *voir* la règle XIX°, page 99).

Note. L'infinitif des verbes conserve toujours la même orthographe.

103

5§

SECONDE SECTION.

NOTIONS ÉLÉMENTAIRES

SUR L'ORTHOGRAPHE DE CERTAINS MOTS FÉMININS.

PRÉPARATION A LA RÈGLE XXᵉ :

La fumée de la suie se répand dans la rue.

Page 117.

Première partie.

Les mots masculins en *é* finissent par *é*.
Les mots féminins en *é* finissent par *ée*.

EXEMPLE : *Ce thé sent la fumée.* 113

Deuxième partie.

Les mots masculins en *i* finissent par *i*.
Les mots féminins en *i* finissent par *ie*.

EXEMPLE : *Je vous porte le défi d'enlever cette suie.* 114

Troisième partie.

Les mots masculins en *u* finissent par *u*.
Les mots féminins en *u* finissent par *ue*.

EXEMPLE : *Le ru déborde, il va inonder toute la rue.* 114

Quatrième partie.

Les mots masculins en *ai* finissent par *ai*.
Les mots féminins en *ai* finissent par *aie*.

EXEMPLE : *Faites-vous un balai dans cette boulaie.* 115

Cinquième partie.

Les mots masculins en *eu* finissent par *eu*.
Les mots féminins en *eu* finissent par *eue*.

EXEMPLE : *Mon* nev**eu** *Léon a une jolie veste* bl**eue.** 115

Sixième partie.

Les mots masculins en *oi* finissent par *oi*.
Les mots féminins en *oi* finissent par *oie*.

EXEMPLE : *Un* r**oi** *n'est pas toujours dans la* j**oie.** 116

Septième partie.

Les mots masculins en *ou* finissent par *ou*.
Les mots féminins en *ou* finissent par *oue*.

EXEMPLE : *Ah! mon* bamb**ou** *est tombé dans la* b**oue!** 116

DE L'ORTHOGRAPHE DES MOTS FÉMININS EN *ÉE*, EN *IE*, ETC.

VINGT ET UNIÈME LEÇON.

PHRASE-TYPE. *La* fum**ée** *de la* su**ie** *se répand dans la* r**ue.**

RÈGLE XXe. Lorsque le substantif est du genre féminin et qu'il se termine par le son *É*, ou par *I, U, AI, EU, OI, OU*, il doit finir par un *E* muet. 117

DE L'ORTHOGRAPHE DES ADJECTIFS EN *ÉE*, EN *IE*, ETC.
SUITE DE LA VINGT ET UNIÈME LEÇON.

PHRASE-TYPE. *O palais sois* béni! *sois* bénie, *ô ruine!*

RÈGLE XXIe. Lorsque l'adjectif qui se termine par le son *É, I, U, AI, EU*, est ajouté à un substantif féminin, il doit finir par **un E muet.**   **119**

NOTA. Les adjectifs dont le masculin est en *gu* ont le féminin en *guê*, avec le tréma (").   **120**

APPLICATIONS NOUVELLES DES RÈGLES XX ET XXI.
VINGT-DEUXIÈME LEÇON.

La fum**ée** *de la* su**ie** *se répand dans la* r**ue.**
O palais, sois b**éni**! *sois* bén**ie**, *ô ruine!*   **125**

DU FÉMININ DANS LES ADJECTIFS.
VINGT-TROISIÈME LEÇON.

PHRASE-TYPE. *Le ciel devint tout* noir, *et la* mer noire *aussi.*

RÈGLE XXIIe. Tout adjectif qui est ajouté à **un** substantif féminin finit par un *E* muet.   **131**

PRINCIPE GÉNÉRAL D'ORTHOGRAPHE.

Tout adjectif féminin finit par un *E* (e muet).   **134**

DE L'ORTHOGRAPHE DES SUBSTANTIFS ABSTRAITS
EN *TÉ* ET EN *TIÉ*.
VINGT-QUATRIÈME LEÇON.

PHRASE-TYPE. *L'*amitié *disparaît où l'*égalité *cesse.*

RÈGLE XXIIIe. Les substantifs féminins terminés et *TÉ* et en *TIÉ* ne prennent pas d'*E* muet à la fin quand ils désignent une chose (*des choses*) qu'on ne peut que comprendre (*c'est-à-dire une chose qu'on ne peut pas toucher, qui n'existe pas matériellement; enfin quand ils sont des mots abstraits*).

ORTHOGRAPHE DU VERBE.

1° DES TERMINAISONS DU VERBE AU FUTUR INDICATIF (GROUPE 1er).

VINGT–CINQUIÈME LEÇON.

PHRASES-TYPES.

1° *Je* marcher**ai** *pour vous* (dit l'aveugle).
2° *Tu* manger**as** *mon fils!*...
3° *Ah! qui me* donner**a** *l'aile de la colombe!*

4° *Nous vous* voiturer**ons** *par l'air en Amérique,*
5° *Vous* verr**ez** *mainte république...*
6° *Vos yeux* diriger**ont** *mes pas mal assurés.*

Pag. 145

TERMINAISONS DU FUTUR INDICATIF (GROUPE 1er).

RÈGLE XXIVᵉ.

1° Tout verbe au futur indic. (*gr.* 1er) finit par *AI*   quand il est ajouté à *JE* (1re personne du singulier).
2° Tout verbe au futur indic. (*gr.* 1er) finit par *AS*   quand il est ajouté à *TU* (2e personne du singulier).
3° Tout verbe au futur indic. (*gr.* 1er) finit par *A*   quand il est ajouté à *IL*, à *ELLE*, à *ON*, etc.,
ou à un substantif absolu (3e personne du singulier).
4° Tout verbe au futur indic. (*gr.* 1er) finit par *ONS*   quand il est ajouté à *NOUS* (1re personne du pluriel).
5° Tout verbe au futur indic. (*gr.* 1er) finit par *EZ*   quand il est ajouté à *VOUS* (2e personne du pluriel).
6° Tout verbe au futur indic. (*gr.* 1er) finit par *ONT*   quand il est ajouté à *ILS*, à *ELLES*, etc.,
ou à un substantif absolu (3e personne du pluriel.)

2° DES TERMINAISONS DU VERBE AU FUTUR CONDITIONNEL (GROUPE 2°).

PHRASES-TYPES.

1° *Je voudrais du bonheur...*
2° *Tu te romprais toutes les dents.*
3° *(Si vous étiez perdu). On dirait : Il est mort!*

4° *Nous pleurerions ici...*
5° *Vous crieriez... de si loin seriez-vous entendu?*
6° *Et vos cris rediraient : O ma mère!...*

Pag. 148

TERMINAISONS DU FUTUR CONDITIONNEL (GROUPE 2°).

RÈGLE XXVᵉ.

1° Tout verbe au fut. cond. (*gr.* 2ᵉ) finit par *AIS*   quand il est ajouté à *JE* (1ʳᵉ personne du singulier).
2° Tout verbe au fut. cond. (*gr.* 2ᵉ) finit par *AIS*   quand il est ajouté à *TU* (2ᵉ personne du singulier).
3° Tout verbe au fut. cond. (*gr.* 2ᵉ) finit par *AIT*   quand il est ajouté à *IL*, à *ELLE*, à *ON*, etc., ou à un substantif absolu (3ᵉ personne du singulier).
4° Tout verbe au fut. cond. (*gr.* 2ᵉ) finit par *IONS*   quand il est ajouté à *NOUS* (1ʳᵉ personne du pluriel).
5° Tout verbe au fut. cond. (*gr.* 2ᵉ) finit par *IEZ*   quand il est ajouté à *VOUS* (2ᵉ personne du pluriel).
6° Tout verbe au fut. cond. (*gr.* 2ᵉ) finit par *AIENT* quand il est ajouté à *ILS*, à *ELLES*, etc., ou à un substantif absolu (3ᵉ personne du pluriel).

11.

1° DES TERMINAISONS DES VERBES EN *ER*, ETC. AU PRÉSENT DE L'INDICATIF (GROUPE 3°).

VINGT-SIXIÈME LEÇON.

PHRASES-TYPES.

1° *Je balbutie des excuses, et...*
2° *Tu joues, par conséquent...*
3° *On renvoie ce fourbe; on le hue, mais...*
4° *Nous nous appliqu**ons** et nous réussiss**ons**.*
5° *Vous connaiss**ez** le quai nommé de la Ferraille.*
6° *Mes bœufs m'enseign**ent** la constance,*

Pag. 155

TERMINAISONS DU PRÉSENT INDICATIF (GROUPE 3°).

RÈGLE XXVI°.

1° Au singulier, pour les verbes en *er* seulement.

1° Tout mot d'un verbe en *er* au prés. ind. (*gr.* 3°) finit par *E* quand il est aj. à *JE* (1re personne du singulier).
2° Tout mot d'un verbe en *er* au prés. ind. (*gr.* 3°) finit par *ES* quand il est aj. à *TU* (2e personne du singulier).
3° Tout mot d'un verbe en *er* au prés. ind. (*gr.* 3°) finit par *E* quand il est aj. à *IL,* à *ELLE,* à *ON*, etc., ou à un substantif absolu (3e personne du singulier).

2° Au pluriel, pour tous les verbes.

4° Tout mot-verbe au présent indicatif (*gr.* 3°) finit par *ONS* quand il est ajouté à *NOUS* (1re pers. du pluriel).
5° Tout mot-verbe au présent indicatif (*gr.* 3°) finit par *EZ* quand il est ajouté à *VOUS* (2e pers. du pluriel).
6° Tout mot-verbe au présent indicatif (*gr.* 3°) finit par *ENT* quand il est ajouté à *ILS,* à *ELLES*, etc., ou à un substantif absolu (3e personne du pluriel).

2° DES TERMINAISONS DES VERBES EN ... ETC. AU FUTUR IMPÉRATIF (GROUPE 4°).

Nota. Les mots-verbes à l'impératif ne sont jamais ajoutés à un substantif exprimé; — ils ont toujours rapport à un substantif (ou pronom) sous-entendu.

PHRASES-TYPES.

1° »

2° Dore ce meuble, et...

3° »

4° Pleurons et gémissons, mes fidèles amies.

5° Côtoyez moins le bord, suivez le fil de l'eau.

6° »

TERMINAISONS DU FUTUR IMPÉRATIF (GROUPE 4e). Pag. 158

RÈGLE XXVII°,

1° Au singulier, pour les verbes en er seulement.

1° Tout verbe en er au (gr. 4°) finit par E (1) quand il a rapport à TOI (sous-ent.) (2e pers. du sing.).

2° Au pluriel, pour tous les verbes.

2° Tout verbe au fut. imp. (gr. 4e) finit par ONS quand il a rapp. à NOUS (sous-ent.) (1re pers. du plur.).

3° Tout verbe au fut. imp. (gr. 4e), finit par EZ, quand il a rapp. à VOUS (sous-ent.) (2e pers. du plur.).

(1) C'est seulement dans les verbes en er que le mot de l'impératif (groupe 4°) qui a rapport au mot toi (pour tu) sous-entendu doit s'écrire sans ... à la fin.

1° DES TERMINAISONS DU VERBE AU PASSÉ SIMULTANÉ (IMPARFAIT) INDICATIF (GROUPE 5ᵉ).

PHRASES-TYPES.

1° *J'avalais au hasard quelque aile de poulet.*
2° *Ah! si tu pouvais passer l'eau!*
3° *Une souris craignait un chat.*

4° (Alors) *Nous gagnions lentement la terre...*
5° *Voilà des maux que vous ne saviez pas.*
6° *Ensemble ils répétaient: J'ai grand froid!*

Pag. 165

TERMINAISONS DU PASSÉ SIMULTANÉ INDICATIF (GROUPE 5ᵉ).

RÈGLE XXVIIIᵉ.

1° Tout verbe au passé sim. ind. (*gr.* 5ᵉ) finit par *AIS* quand il est aj. à *JE* (1ʳᵉ personne du singulier).
2° Tout verbe au passé sim. ind. (*gr.* 5ᵉ) finit par *AIS* quand il est aj. à *TU* (2ᵉ personne du singulier).
3° Tout verbe au passé sim. ind. (*gr.* 5ᵉ) finit par *AIT* quand il est aj. à *IL*, à *ELLE*, à *ON*, etc.,
on à un substantif absolu (3ᵉ personne du singulier).
4° Tout verbe au passé sim. ind. (*gr.* 5ᵉ) finit par *IONS* quand il est aj. à *NOUS* (1ʳᵉ personne du pluriel).
5° Tout verbe au passé sim. ind. (*gr.* 5ᵉ) finit par *IEZ* quand il est aj. à *VOUS* (2ᵉ personne du pluriel).
6° Tout verbe au passé sim. ind. (*gr.* 5ᵉ) finit par *AIENT* quand il est aj. à *ILS*, à *ELLES*, etc.,
on à un substantif absolu (3ᵉ personne du pluriel).

NOTA. Les terminaisons du groupe 5ᵉ sont, dans tous les verbes, les mêmes que celles du groupe 2ᵉ.

2° DES TERMINAISONS DU VERBE AU FUTUR OU PRÉSENT SUBJONCTIF (GROUPE 6°).

PHRASES-TYPES.

1° *On veut que j'étudie l'histoire.*

2° *Télémaque! il faut que tu meures!*

3° *A toute outrance il veut qu'on le bafoue.*

4° *Ce sexe vaut bien que nous le regrettions.*

5° *Il faut que vous priiez pour vos ennemis*

6° *afin qu'ils se convertissent...*

Pag. 168

TERMINAISONS DU FUTUR OU PRÉSENT SUBJONCTIF (GROUPE 6°).

RÈGLE XXIX°.

1° Tout verbe au futur ou prés. subj. (*gr.* 6°) finit par *E*   quand il est aj. à *JE* (1re personne du singulier).

2° Tout verbe au futur ou prés. subj. (*gr.* 6°) finit par *ES*   quand il est aj. à *TU* (2e personne du singulier).

3° Tout verbe au futur ou prés. subj. (*gr.* 6°) finit par *E*   quand il est aj. à *IL*, à *ELLE*, à *ON*. etc., ou à un substantif absolu (3e personne du singulier).

4° Tout verbe au futur ou prés. subj. (*gr.* 6°) finit par *IONS* quand il est aj. à *NOUS* (1re personne du pluriel).

5° Tout verbe au futur ou prés. subj. (*gr.* 6°) finit par *IEZ* quand il est aj. à *VOUS* (2e personne du pluriel).

6° Tout verbe au futur ou prés. subj. (*gr.* 6°) finit par *ENT* quand il est aj. à *ILS*, à *ELLES*. etc., ou à un substantif absolu (3e personne du pluriel.)

DES MOTS-VERBES QUI DOIVENT FINIR PAR *HONS, HEZ.*
VINGT-HUITIÈME LEÇON.

PHRASE-TYPE. *Autrefois nous* criions (gr. 5e) *beaucoup, il est inutile que vous nous* suppliiez (gr. 6e) *maintenant de n'en rien faire.*

RÈGLE XXXe. On doit finir par *HONS, HEZ* les mots du gr. 5e (*passé [imparf.] ind.*) et du gr. 6e (*fut.* ou *prés. subj.*) de tous les verbes qui ont le premier mot de leur gr. 5e terminé en *IAIS.*

Ainsi, comme on écrit *je riais,* on écrira : au groupe 5e : nous *riions,* vous *riiez ;* au groupe 6e : il faut que nous *riions,* que vous *riiez* (tandis que les mots du même verbe, au groupe 3e et au 4e, s'écriront par *rions, riez*).

175

DES MOTS-VERBES QUI DOIVENT FINIR PAR *YIONS, YIEZ.*
SUITE DE LA VINGT-HUITIÈME LEÇON.

PHRASE-TYPE. *Pierre, il faut que vous* déployiez (gr. 6e) *toute votre énergie comme nous* déployions (gr. 5e) *la nôtre l'année dernière.*

RÈGLE XXXIe. On doit finir par *YIONS, YIEZ* les mots du gr. 5e (*passé* [*imparf.*] *ind.*) et du gr. 6e (*futur* ou *prés. subj.*) de tous les verbes qui ont le premier mot de leur gr. 5e terminé en *YAIS.*

Ainsi, comme on écrit *je croyais,* on écrira : au groupe 5e : nous *croyions,* vous *croyiez ;* au groupe 6e : il faut que nous *croyions,* que vous *croyiez* (tandis que les mots du même verbe, au groupe 3e et au groupe 4e, s'écriront par *croyons, croyez*). 176

REMARQUES.

Pour rendre plus complètes et plus claires la règle XXXe et la XXXIe, données pages 175 et 176, nous ajouterons les remarques suivantes :

1re *Rem.* On finit par *ONS, EZ*, les deux premiers mots du pluriel du gr. 3e (*prés. ind.*) et du gr. 4e (*impér.*)

2e *Rem.* On finit par *IONS, IEZ* les deux premiers mots du pluriel du gr. 5e (*passé* [*imparf.*] *indic.*) et du gr. 6e (*futur ou prés. subj.*). (*Or il y aura deux I (ou YI) dans les mots de ces deux groupes qui auront un I (ou un Y) pour dernière lettre de leur racine.*)   177

1° DES TERMINAISONS DU VERBE EN *ER* AU PASSÉ PÉRIODIQUE (PARFAIT) INDICATIF (GROUPE 7e).

VINGT-NEUVIÈME LEÇON.

PHRASES-TYPES.

1° *En voyant la fourmi j'amassai pour jouir.*
2° *Tu pensas,... tu parlas,*
3° *La parole acheva ta pensée.*

4° *Nous vidâmes quatre pots de bière.*
5° *C'est là que vous daignâtes nous recevoir.*
6° *Les Israëlites en**èrent** dans le désert.*

Pag. 182

TERMINAISONS DU PASSÉ PÉRIODIQUE INDICATIF (GROUPE 7e) POUR LES VERBES EN ER.

RÈGLE XXXIIe.

1° Tout verbe en *er* au passé pér. ind. (*gr.* 7e) finit par *AI* (1)   quand il est aj. à *JE* 1re personne du singulier).
2° Tout verbe en *er* au passé pér. ind. (*gr.* 7e) finit par *AS*   quand il est aj. à *TU* (2e personne du singulier).
3° Tout verbe en *er* au passé pér. ind. (*gr.* 7e) finit par *A*   quand il est aj. à *IL*, à *ELLE*, à *ON*, etc.; ou à un substantif absolu (3e personne du singulier).
4° Tout verbe en *er* au passé pér. ind. (*gr.* 7e) finit par *ÂMES*   quand il est aj. à *NOUS* (1re personne du pluriel).
5° Tout verbe en *er* au passé pér. ind. (*gr.* 7e) finit par *ÂTES*   quand il est aj. à *VOUS* (2e personne du pluriel).
6° Tout verbe en *er* au passé pér. ind. (*gr.* 7e) finit par *ÈRENT* quand il est aj. à *ILS*, à *ELLES*, etc., ou à un substantif absolu (3e personne du pluriel).

1) Ln (ou l'A) qui commence ces terminaisons ne se retrouve dans aucun verbe en *ir*, en *re*, en *oir*.

2° TERMINAISONS DU VERBE EN *ER* AU PASSÉ OU FUTUR (IMPARFAIT) SUBJONCTIF (GROUPE 8°).

PHRASES-TYPES.

1° *Il me servait sans que je l'en priasse.*

2° *Il faudrait que tu le grondasses bien fort*

3° *pour qu'il se corrigeât.*

4° *Voudriez-vous que nous jouassions?*

5° *Je voudrais que vous me donnassiez ce bijou.*

6° *Dieu était avant que les cieux existassent.*

TERMINAISONS DU PASSÉ OU FUTUR SUBJONCTIF (GROUPE 8°) POUR LES VERBES EN *ER*.   Pag. 185

RÈGLE XXXIII°.

1° Tout verbe en *er* au passé ou fut. subj. (*gr.* 8°) finit par *ASSE*   quand il est aj. à *JE* (1ʳᵉ pers. du sing.)

2° Tout verbe en *er* au passé ou fut. subj. (*gr.* 8°) finit par *ASSES*   quand il est aj. à *TU* (2ᵉ pers. du sing.)

3° Tout verbe en *er* au passé ou fut. subj. (*gr.* 8°) finit par *ÂT*   quand il est aj. à *IL*,
à *ELLE*, à *ON*, etc.,   on à un substantif absolu (3ᵉ personne du singulier).

4° Tout verbe en *er* au passé ou fut. subj. (*gr.* 8°) finit par *ASSIONS* quand il est aj. à *NOUS* (1ʳᵉ pers. du plur.)

5° Tout verbe en *er* au passé ou fut. subj. (*gr.* 8°) finit par *ASSIEZ*   quand il est aj. à *VOUS* (2ᵉ pers. du plur.)

6° Tout verbe en *er* au passé ou fut. subj. (*gr.* 8°) finit par *ASSENT* quand il est aj à *ILS*,
à *ELLES*, etc.,   on à un substantif absolu (3ᵉ personne du pluriel).

DES TERMINAISONS DU VERBE NON EN *ER*, AU SINGULIER DU PRÉS. INDIC. (GR. 3ᵉ).

TRENTIÈME LEÇON.

PHRASES-TYPES.

1° *Je* frémis *d'indignation.*

2° *Tu te* résous *à rester ici.*

3° *On* voit *la rougeur du misérable.*

RÈGLE XXXIVᵉ.

1° Tout mot d'un verbe *non en ER* au prés. **ind.** (**gr. 3ᵉ**) finit par *S* quand il est ajouté à *JE.*

2° Tout mot d'un verbe *non en ER* au prés. **ind.** (**gr. 3ᵉ**) finit par *S* quand il est ajouté à *TU.*

3° Tout mot d'un verbe *non en ER* au prés. **ind.** (**gr. 3ᵉ**) finit par *T* quand il est ajouté à *IL.*   192

DES TERMIN. DU PRÉS. INDIC. DANS TOUS LES VERBES.

RÉCAPITULATION DES RÈGLES XXVI ET XXXIV.

SUITE DE LA TRENTIÈME LEÇON.

1° *Je* balbuti**e** *des excuses.* — *et je* fré**mis** *d'indignation.*

2° *Tu* jou**es**, *par conséquent* — *tu te* résou**s** *à rester* **ici.**

3° *On* renvoi**e** *ce fourbe, mais...* — *on* voi**t** *sa rougeur.*

4° *Nous nous* appliqu**ons** *et nous* réus-iss**ons**,... etc.

Pages 155 et 192.

REMARQUE. Les terminaisons du gr. 3ᵉ sont:

AU SINGULIER

dans les verbes en *er* :	dans les verbes non en *er* :
E	*S*
ES	*S*
E	*T*

AU PLURIEL
dans tous les verbes:

ONS
EZ
ENT

DES TERMINAISONS DES VERBES NON EN *ER* AU SINGULIER DU FUTUR IMPÉRATIF (GROUPE 4e).

TRENTE ET UNIÈME LEÇON.

PHRASE-TYPE. *Ne t'endors pas.*

RÈGLE XXXVe. Tout mot d'un verbe *non en ER* au futur impératif (*gr.* 4e) finit par *S* lorsqu'il a rapport au mot *TOI* (pour *TU*) sous-entendu. 200

DES TERMIN. DE L'IMPÉR. DANS TOUS LES VERBES.

RÉCAPITULATION DES RÈGLES XXVII ET XXXV.

SUITE DE LA TRENTE ET UNIÈME LEÇON.

1e Dore *ce meuble,* — *et ne t'endors pas.*

2^d Pleur**ons** *et* gémiss**ons**, *mes fidèles amies, etc.*

Pages 158 et 200.

REMARQUE. Les terminaisons du gr. 4e sont :

AU SINGULIER

dans les verbes en *er* :	dans les verbes non en *er* :
»	»
E	S
»	»

AU PLURIEL
dans tous les verbes :

ONS
EZ
»

202

1° TERMINAISONS DES VERBES NON EN *ER* AU PASSÉ PÉRIODIQUE (PARFAIT) INDICATIF (GROUPE 7°).

TRENTE-DEUXIÈME LEÇON.

PHRASES-TYPES, on écrit :

1° { Hier } je gémis *de douleur.*
2° { Hier } tu pris *une médecine.*
3° { Hier } le héros sut *éviter cet affront, il le prévint.*

4° *Nous* parlâmes *cinq cents......*
5° *Vous* courûtes *de grands dangers.*
6° *Les zéphyrs* retinrent *leurs haleines.*

RÈGLE XXXVI°.

Au passé périodique (*parfait*) indicatif,   Pag. 207

1° Le verbe non en *er* aj. à *JE*	finit par *S*,	ou plutôt par *IS*,	*US*,	*INS*.
2° Le verbe non en *er* aj. à *TU*	finit par *S*,	ou plutôt par *IS*,	*US*,	*INS*.
3° Le verbe non en *er* aj. à *IL*, etc.	finit par *T*,	ou plutôt par *IT*,	*UT*,	*INT*.
4° Le verbe non en *er* aj. à *NOUS*	finit par *^MES*,	ou plutôt par *Î MES*,	*ÛMES*,	*ÎNMES*.
5° Le verbe non en *er* aj. à *VOUS*	finit par *^TES*,	ou plutôt par *ÎTES*,	*ÛTES*,	*ÎNTES*.
6° Le verbe non en *er* aj. à *ILS*, etc. finit par *RENT*, ou plutôt par *IRENT*, *URENT*, *INRENT*.				

2° REMARQUES SUR LES TERMINAISONS DES VERBES AU SINGULIER DES GROUPES 7, 3, 4, 6.

Beaucoup de mots du singulier du gr. 8°, du 3° et du 7° des verbes non en *er* font entendre à la fin le thème son que des mots du gr. 4°, du 3°, ou même un 6° des verbes en *er*; mais toujours ils doivent se terminer d'une manière différente.

Les PHRASES-TYPES suivantes :

1° { Hier { *je gémis de douleur,*   maintenant et } on veut que } *je balbutie des excuses.*

2° { Hier { *tu pris une médecine,*   maintenant et } il faut que } *tu pries ta mère de ne l'en plus donner,*

            prie-l'en bien (*je te le conseille*).

3° { Hier { *le héros sut éviter cet affront,* { maintenant *il ne convient pas qu'* } *on le hue.*

sont destinées à nous rappeler que :   **Pag. 210**

1° Les terminaisons du singulier du passé périod. indicat. (*gr.* 7°) des verbes non en *er*, sont :

S, S, T

aussi bien que celles du présent indicatif (*gr.* 3°) des verbes non en *er*;

2° La terminaison du singulier de l'impératif (*gr.* 4°) des verbes non en *er* est **S**;

1° Les terminaisons du singulier du présent in— dicat. (*gr.* 3°) des verbes en *er*, sont :

E, ES, E

aussi bien que celles du futur ou prés. subj. (*gr.* 6°) de tous les verbes;

2° La terminaison du singulier de l'impératif (*gr.* 4°) des verbes en *er* est **E**.

Il faut donc, pour être sûr de donner au mot-verbe qu'on écrit la terminaison qui lui convient, rechercher toujours comment finit l'infinitif dont il dépend, et à quel groupe ou temps il est employé.

Pag.

DE L'ORTHOGRAPHE DES MOTS DU VERBE *ÊTRE*.
TRENTE-TROISIÈME LEÇON.

Le verbe *être* donné dans le *Supplément*, page XXIII, servira de phrase-type et de règle. Exercices depuis la page   217

DE L'ORTHOGRAPHE DES MOTS DU VERBE *AVOIR*.
TRENTE-QUATRIÈME LEÇON.

Le verbe *avoir* donné dans le *Supplément*, page XXIV, servira de phrase-type et de règle. Exercices depuis la page   222

DES MOTS DÉRIVÉS OU ANALOGUES.
TRENTE-CINQUIÈME LEÇON.

PHRASE-TYPE. *Quel* fracas! *vous* fracassez *tout chez moi.*

REMARQUE. *Il y a parfois à la fin des mots substantifs, adjectifs, etc., des lettres qu'on n'entend pas.*

RÈGLE XXXVIIe. On doit en général mettre à la fin d'un mot une lettre (*quand même on ne l'y entendrait pas*) lorsqu'on *entend* cette lettre au milieu d'un autre mot qui a une ressemblance de signification avec celui qu'on veut écrire;   227

ainsi:

On met un *S* à la fin du substantif *fracas*, parce qu'on entend ce *S* dans *fracasser*, *fracassant*, etc., mots qui lui ressemblent pour le sens.

On met un *P* à la fin du substantif *drap* parce qu'on entend ce *P* dans *drapier*, *draper*, *dr perie*, etc., qui lui ressemblent pour le sens.

On met un *L* à la fin de l'adjectif *gentil*, à cause de *gentille*, *gentillesse*, etc., où le L s'entend, et qui lui ressemblent pour le sens, etc.

AUTRES RÈGLES D'ORTHOGRAPHE.

(1) PHRASE-TYPE. *Trouverai je dans cette ville un* frang**ier** (ou frang*er*)?

Les mots qui se terminent en *té* s'écrivent par *ier* à la fin.   165

(Q) PHRASE-TYPE. *Je voudrais faire* frang**er** *mes rideaux*.
L'infinitif des verbes qui finit par le son é s'écrit par *er*.   149

(R) PHRASE-TYPE. *S'il faut pér***ir** *nous périrons ensemble*.
La plupart des infinitifs qui finissent par le son *ir* s'écrivent par *ir*
(sans *e* après le *r*).   151

(S) PHRASE-TYPE. *Quoi! vous osez, dit-elle, à mes yeux vous*
produ**ire?**
Les infinitifs qui finissent par le son *ir* s'écrivent par *ire* lorsqu'ils
peuvent former un mot en *isant* ou en *ivant*, ex. : produire (en pro-
duisant), nu*ire* (en nuisant), etc.; déc*rire* (en décrivant), etc., etc.   156

(T) PHRASE-TYPE. Voul**oir** *tromper le Ciel, c'est folie à la terre*.
Les infinitifs en *oir* s'écrivent généralement à la fin par *oir* (sans *e*
muet).   159

(U) PHRASE-TYPE. *Je tomberai comme une* fl**eur**.
Les mots terminés en *eur* s'écrivent généralement à la fin par *eur*
(sans *e* muet).   161

(V) PHRASE-TYPE. *Quel pois*on *pour l'esprit que les fausses*
louanges!
On doit mettre un seul *s* entre deux voyelles pour écrire le son *z*.
(Les voyelles sont *a, e, i, o, u, y*.)   166

(X) PHRASE-TYPE. *Petit* po**ss**on *deviendra grand*.
On met le plus souvent *ss* (deux *s*) entre deux voyelles pour écrire
le son *s* (mais jamais on n'écrit le son *s* entre deux voyelles par un
seul *s*),   169

(Y) PHRASE-TYPE. *La* pen**s**'*e et l'esprit sont exempts de mourir*.
On ne doit jamais mettre qu'un seul *s* pour écrire le son *s* quand
le *s* est entre une consonne et une voyelle.   171

(Z) PHRASE-TYPE. A**m**broise *est* e**mm**énagé *près de l'*a**m**phithéâtre.
On met toujours un *m* (et jamais un *n*) devant *b, m, p*.   175

(AA) PHRASE-TYPE, *Son front cicatrisé rend son air* furi**eux**.
Les adjectifs qui finissent en *eu* s'écrivent par *eux*.   176

(BB) PHRASE-TYPE. *Le Bordelais est* abond**ant** *en raisin*.
On finit par *ant* tous les mots en *an* qui formeraient un infinitif
de verbe si l'on en changeait les dernières lettres. (D'abond*ant* on ferait l'infinitif abonder; de courant on ferait l'infinitif courir, etc.)   177

(CC) PHRASE-TYPE. *Le* from**ent** *est la meilleure espèce de blé*.
Les mots qui finissent en *man* s'écrivent par *ment*.   178

(DD) PHRASE-TYPE. Évide**mm**ent, *Léon se trompe* consta**mm**ent.
Les mots invariables en *amment* et en *emment* prennent tous *mm*
(deux *m*).   183

Pag.

(EE) Phrase-type. *Dieu com*mm*ande au soleil d'animer la na-ture.*

Les mots en *comm* s'écrivent avec *mm* (deux *m*). 186

(FF) Phrase-type. *Un malheureux s'imagina qu'il ferait bien de se* pen.dre.

Les verbes en *endre* s'écrivent presque tous avec *en*. 188

(GG) Phrase-type. *Sans men*tir, *dis-moi qui tu* fréque*n*tes, *et je te dirai qui tu es.*

Beaucoup de verbes en *enter* et en *entir* s'écrivent avec *en* (comme les verbes en *endre*). 192

(HH) Phrase-type. *Jamais, s'il* (l'ours) *me veut croire, il ne se fera* pein.dre.

Les verbes terminés en *indre* s'écrivent presque tous par *eindre*. 193

(II) Phrase-type. *Elle* (l'alouette) *bâtit un* nid, pond.... *fait éclore....*

La plupart des verbes en *dre* ont un *d* au lieu d'un *t* au troisième mot du présent indicatif (*groupe 3e*). 196

(JJ) Phrase type. *Les femmes ont une maison à* régl**er**, *un mari à* rend**re** *heureux, des enfants à bien* élev**er**.

Après l'un de ces six mots : *à, après, de, par, pour, sans*, le mot du verbe est toujours l'infinitif. 203

(LL) Phrase-type. *Je veux me* corrig**er**, *je veux* chang**er** *de vie....*

Quand un verbe est placé après un autre verbe qui n'est ni *avoir* ni *être* et qu'il en complète le sens, on l'écrit à l'infinitif (ainsi on le termine toujours par *er, ir, re, oir*). 208

(MM) Phrase-type. *Je suis* perd**u** *d'honneur* (dit Vatel)...

Le mot venant d'un verbe et qui est placé après un mot du verbe *être* (ou du verbe *avoir*) est toujours un *adjectif* formé d'un verbe (ou *participe*) et jamais il n'est l'infinitif ; on doit donc le terminer par *é, ée, és, ées ; — i, ie*, etc.; — *u, us*, etc., etc. (et jamais par *er*). 217

(NN) Phrase-type. (*Je suis perdu d'honneur*), *deux rôtis ont* manqu**é**

Le mot venant d'un verbe qui est placé après un mot du verbe *avoir* (ou du verbe *être*) est toujours un *adjectif* formé d'un verbe (ou *participe*), et jamais il n'est l'infinitif ; on doit donc l'écrire par *é, ée, és*, etc.; — *i, is*, etc.; — *u, us*, etc., etc. (et jamais par *er*). 222

Nota. Les élèves devront consulter souvent cette 36e leçon, et même l'apprendre par cœur.

NOTIONS

TRÈS–ÉLÉMENTAIRES

D'ANALYSE GRAMMATICALE

ET DE

CONJUGAISON,

POUR SERVIR A L'INTELLIGENCE DE

L'ORTHOGRAPHE ENSEIGNÉE PAR LA PRATIQUE

AUX ENFANTS DE SEPT A NEUF ANS.

12

SUPPLÉMENT

COURS COMPLET D'ORTHOGRAPHE

(PREMIER DEGRÉ).

NOTIONS TRÈS-ÉLÉMENTAIRES

D'ANALYSE GRAMMATICALE.

---

§ 1er. — Du substantif.

Pour parler et pour écrire on emploie des mots.
Dans ce qu'on lit ou ce qu'on écrit, chaque mot est, et doit être, séparé des autres mots par un intervalle.
Dans ces mots il y en a qui font penser à des personnes, à des animaux, ou à des choses : on les appelle *mots substantifs.*

or :

On nomme *Substantif* le mot qui fait penser à une personne (ou *à des personnes*), à un animal (ou *à des animaux*), à une chose (ou *à des choses*) qu'on peut *voir, toucher, goûter, flairer, entendre* ou même *comprendre.*

Nota. On peut presque toujours mettre devant le mot substantif : *un* ou *une. le* ou *la ;*

Exercice pour faire distinguer les substantifs.

Papa écrit. — La *chatte* miaule. — Mon *frère* saute à la *corde.* — Ma *poupée* est belle. — Cette *poire* est trop peu mûre. — La *violette* fleure bon, cette *odeur* plait généralement. — Les *aboiements* de *Turc* et de votre *chien* étourdissent. — La *sagesse* des *enfants* fait le *bonheur* des *mères.*

Nota. Pour simplifier, on peut faire placer dans la classe des substantifs les pronoms substantifs, puisqu'ils font, eux aussi , penser à des personnes, à des choses , etc.

Autre exercice pour faire distinguer les substantifs, et les substantifs-pronoms.

Papa écrit, *il* veut être seul. — La chatte miaule, *elle* m'ennuie. — Mon frère saute à la corde, *il s'*amuse bien. — Ma poupée est belle, *je l'*ai bien habillée. — Cette poire est trop peu mûre, *tu la* trouveras mauvaise. — La violette fleure bon, cette odeur *nous* plaît. — Les aboiements que notre chien fait entendre ne *vous* étourdissent-*ils* pas ?— *C'*est la sagesse des enfants *qui* fait le bonheur des mères; *elles* sont fières de *les* entendre louer par tous *ceux qui les* voient ; *on l'*aperçoit facilement.

§ 2. — Du substantif nom commun et du substantif nom propre.

Le substantif qui désigne l'être ou la chose par un nom qui convient à tous les êtres et à toutes les choses de la même espèce s'appelle *nom commun*. — Le substantif qui désigne l'être ou la chose par un nom qui ne convient qu'à cet être ou à cette chose (*au moins dans une famille, une société, etc.*) s'appelle substantif *nom propre.*

Ainsi les mots *homme, femme, chien. peuple, pays, ville, mois,* etc. etc., sont des noms communs, parce qu'ils peuvent s'employer pour désigner tout *homme,* toute *femme,* tout *peuple,* etc., etc., quels qu'ils soient;
Mais les substantifs *Alphonse, Auguste; Thérèse, Louise; Azor, les Suisses, la France, l'Archipel, la Seine, Paris, Novembre,* etc. etc., sont des noms propres, parce qu'ils servent à désigner en particulier tel ou tel être qu'on appelle Alphonse ou Auguste, Thérèse ou Louise; tel ou tel chien qu'on distingue des autres chiens par le nom d'Azor, tel ou tel peuple particulier, etc., etc.

Exercice pour distinguer les noms communs des noms propres.

Ma *chatte* se nomme Bichonne. — Mon *frère* Arthur est sorti. — La France est une *contrée* privilégiée.—Les Français sont un *peuple* des plus vaillants. — Le *mois* de Novembre est généralement froid.— La Méditerranée baigne l'Europe, l'Asie et l'Afrique; cette *mer* reçoit quatre *fleuves* principaux: l'Èbre, le Rhône, l'Arno, et enfin le Tibre, ce *fleuve* célèbre qui arrose la *ville* de Rome.

§ 3. — Du nombre dans le substantif.

Quelquefois le substantif désigne une seule personne, un seul animal ou une seule chose, et quelquefois le substantif désigne plusieurs personnes, plusieurs animaux ou plusieurs choses.

on dit que

Le substantif est du nombre *singulier* quand il ne désigne qu'une seule personne, un seul animal, ou une seule chose ;

et que

Le substantif est du nombre *pluriel* quand il désigne plusieurs personnes, plusieurs animaux, ou plusieurs choses.

Exercice pour distinguer les substantifs du singulier et les substantifs du pluriel.

Polichinelle danse avec des SABOTS. — Mon *frère* abat des NOIX. — Les AGNEAUX poursuivent leur *mère*. — Certains VERS font la *soie*. — La *foudre* sillonne la *nue*, et les ÉCLAIRS brillent. — Mes LEÇONS d'*orthographe m*'amusent beaucoup, *je* LES comprends bien.

§ 4. — Des mots ajoutés au substantif : Verbe et Adjectif.

Il y a des mots qui se joignent au substantif et font un sens avec lui ; tels sont *bon, grand, méchant, la,* etc., — *parle, bouderai, courut,* etc. Parmi les mots qui se joignent au substantif pour faire un sens avec lui, il y en a qui ne se conjuguent pas, et il y en a qui se conjuguent, c'est-à-dire qui étant ajoutés aux mots *je, tu, il ; nous, vous, ils,* etc., peuvent et doivent changer de forme ; tels sont : je *parle,* tu *parles,* il *parle ;* nous *parlons,* vous *parlez,* ils *parlent :* — je *bouderai,* tu *bouderas,* il *boudera,* nous *bouderons,* vous *bouderez,* ils *bouderont ;* — je *courus,* tu *courus,* il *courut ;* nous *courûmes,* vous *courûtes,* ils *coururent,* etc.

On nomme *Verbe* le mot qui étant ajouté à un substantif pour faire un sens avec lui peut se conjuguer. (*Le verbe indique presque toujours une action*).

On appelle *Adjectif* le mot qui étant ajouté à un substantif pour faire un sens avec lui ne peut pas se conjuguer. (*L'adjectif indique très-souvent une qualité*).

NOTA. Pour simplifier on peut faire mettre dans la classe des adjectifs les articles et les participes.

Exercice pour distinguer les verbes et les adjectifs.

Ma petite chatte *espagnole* MIAULE tandis que *le* cheval *brun* HENNIT. — *Mes grands* frères se MOQUENT toujours de *ma jolie* poupée

qui PARLE. — Tu SALIRAS *ta belle* robe *rose* en *courant* dans *le* pré.
— *La* poule *blanche* PONDRA-t-elle aujourd'hui un œuf aussi *joli* que
celui qu'elle A *pondu* hier ? je VOUDRAIS bien le savoir. (on dit : Je
saurai, tu sauras, etc. *Voir* § 8, page VII.)

§ 5. — Du nombre dans le verbe et dans l'adjectif.

L'adjectif, comme le verbe, est tantôt au nombre singulier et tantôt au
nombre pluriel.

L'*adjectif* est au nombre *singulier* lorsqu'il est ajouté
à un substantif du singulier.

L'*adjectif* est au nombre *pluriel* lorsqu'il est ajouté
à un substantif du pluriel.

Exercice pour distinguer les adjectifs au singulier des adjectifs au pluriel.

CES dragées ROSES sont EXCELLENTES, *ma bonne* mère me les a
DONNÉES. — *Notre petite* rivière s'est *grossie* par LES pluies CONTI-
NUELLES et ABONDANTES qui sont TOMBÉES *le* mois *dernier.*—LES JOLIES
roses qui ornent *votre beau* parterre seront bientôt FLÉTRIES. — *Le*
fermier *attentif et soigneux* inspecte *chaque* jour SES NOMBREUX
troupeaux, et surveille TOUS SES ouvriers.

Le *verbe* est au nombre *singulier* lorsqu'il est ajouté
à un substantif du singulier.

Le *verbe* est au nombre *pluriel* lorsqu'il est ajouté à
un substantif du pluriel.

Exercice pour distinguer les verbes au singulier des verbes au pluriel.

Dieu *punit* les coupables, mais il *aime* et *récompense* les bons.—LES
premiers hommes VÉCURENT en Asie.—La brebis *bêle*, et ses agneaux
lui RÉPONDENT. — Je *regarde* souvent les belles gravures qui ORNENT la
Bible que ma tante m'*a* donnée. —Nous CUEILLERONS un bouquet pour
papa. — Les dictées que maman nous *fait* faire SONT bien amusantes.

§ 6. — De l'invariable.

Il y a des mots qui ne sont pas des substantifs et qui ne peuvent pas
s'ajouter à des substantifs ; — ils ne changent jamais d'orthographe, par
conséquent ils peuvent être appelés mots *invariables.*

On appelle *Invariable* le mot qui n'est ni un substantif, ni un mot ajouté à un substantif ; l'invariable ne
change jamais d'orthographe.

Exercice pour reconnaître les mots invariables.

Ce charretier crie *trop fort.* — Ces charretiers crient *trop fort.* — Les cerfs courent *infiniment plus vite que* les chiens. — Les enfants capricieux sont *bien peu* aimés *de* leurs petits camarades. — Nous nous promenons *souvent sur* l'eau *avec* nos parents *et* nos amis. — Vous *ne* parlez *guère prudemment, mais* vos frères sont *encore moins* prudents *que* vous *et* vos amis. — Vos raisins *ne* sont *pas assez* mûrs *pour* être cueillis.—Nous connaîtrons la vérité *tôt* ou *tard.*

NOTA. En mettant au singulier chacune de ces phrases on verra que le substantif, l'adjectif et le verbe y changent d'orthographe, et que l'invariable seul y conserv toujours la même forme.

§ 7. — Des différentes significations du verbe.

En général le mot-verbe s'ajoute au substantif pour indiquer l'action que fait l'être ou la chose ; — mais :

1° Il y a des verbes qui indiquent l'action du corps ;
>Ex. *marcher, jouer, pleurer, courir, voir,* etc.

2° Il y a des verbes qui indiquent l'action de l'esprit ou du cœur ;
>Ex. *penser, réfléchir, croire, rêver, — aimer, haïr, chérir,* etc.

3° Il y a des verbes qui indiquent une manière d'être ;
>Ex. *paraître, sembler, languir, nuire, dormir,* etc.

4° Il y a des verbes qui indiquent l'existence ;
>Ex. *être, exister.*

5° Il y a des verbes qui indiquent la possession ; etc.
>Ex. *avoir, posséder.*

Exercice pour distinguer la sorte d'idée que le verbe exprime.

Le chien du vigneron *aboie,* et il s'*élance* sur tous les rôdeurs qu'il *voit.* — *Croyez*-vous que le chien *réfléchisse,* et qu'il *préfère* réellement son maître, qu'il l'*aime* véritablement? que vous en *semble?* — Ne *dormez* jamais à l'ombre d'un noyer, l'odeur du feuillage *nuit.* — Les chiens du mont Saint-Bernard *sont* entre tous les chiens les plus intéressants et ceux qui *ont* le plus d'instinct, ou plutôt ceux qui *possèdent* l'instinct le plus utile.

§ 8. — Du verbe à l'infinitif.

Il y a quelques mots-verbes qu'on ne peut pas joindre à un substantif pour faire un sens : tels sont *parler, remuer; — grandir, polir; — rire, prendre;—avoir, devoir,* etc.;—car on ne pourrait pas dire : Paul parler, le chien remuer, ma sœur grandir, etc., etc. Ces mots-verbes sont appelés infinitifs des verbes, ou simplement : *infinitifs.*

On nomme *Infinitif* (ou *verbe à l'infinitif*) le mot-verbe qui n'est pas positivement ajouté à un substantif, mais qui est seulement employé en rapport (1) avec un substantif (ou *un pronom*).

Les *infinitifs* français finissent toujours par er, ir, re ou oir.

NOTA. Le verbe à l'infinitif n'est ni au singulier, ni au pluriel ; il n'a pas de nombre.

Exercice pour reconnaître l'infinitif des verbes.

Julie ira se ***promener*** avec sa bonne, parce que sa maman ne peut pas ***sortir*** aujourd'hui. — Je crois ***entendre*** la pluie, vous devez ***rester*** à la maison si vous ne voulez pas la ***recevoir***. — Pierre, allez ***cueillir*** des cerises, ma fille désire en ***manger***. — Ce chien aboie à ***fendre*** la tête. — Mes amis, venez vous ***asseoir***, je ne veux pas vous ***voir*** debout aussi longtemps.

§ 9. — **Des différentes sortes de substantifs.**

Tantôt le substantif nomme positivement la personne, l'animal ou la chose ; — quelquefois il ne les désigne à l'esprit que vaguement : — souvent encore il ne fait que les rappeler à l'imagination lorsqu'ils ont été déjà nommés.

On nomme *Substantif absolu* (ou *substantif nom propre, substantif nom commun*) le mot qui désigne la personne, l'animal ou la chose soit par son nom propre, soit par le nom de son espèce, soit encore par le nom de sa qualité.

Ainsi, les mots *Pierre, roi ; louve, gazelle ; journal, prune ; le menteur,* un français, sont des substantifs absolus, parce qu'ils désignent l'être ou la chose par son nom.

On appelle *Substantif indéfini* le mot qui désigne *vaguement* une personne ou une chose.

Tels sont : *on, personne, quiconque,* etc. ; *rien, tout, cela, ce,* etc., etc., qui font bien penser à une personne ou à une chose, mais sans définir, sans nommer aucunement la personne ou la chose.

On peut nommer enfin *Substantif relatif* ou *substantif-pronom* le mot qui rappelle à l'esprit (mais sans les désigner par leur nom), une personne, un animal, une

---

(1) NOTA. L'infinitif du verbe *a toujours rapport* au substantif désignant ou rappelant l'être ou la chose qui fait l'action.

chose déjà nommée dans la phrase, ou dont l'idée est fortement gravée dans l'esprit.

Ainsi, *je, me, moi*; *tu, te, toi*; *il, elle, lui*; *nous, vous*; *ils, elles, eux*; *qui*, etc. et souvent *le, les, que*, etc. sont des substantifs relatifs ou des substantifs-pronoms, puisque leur unique emploi dans le discours est de rappeler à l'esprit l'idée d'un être ou d'une chose, déjà nommés pour l'ordinaire.

Exercice pour distinguer les substantifs absolus des substantifs indéfinis, et des substantifs relatifs (ou *pronoms*).

Ma sœur (*s. a.*) est bonne, on (*s. ind.*) la (*s. r.*) chérit. — Mon ami (*s. a.*), si tu (*s. r.*) tourmentes les animaux (*s. a.*), personne (*s. ind.*) ne t' (*s. r.*) aimera. — La grêle (*s. a.*) cause parfois d'affreux dégâts (*s. a.*); elle (*s. r.*) anéantit en un moment (*s. a.*) toutes les espérances (*s. a.*) du cultivateur (*s. a.*). — Rien (*s. ind.*) n'est plus dangereux qu'un ignorant ami (*s. a.*); je (*s. r.*) prouverai cette vérité (*s. a.*) à quiconque (*s. ind.*) la (*s. r.*) niera. — L'âne (*s. a.*) qui (*s. r.*) brait est celui (*s. ind.*) de Thomas (*s. a.*), cela (*s. ind.*) est vrai.

NOTA. Les substantifs indéfinis sont presque toujours du nombre singulier.

§ 10. — Du genre dans le substantif.

Le substantif qui fait penser à un être désigne tantôt un être mâle et tantôt un être femelle ; — et le substantif qui fait penser à une chose souffre devant lui tantôt les mots *un* ou *le*, tantôt les mots *une* ou *la*.

Le substantif qui fait penser à un être est du *genre masculin* quand il désigne un être mâle, — et — le substantif qui fait penser à une chose est du genre masculin quand on peut mettre devant lui *un* ou *le*.

Le substantif qui fait penser à un être est du *genre féminin* quand il désigne un être femelle, — et — le substantif qui fait penser à une chose est du genre féminin quand on peut mettre devant lui *une* ou *la*.

Exercice pour distinguer les substantifs masculins des substantifs féminins.

Le *tigre* et la PANTHÈRE sont de bien féroces *animaux*. — Le *réséda* et la CLÉMATITE embaument toute cette MAISON. — L'*aigle* est le seul *animal qui* puisse regarder fixement le *soleil*; pour *nous*, la modeste CLARTÉ de la LUNE *nous* offense la VUE. — PAULINE a de l'AMITIÉ pour ses COMPAGNES. — L'*honneur* est comme une ÎLE escarpée et sans *bords*.

NOTA. Les substantifs indéfinis sont presque toujours du genre masculin.

§ 11. — Du genre dans l'adjectif.

L'adjectif est tantôt au genre masculin, et tantôt au genre féminin.

L'adjectif est au *genre masculin* lorsqu'il est ajouté à un substantif du masculin.

L'adjectif est au *genre féminin* lorsqu'il est ajouté à un substantif du féminin.

Exercice pour distinguer les adjectifs au masculin des adjectifs au féminin.

Mon oncle est *bon*, et MA tante est bien BONNE. — CETTE tulipe est agréablement JASPÉE. — *Le* loup *cruel* poursuit, et déchire souvent LA brebis TIMIDE et CRAINTIVE. — LA tourterelle PLAINTIVE fit entendre ses cris *douloureux.* — *Mon petit* ami, vous avez une bien GROSSE balle.

Nota. Le verbe n'est ni au masculin, ni au féminin, il n'a pas de genre.

§ 12. — De la personne dans le substantif.

Les substantifs relatifs ou substantifs-pronoms indiquent par leur forme si l'être ou la chose qu'ils rappellent *parle* de lui-même, — si on lui parle, — ou si l'on parle de lui.

1° Le substantif relatif ou substantif-pronom est de la 1re personne quand il rappelle à l'esprit l'être *qui parle* de lui-même;

Tels sont : *je, me, moi, nous* (et quelquefois *qui*).

2° Le substantif relatif ou substantif-pronom est de la 2e *personne* quand il rappelle à l'esprit l'être *à qui l'on parle;*

Tels sont : *tu, te, toi, vous* (et quelquefois *qui*).

3° Le substantif relatif ou substantif-pronom est de la 3e *personne* quand il rappelle à l'esprit l'être *de qui l'on parle;*

Tels sont : *il, elle. ils, elles, lui, eux ; que* (et quelquefois *qui*), *le, la,* etc. etc.

Le substantif *absolu* est presque toujours de la 3e *personne* (car presque toujours il désigne l'être ou la chose *dont on parle*).

Ex. *Paul, plume, cahier, hyène,* etc., etc. — puis *on, chacun, quiconque, rien, tout, ce,* etc., etc., et tous les substantifs indéfinis.

Exercice pour distinguer les substantifs de la 1re, ceux de la 2e, et ceux de la 3e. personne.

Je te promets un *boa*. — *Tu* ne m'écoutes pas. — Comment récompenserez-*vous* votre *fils?* — La *louve* s'avança pour *nous* dévorer.— Parfois *on* ne craint le *danger* que lorsqu'*on le* voit. — *Tu nous* plais par ta *modestie.* — *Chacun* s'occupera de *soi*. — *Vous nous* demanderez des *fruits*. — Cette *pêche* est pour *toi*, et *celle-ci* pour ta *sœur*. — *Que* demandez-*vous* de *moi?* — C'est *moi qui* achetai ta *chèvre*, c'est *toi qui la* soigneras. — *Tout* charme en un *enfant*.

§ 13. — De la personne dans le verbe.

Le verbe est tantôt à la 1re personne, tantôt à la 2e personne, et tantôt à la 3e personne.

Le verbe est à la 1re personne lorsqu'il est ajouté à un mot de la 1re personne.

Le verbe est à la 2e personne lorsqu'il est ajouté à un mot de la 2e personne.

Le verbe est à la 3e personne lorsqu'il est ajouté à un mot de la 3e personne.

NOTA. Le verbe à l'infinitif n'indique pas la personne, il n'a pas la personne.

Exercice pour distinguer les verbes qui sont à la 1re personne, ceux qui sont à la 2e, et ceux qui sont à la 3e.

Je travaille et tu *réfléchis.* — *Tu* te *tourmentes, je jouis.* — Nous te *demandons* grâce. — Chacun se *trompe* ici-bas (jamais le verbe n'est ajouté à *se*). — Vous *voyagerez* agréablement. — Je ne vous *donnerai* pas de pensums. — Ces prunes *paraissent* peu mûres, elles *sont* vertes encore, je le *vois.* — Vos paroles ne nous *persuaderont* pas, nous ne les *pourrons* jamais *croire.*

NOTA. Le verbe est parfois ajouté à un substantif (ou à un prouom) sous-entendu, mais il en adopte également la personne et le nombre.

Aimez qu'on vous conseille.—*Prie* et *demande* au riche.—*Rions, chantons, amusons*-nous. — *Fuis* l'impie, son haleine tue.

§ 14. — Du sujet du verbe.

Le verbe qui n'est pas à l'infinitif est toujours ajouté à un substantif (ou à un pronom);

On nomme *sujet* du verbe, le substantif (*ou le pronom*) auquel le verbe est ajouté.

Le sujet du verbe est le substantif (*ou le pronom*) désignant l'être ou la chose qui fait l'action exprimée par le verbe.

Exercice pour reconnaître le sujet de chaque verbe.

JE *hante* les palais , JE m'*assieds* à ta table. — Si l'ON *t'immole* un bœuf, J'en *goûte* devant toi. — TU n'*es* plus en colère, IL ne se *fâche* plus. — Une GRENOUILLE *vit* un bœuf QUI lui *sembla* de belle taille. — L'ANE d'un jardinier se *plaignait* au destin de ce qu'ON le *faisait* lever devant l'aurore.

Tout verbe qui n'est pas à l'infinitif a un sujet.—Le verbe à l'infinitif n'a pas de sujet. mais il a néanmoins rapport à un substantif désignant l'être ou la chose qui fait l'action.

L'élève préparé par ces notions pourra désormais faire une étude complète de cette partie de la grammaire dans les traités d'*Analyse grammaticale simplifiée et raisonnée* de Mᵐᵉ CHARRIER-BODLET, ou dans tel autre traité que l'on jugera convenable.

NOTA.

Dans le but de simplifier la conjugaison des verbes :

1° Nous séparons toujours de la *racine* (élément propre à chaque verbe) les *terminaisons*, qui se retrouvent dans tous les verbes analogues (on doit également les faire séparer à l'élève, au moins pendant fort longtemps) ;

2° Nous présentons les temps des verbes dans un ordre analogique relativement à leur formation ; ainsi toujours le temps primitif est placé dans la première colonne et son dérivé est en face dans la seconde (et nous croyons fort utile, au moins à l'élève, de les écrire dans cet ordre); enfin

3° Comme dans tous les verbes en *er* et en *ir*, c'est-à-dire dans plus de 6000 verbes, on retrouve tout l'infinitif des verbes dans les mots du *futur* et par conséquent du *conditionnel*, nous commençons nos verbes par ces deux temps, afin de les rapprocher de l'infinitif qui leur sert de racine.

Le verbe se conjugue, c'est-à-dire se joint à divers substantifs (ou pronoms), et change généralement d'orthographe selon le substantif auquel il est ajouté.

Chaque infinitif de verbe donne naissance à 45 mots-verbes ayant chacun une orthographe différente : — savoir donner à chacun de ces mots l'orthographe qui lui convient c'est savoir *conjuguer* un verbe.

CONJUGAISON DES VERBES.

Le commencement de tout mot-verbe se nomme *racine* du verbe.

La fin de tout mot-verbe se nomme *terminaison* du verbe.

Les terminaisons du verbe *donner* se retrouveront dans tous les verbes dont l'infinitif finit en *er*.

NOTA. Tout verbe en *er* se conjugue au moyen de deux racines différentes.

MODÈLE DE CONJUGAISON POUR TOUS LES VERBES EN ER.

Infinitif : DONN-*ER*. (Paradigme.)

Racines, termin.	Racines, termin.	
GROUPE 1er. (Temps *futur*, mode *indicatif*.)	**GROUPE 2e.** (Temps *futur*, mode *conditionnel*.)	**1re RACINE, l'infinitif en entier.**
Demain { je donner—ai, tu donner—as, il donner—a ; nous donner—ons, vous donner—ez, ils donner—ont.	Si je le voulais { je donner—ais, tu donner—ais, il donner—ait ; nous donner—ions, vous donner—iez, ils donner—aient.	
GROUPE 3e. (Temps *présent*, mode *indicatif*.)	**GROUPE 4e.** (Temps *futur*, mode *impératif*.)	
Maintenant { je donn —e, tu donn —es, il donn —e ; nous donn —ons, vous donn —ez, ils donn —ent.	Je le veux { » » » donn —e ; » » » donn —ons, » donn —ez. » »	**SECONDE RACINE, l'infinitif moins er.**
GROUPE 5e. (T. *passé simultané*, m. *indicatif*.)	**GROUPE 6e.** (T. *futur* ou *présent*, m. *subjonctif*.)	
Quand j'étais jeune { je donn —ais, tu donn —ais, il donn —ait ; nous donn —ions, vous donn —iez, ils donn —aient.	Il faut { que je donn —e, que tu donn —es, qu'il donn —e ; que nous donn —ions, que vous donn —iez, qu'ils donn —ent.	
GROUPE 7e. (T. *passé périodique*, m. *indicatif*.)	**GROUPE 8e.** (T. *passé* ou *futur*, m. *subjonctif*.)	
Hier { je donn —ai, tu donn —as, il donn —a ; nous donn —âmes, vous donn —âtes, ils donn —èrent.	Il fallait { que je donn —asse, que tu donn —asses, qu'il donn —ât ; que nous donn —assions, que vous donn —assiez, qu'ils donn —assent.	

Que l'élève fasse le groupe 1er puis le 2e ; — le 3e puis le 4e, etc.; et qu'il ne néglige jamais d'écrire les mots *demain, si je voulais, maintenant,* etc., *il faut que,* etc., qui servent à distinguer les groupes.

TABLEAU COMPLET

DES TERMINAISONS QU'ON DOIT METTRE AUX MOTS DES VERBES EN ER.

Pour les huit temps (ou groupes) des verbes en *er*, on emploie les différentes terminaisons suivantes, savoir :

POUR LE MOT-VERBE AJOUTÉ AU MOT

	JE, (1)	TU,	IL;	NOUS,	VOUS,	ILS.
	1re pers. du sing.	2e pers. du sing.	3e pers. du sing.	1re pers. du plur.	2e pers. du plur.	3e pers. du plur.
Au futur indicatif. (Groupe 1er.)	AI	AS	A	ONS	EZ	ONT
Au futur conditionnel. (Groupe 2e).	AIS	AIS	AIT	IONS	IEZ	AIENT
Au présent indicatif. (Groupe 3e).	E	ES	E	ONS	EZ	ENT
Au futur impératif. (Groupe 4e).	» (2)	E	» (2)	ONS	EZ	» (2)
Au passé simultané indic. (ou imparfait indicatif). (Groupe 5e).	AIS	AIS	AIT	IONS	IEZ	AIENT
Au futur ou présent subjonctif. (Groupe 6e).	E	ES	E	IONS	IEZ	ENT
Au passé périodique indic. (ou parf. indic.) (Groupe 7e).	AI	AS	A	ÂMES	ÂTES	ÈRENT
Au passé ou futur subj. (ou imparf. subj.) (Groupe 8e.)	ASSE	ASSES	ÂT	ASSIONS	ASSIEZ	ASSENT

REMARQUES.

(1) On écrit j' (au lieu de je) devant un mot qui commence par une voyelle ou un h muet; exemple : j'aime, j'habite, j'hésite, etc.

(2) Dans l'impératif, (groupe 4e) on ne trouve jamais le mot-verbe qui serait ajouté aux mots je, il, ils.

De chaque verbe on forme :

1° Un adjectif actif (ou *participe présent*) toujours terminé en *ant*.
2° Un adjectif passif (ou *participe passé*) qui n'est jamais terminé en *ant*.

C'est sur le verbe-modèle ou paradigme *donner* que l'on conjugue les 5000 à 6000 verbes français finissant en *er* ; néanmoins les verbes terminés en *ger*, en *cer* et en *yer* donnent lieu à trois remarques.

CONJUGAISON DES VERBES EN *GER.*

1re REMARQUE. — Dans les mots des verbes qui ont leur infinitif terminé en *ger* on met après le *g* un *e* muet (*appelé alors e euphonique*) lorsque cette lettre *g* se trouverait devant un *a* ou un *o*.

MODÈLE DE CONJUGAISON POUR TOUS LES VERBES EN *GER.*

Infinitif : RANG-ER.

Racines, termin.

GROUPE 1er.
(Temps *futur*, mode *indicatif*.)

Demain
je ranger—ai,
tu ranger—as,
il ranger—a;
nous ranger—ons,
vous ranger—ez,
ils ranger—ont.

Racines, termin.

GROUPE 2e.
(Temps *futur*, mode *conditionnel*.)

Si je le voulais
je ranger—ais,
tu ranger—ais,
il ranger—ait;
nous ranger—ions,
vous ranger—iez,
ils ranger—aient.

1re RACINE, l'Inf. en entier.

GROUPE 3e.
(Temps *présent*, mode *indicatif*.)

Maintenant
je rang —e,
tu rang —es,
il rang —e;
nous range —ons,
vous rang —ez,
ils rang —ent.

GROUPE 4e.
(Temps *futur*, mode *impératif*.)

Je le veux,
»   »
»   rang —e;
»   »
»   range —ons,
»   rang —ez.

GROUPE 5e.
(T. *passé simultané*, m. *indicatif*.)

Quand j'étais jeune
je range —ais,
tu range —ais,
il range —ait;
nous rang —ions,
vous rang —iez,
ils range —aient.

GROUPE 6e.
(T. *futur* ou *présent* m. *subjonctif*.)

Il faut
que je rang —e,
que tu rang —es,
qu' il rang —e;
que nous rang —ions,
que vous rang —iez,
qu' ils rang —ent.

SECONDE RACINE, (plus parfois l'e euphon., comme l'indique la rem.). l'Inf. moins er

GROUPE 7e.
(T. *passé périodique*, m. *indicatif*.)

Hier,
je range —ai,
tu range —as,
il range —a;
nous range —âmes,
vous range —âtes,
ils rang —èrent.

GROUPE 8e.
(T. *passé* ou *futur*, m. *subjonctif*.)

Il faudrait
que je range —asse,
que tu range —asses,
qu' il range —ât;
que nous range —assions,
que vous range —assiez,
qu' ils range —assent.

Adjectif actif (ou *participe présent*), (*en*) range-ant.
Adjectif passif (ou *participe passé*) employé avec un mot du verbe *être* :
(*Il est*) rang-é.
Adjectif passif (ou *participe passé*) employé avec un mot du verbe *avoir* :
(*Elle a*) rang-é.

CONJUGAISON DES VERBES EN *CER.*

2ᵉ REMARQUE. Dans les mots des verbes qui ont leur infinitif terminé en *cer* on met une cédille (ç) sous le *c* toutes les fois que cette lettre *c* se trouve devant un *a* ou un *o*.

MODÈLE DE CONJUGAISON POUR TOUS LES VERBES EN *CER.*

Infinitif : SE PINC—*ER.*

Racines, termin.   Racines, termin.

GROUPE 1ᵉʳ.
(Temps *futur*, mode *indicatif*.)

Demain
je	me	pincer – ai,
tu	te	pincer—as,
il	se	pincer—a ;
nous	nous	pincer—ons,
vous	vous	pincer - ez,
ils	se	pincer—ont.

GROUPE 2ᵉ.
(Temps *futur*, mode *conditionnel*.)

Si je le voulais
je	me	pincer—ais,
tu	te	pincer—ais,
il	se	pincer—ait ;
nous	nous	pincer—ions,
vous	vous	pincer - iez,
ils	se	pincer—aient.

GROUPE 3ᵉ.
(Temps *présent*, m. *indicatif*.)

Maintenant
je	me	pinc —e,
tu	te	pinc —es,
il	se	pinc —e ;
nous	nous	pinç – ons,
vous	vous	pinc —ez,
ils	se	pinc —ent.

GROUPE 4ᵉ.
(Temps *futur*, mode *impératif*.)

Je le veux
»	»
»	pinc—e-toi (*) ;
»	»
»	pinç—ons-nous,
»	pinc—ez -vous.

GROUPE 5ᵉ.
(T. *passé simultané*, m. *indicat*.)

Quand j'étais jeune
je	me	pinç –ais,
tu	te	pinç –ais,
il	se	pinç –ait ;
nous	nous	pinc –ions,
vous	vous	pinc –iez,
ils	se	pinç –aient.

GROUPE 6ᵉ.
(T. *futur* ou *présent*, m. *subjonctif*.)

Il faut
que je	me	pinc —e,
que tu	te	pinc —es,
qu' il	se	pinc - e ;
que nous	nous	pinc —ions,
que vous	vous	pinc —iez,
qu' ils	se	pinc —ent.

GROUPE 7ᵉ.
(T. *passé périod.*, m. *indicatif*.)

Hier
je	me	pinç—ai,
tu	te	pinç—as,
il	se	pinç—a ;
nous	nous	pinç –âmes,
vous	vous	pinç–âtes,
ils	se	pinc—èrent.

GROUPE 8ᵉ.
(T. *passé* ou *futur*, m. *subjonctif*.)

Il fallait
que je	me	pinç —asse,
que tu	te	pinç —asses,
qu' il	se	pinç —ât ;
que nous	nous	pinç —assions,
que vous	vous	pinç —assiez,
qu' ils	se	pinç —assent.

1ʳᵉ RACINE, l'inf. en entier.

SECONDE RACINE, l'infinitif moins *er* (ou parfois la cédille (ç) comme la remarque l'indique).

Nota. La cédille existe sous le *c* de tous les mots des verbes en *cer* qui correspondent à ceux où l'on doit employer l'*e* euphonique dans les verbes en *ger*.

Adjectif actif (ou *participe présent*) : (*en*) se pinç—ant.
Adjectif passif (ou *participe passé*) employé avec un mot du verbe *être* :
(*Il s'est*) pinc—é.
Nota. Ici le mot *est* est employé pour le mot *a*.

Adjectif passif (ou *participe passé*) employé avec un mot du verbe *avoir* :
(*Il s'a*) ».
Nota. Mais on peut dire : (*Il a*) pinc—é.

(*) Ne pas oublier le tiret entre le verbe et le substantif relatif (ou *pronom*) qui le suit.

CONJUGAISON DES VERBES EN *YER*.

3e REMARQUE. — Dans les mots des verbes qui ont leur infinitif terminé en *yer* on change l'y en *i* toutes les fois que l'y se trouverait devant un *e* muet (c'est-à-dire un *e* qu'on n'entend pas).

MODÈLE DE CONJUGAISON POUR TOUS LES VERBES EN *YER*.

Infinitif : ABOY—*ER*.

Racines, termin.

GROUPE 1er.
(Temps *futur*, mode *indicatif*.)

Demain
j' aboier—ai.
tu aboier—as.
il aboier—a.
nous aboier—ons.
vous aboier—ez.
ils aboier—ont.

Racines, termin.

GROUPE 2e.
(Temps *futur*, mode *condit*.)

Si je le voulais
j' aboier—ais,
tu aboier—ais,
il aboier—ait;
nous aboier—ions,
vous aboier—iez,
ils aboier—aient.

1re RACINE, l'inf. en entier (mais avec l'y changé en *i*, parce qu'il serait suivi d'un *e* muet.)

GROUPE 3e.
(Temps *présent*, mode *indicatif*.)

Maintenant
j' aboi —e,
tu aboi —es,
il aboi —e;
nous aboy —ons,
vous aboy —ez,
ils aboi —ent.

GROUPE 4e.
(Temps *futur*, m. *impératif*.)

Je le veux
»   »
»   aboi—e;
»   »
»   aboy—ons,
»   aboy—ez.
»   »

GROUPE 5e.
(T. *passé simultané*, m. *indicatif*.)

Quand j'étais jeune
j' aboy —ais,
tu aboy —ais,
il aboy —ait;
nous aboy —ions,
vous aboy —iez,
ils aboy —aient.

GROUPE 6e.
(T. *fut*. ou *prés*., m. *subjonctif*.)

Il faut
que j' aboi —e,
que tu aboi —es,
qu' il aboi —e ;
que nous aboy—ions,
que vous aboy—iez,
qu' ils aboi —ent.

SECONDE RACINE, (et avec l'y changé en *i* toutes les fois qu'il serait suivi d'un *e* muet.)

GROUPE 7e.
(T. *passé périodique*, m. *indicatif*.)

Hier
j' aboy —ai,
tu aboy —as,
il aboy —a ;
nous aboy —âmes,
vous aboy —âtes,
ils aboy —èrent.

GROUPE 8e.
(T. *passé* ou *fut*., m. *subjonctif*.)

Il faudrait
que j' aboy—asse,
que tu aboy—asses,
qu' il aboy—ât ;
que nous aboy—assions,
que vous aboy—assiez,
qu' ils aboy—assent.

L'infinitif moins *er* (et avec l'y changé en *i* toutes les fois qu'il serait suivi d'un *e* muet.)

Adjectif actif (ou *participe présent*) : (en) aboy—ant.

Adjectif passif (ou *participe passé*) employé avec un mot du verbe *être* :
(Il est) ».

Adjectif passif (ou *participe passé*) employé avec un mot du verbe *avoir* :
(Ils ont) aboy—é.

Nota. Rappelons-nous qu'on met toujours *j'* au lieu de *je* devant *a, e, i, o, u* (les cinq voyelles) et devant *ha, hé, hi, ho, hu* avec le *h* muet.

1re REMARQUE. — *Orthographe des verbes en* YER *au groupe* 5e *et au groupe* 6e.

Au groupe 5e et au groupe 6e des verbes en *yer*, dans les mots-verbes ajoutés à *nous* et à *vous* (1re *personne et* 2e *personne du pluriel*), on doit toujours trouver *yi* à la suite l'un de l'autre pour que la racine et la terminaison existent entières dans le mot, puisque la racine finit par un *y*, et que la terminaison commence par un *i;* ex.: nous *croyions*, vous *croyiez* (c'est par une raison analogue que dans les verbes en *ier* on voit deux *i* de suite au groupe 5e et au 6e : nous *criions*, vous *criiez* quand... que nous *criions*, que vous *criiez*).

2e REMARQUE. — *Adjectifs formés des verbes.*

Chaque infinitif forme deux adjectifs ou participes, savoir : un adjectif *actif* (ou *participe présent*), et un adjectif *passif* (ou *participe passé*).

Les adjectifs formés des verbes ont tous (*comme les mots-verbes*) une *racine* et une *terminaison*.

L'adjectif actif (ou *participe présent*) a toujours la même racine que le groupe 5e du verbe dont il est formé; — l'adjectif actif a toujours pour terminaison *ant*.

L'adjectif passif (ou *participe passé*) des verbes en *er* a la même racine que l'adjectif actif (*celle du groupe* 5e) — et l'adjectif passif des verbes en *er* a pour terminaison (*au masculin singulier*) un *é* surmonté d'un accent aigu.

3e REMARQUE.

L'adjectif actif (ou *participe présent*) peut toujours être précédé de l'invariable *en* (en *rangeant*, en *pinçant*, etc.).

L'adjectif passif (ou *participe passé*), peut toujours être précédé d'un mot du verbe *être* ou du verbe *avoir*.

4e REMARQUE.

La plupart des adjectifs passifs (ou *participes passés*) peuvent s'employer et avec un mot du verbe, *être* et avec un mot du verbe *avoir;* aussi nous avons vu : il *est* rangé, il *a* rangé, etc.

Il y a quelques adjectifs passifs (ou *participes passés*) qui ne peuvent jamais s'employer avec un mot du verbe *être*.

Ainsi l'on ne pourrait pas dire : Il *est* aboyé, il *est* menti, etc.

Il y a quelques adjectifs passifs (ou *participes passés*) qui ne peuvent jamais s'employer avec un mot du verbe *avoir*.

Ainsi l'on ne pourrait pas dire : Il *a* allé, il *a* venu, etc., etc., il s'*a* pincé.

5e REMARQUE.

L'adjectif actif (ou *participe présent*) ne varie jamais dans son orthographe, or il finit toujours en *ant*.

L'adjectif passif (ou *participe passé*) qui peut s'employer avec un mot du verbe *être* a la faculté de changer trois fois de forme, or, il devra s'écrire de quatre manières, ex.: donné, donnée; donnés, données;

1° L'adj. pass. (ou *part. passé*) des verbes en *er* finit au m. s. par *é*.

2° L'adj. pass. (ou *part. passé*) des verbes en *er* finit au f. s. par *ée*.

3° L'adj. pass. (ou *part. passé*) des verbes en *er* finit au m. pl. par *és*.

4° L'adj. pass. (ou *part. passé*) des verbes en *er* finit au f. pl. par *ées*.

CONJUGAISON DES VERBES EN *IR*.

Il y a dans chaque mot d'un verbe en *ir* (*comme dans chaque mot d'un verbe en* er) une *racine* et une **terminaison**.

Les terminaisons du verbe *finir* se retrouveront dans tous les verbes dont l'infinitif finit en *ir* (*il faut donc les savoir parfaitement*).

MODÈLE DE CONJUGAISON POUR TOUS LES VERBES EN *IR*.

Infinitif : FIN—*IR*. (Paradigme).

Racines, termin.   Racines, termin.

GROUPE 1er.
(Temps *futur*, mode *indicatif*.)

Devoir
je   finir —*ai*,
tu   finir — *as*,
il   finir — *a*;
nous   finir — *ons*,
vous   finir —*ez*,
ils   finir —*ont*.

GROUPE 2e.
(Temps *futur*, mode *conditionnel*.)

Si je le voulais
je   finir —*ais*,
tu   finir —*ais*,
il   finir —*ait*;
nous   finir —*ions*,
vous   finir —*iez*,
ils   finir —*aient*.

1re RACINE, l'infinitif en entier.

GROUPE 3e.
(Temps *présent*, mode *indicatif*.)

Maintenant
je   fini —*s*,
tu   fini —*s*,
il   fini —*t*;
nous   finiss—*ons*,
vous   finiss—*ez*,
ils   finiss—*ent*.

GROUPE 4e.
(Temps *futur*, mode *impératif*.)

Je veux   »   »
            fini —*s*;

Je veux   »   finiss—*ons*,
            »   finiss—*ez*,
            »   »

2e RACINE, l'inf. moins r.

GROUPE 5e.
(T. *passé simultané*, m. *indicatif*.)

Quand j'étais jeune
je   finiss—*ais*,
tu   finiss—*ais*,
il   finiss—*ait*;
nous   finiss—*ions*,
vous   finiss—*iez*,
ils   finiss—*aient*.

GROUPE 6e.
(T. *futur* ou *présent*. m. *subjonctif*.)

Il faut
que je   finiss—*e*,
que tu   finiss—*es*,
qu' il   finiss—*e*;
que nous   finiss—*ions*,
que vous   finiss—*iez*,
qu' ils   finiss—*ent*.

3e RACINE, *ir* de l'inf. changé en *iss*.

GROUPE 7e.
(T. *passé périodique*, m. *indicatif*.)

Hier
je   fini —*s*,
tu   fini —*s*,
il   fini —*t*;
nous   finî —*mes*,
vous   finî —*tes*,
ils   fini —*rent*.

GROUPE 8e.
(T. *passé* ou *futur*, m. *subjonctif*.)

Il faudrait
que je   fini —*sse*,
que tu   fini —*sses*,
qu' il   fini —*t*;
que nous   fini —*ssions*,
que vous   fini —*ssiez*,
qu' ils   fini —*ssent*.

4e RACINE, l'infinitif moins r.

Adjectif actif (ou *participe présent*) : (en) finiss—*ant*.
Adjectif passif (ou *participe passé*) employé avec un mot du verbe *être* :
(*Il est*) fin—*i*.
Adjectif passif (ou *participe passé*) employé avec un mot du verbe *avoir* :
(*Elles ont*) fin—*i*.

Nota. Les adjectifs passifs des verbes en *ir* finissent au masculin singulier par *i*,
—————— au féminin singulier par *ie*,
—————— au masculin pluriel par *is*,
—————— au féminin pluriel par *ies*.

CONJUGAISON DES VERBES EN *RE*.

Il y a dans chaque mot d'un verbe en *re* (*comme dans chaque mot d'un verbe en* er *et en* ir) une *racine* et une *terminaison*.

Les terminaisons du verbe *finir* se retrouveront dans le verbe *rendre*, et dans tous les verbes dont l'infinitif finit en *re*.

MODÈLE DE CONJUGAISON POUR TOUS LES VERBES EN RE.
Infinitif : REND—*RE*.

Racines, termin.   Racines, termin.

GROUPE 1er.
(Temps *futur*, mode *indicatif*.)

Demain :
- je rendr—*ai*,
- tu rendr—*as*,
- il rendr—*a* ;
- nous rendr—*ons*,
- vous rendr—*ez*,
- ils rendr—*ont*.

GROUPE 2e.
(Temps *futur*, mode *conditionnel*.)

Si je voulais :
- je rendr—*ais*,
- tu rendr—*ais*,
- il rendr—*ait* ;
- nous rendr—*ions*,
- vous rendr—*iez*,
- ils rendr—*aient*.

1re RACINE, l'infinitif moins e, re.

GROUPE 3e.
(Temps *présent*, mode *indicatif*.)

Maintenant :
- je rend —*s*,
- tu rend —*s*,
- il rend ; (1)
- nous rend —*ons*,
- vous rend —*ez*,
- ils rend —*ent*.

GROUPE 4e.
(Temps *futur*, mode *impératif*.)

Je le veux :
- » »
- » rend —*s* ;
- » »

Je le veux :
- » rend —*ons*,
- » rend —*ez*.

2e RACINE, l'inf. moins re.

GROUPE 5e.
(T. *passé simultané*, m. *indicatif*.)

Quand j'étais jeune :
- je rend —*ais*,
- tu rend —*ais*,
- il rend —*ait* ;
- nous rend —*ions*,
- vous rend —*iez*,
- ils rend —*aient*.

GROUPE 6e.
(T. *futur* ou *prés.*, m. *subjonctif*.)

Il faut :
- que je rend —*e*,
- que tu rend —*es*,
- qu' il rend —*e* ;
- que nous rend —*ions*,
- que vous rend —*iez*,
- qu' ils rend —*ent*.

3e RACINE, l'infinitif moins re.

GROUPE 7e.
(T. *passé périodique*, m. *indicatif*.)

Hier :
- je rendi —*s*,
- tu rendi —*s*,
- il rendi —*t* ;
- nous rendi —*mes*,
- vous rendi —*tes*,
- ils rendi —*rent*.

GROUPE 8e.
(T. *passé* ou *futur*, m. *subjonctif*.)

Il fallait :
- que je rendi —*sse*,
- que tu rendi —*sses*,
- qu' il rendi —*t* ;
- que nous rendi —*ssions*,
- que vous rendi —*ssiez*,
- qu' ils rendi —*ssent*.

4e RACINE, re qui termine l'inf. changé en i.

Adjectif actif (ou *participe présent*) : (en) rend—*ant*.
Adjectif passif (ou *participe passé*) employé avec un mot du verbe *être* : (Il est) rend—*u*.
Adjectif passif (ou *participe passé*) employé avec un mot du verbe *avoir* : (Il a) rend—*u*.

(1) Après *d*, *c*, *t* terminant la racine du présent indicatif on retranche le *t* de la terminaison.
Les adjectifs passifs finissant au masculin singulier en *u* comme rend-u,
finissent au féminin singulier en *ue*,
——— au masculin pluriel en *us*,
——— au féminin pluriel en *ues*.

CONJUGAISON DES VERBES EN *OIR*.

Il y a dans chaque mot d'un verbe en *oir* (*comme dans chaque mot d'un verbe en* er, *en* ir, *en* re), une *racine* et une *terminaison.*

Les terminaisons du verbe *finir* se retrouveront dans le verbe *recevoir*, et dans tous les verbes dont l'infinitif finit en *oir*.

MODÈLE DE CONJUGAISON POUR LES VERBES EN *EVOIR*.

Infinitif : REC—*EVOIR.*

Racines, termin.		Racines, termin.	
GROUPE 1er.		**GROUPE 2e.**	
(Temps *futur*, mode *indicatif*).		(Temps *futur*, mode *conditionnel*).	
Demain je recevr—*ai*,		**Si je le voulais** je recevr—*ais*,	
tu recevr—*as*,		tu recevr—*ais*,	
il recevr—*a* ;		il recevr—*ait* ;	
nous recevr—*ons*,		nous recevr—*ions*,	
vous recevr—*ez*,		vous recevr—*iez*,	
ils recevr—*ont*.		ils recevr—*aient*.	

GROUPE 3e.		**GROUPE 4e.**	
(Temps *présent*, mode *indicatif*).		(Temps *futur*, mode *impératif*).	
Maintenant je reçoi —*s*,		**Je le veux,** » »	
tu reçoi —*s*,		» reçoi —*s* ;	
il reçoi —*t* ;		» »	
nous recev —*ons*,		» recev —*ons*,	
vous recev —*ez*,		» recev —*ez*.	
ils reçoiv —*ent*.		» »	

GROUPE 5e.		**GROUPE 6e.**	
(Temps *passé simultané*, m. *indicatif*).		(Temps *futur ou présent*, m. *subjonctif*)	
Quand j'étais jeune je recev —*ais*,		**Il faut** que je reçoiv —*e*,	
tu recev —*ais*,		que tu reçoiv —*es*,	
il recev —*ait* ;		qu' il reçoiv —*e* ;	
nous recev —*ions*,		que nous recev —*ions*,	
vous recev —*iez*,		que vous recev —*iez*,	
ils recev —*aient*.		qu' ils reçoiv —*ent*.	

GROUPE 7e.		**GROUPE 8e.**	
(Temps *passé périodique*, m. *indicatif*).		(Temps *passé ou futur*, m. *subjonctif*.)	
Hier, je reçu —*s*,		**Il fallait** que je reçu —*sse*,	
tu reçu —*s*,		que tu reçu —*sses*,	
il reçu —*t* ;		qu' il reçû —*t* ;	
nous reçû —*mes*,		que nous reçu —*ssions*,	
vous reçû —*tes*.		que vous reçu —*ssiez*,	
ils reçu —*rent*.		qu' ils reçu —*ssent*.	

Adjectif actif (ou *participe présent*) : (en) recev—*ant*.

Adjectif passif (ou *participe passé*) employé avec un mot du verbe *être* :
(Il est) reç—*u*.

Adjectif passif (ou *participe passé*) employé avec un mot du verbe *avoir* :
(Elle a) reç—*u*.

Nota. Il n'y a que les verbes en *evoir* qui se conjuguent absolument comme *recevoir*; les autres verbes en *oir* ont les mêmes terminaisons, mais ils forment leurs racines d'une manière différente.

TABLEAU COMPLET

DES TERMINAISONS QU'ON DOIT METTRE AUX MOTS DES VERBES EN IR, EN RE, EN OIR,

Pour les huit temps (ou groupes) des verbes en *ir*, en *re*, en *oir*, on emploie les différentes terminaisons suivantes, savoir :

POUR LE MOT-VERBE AJOUTÉ AU MOT :

	JE, 1re pers. du sing.	TU, 2e pers. du sing.	IL; 3e p. du s.	NOUS, 1re pers. du plur.	VOUS, 2e pers. du plur.	ILS. 3e pers. du plur.
Au futur indicat. (Gr. 1er).	AI	AS	A	ONS	EZ	ONT
Au futur condit. (Gr. 2e).	AIS	AIS	AIT	IONS	IEZ	AIENT
Au prés. indic. (Gr. 3e).	S (1)	S (1)	T (1)	ONS	EZ	ENT
Au futur impérat. (Gr. 4e).	»	S (2)	»	ONS	EZ	»
Au passé simult. ind. (ou impar./ ind.) (Gr. 5e).	AIS	AIS	AIT	IONS	IEZ	AIENT
Au futur ou présent subj. (Gr. 6e).	E	ES	E	IONS	IEZ	ENT
Au passé périod. ind. (ou par./ ind.) (Gr. 7e).	S (3) ou is, us, ins.	S (3) ou is, us, ins.	T (3) ou it, ut, int.	^MES ou îmes, ûmes, înmes.	^TES ou îtes, ûtes, întes.	RENT ou irent, urent, inrent.
Au passé ou futur subj. (ou imperf./ subj.) (Gr. 8e).	.SSE ou isse, usse, insse.	.SSES ou isses, usses, insses.	.^T ou ît, ût, înt.	.SSIONS ou ssions, ussions, inssions.	.SSIEZ ou ssiez, ussiez, inssiez.	.SSENT ou issent, ussent, inssent.

REMARQUES.

1° Dans les trois premiers mots du groupe 3e des verbes en *ir*, en *re* et en *oir*, on a pour terminaisons S, S, T (au lieu de *e*, *es*, *e* des verbes en *er*).

2° Dans le premier mot du groupe 4e des verbes en *ir*, en *re* et en *oir*, on a pour terminaison S (au lieu de *e* des verbes en *er*).

3° Dans les trois premiers mots du groupe 7e des verbes en *ir*, en *re* et en *oir*, on a pour terminaisons S, S, T (au lieu de *ai*, *as*, *a* des verbes en *er*); — enfin, dans les trois derniers mots du groupe 7e, et dans les six mots du groupe 8e des verbes en *ir*, en *re* et en *oir*, on ne retrouve plus l'*a* (ou l'*é*) qui commence les terminaisons de ces groupe dans les verbes en *er*; (il y a en place *i*, *u*, ou *in*).

Les mots du verbe *être* et du verbe *avoir* ne se forment pas d'une manière aussi analogique que ceux des autres verbes; et comme on les voit reparaître très-fréquemment, il est indispensable de savoir les bien orthographier : nous allons donner la conjugaison de l'un et de l'autre de ces deux verbes.

Nota. Dans les mots du verbe *être* on ne doit pas séparer les racines des terminaisons.

Infinitif : ÊTRE (récompensé (1)).

GROUPE 1er.
(Temps *futur*, mode *indicatif.*)

Demain
je serai	récompensé ou
tu seras	récompensée
il sera	(1).
nous serons	récompensés ou
vous serez	récompensées
ils seront	(1).

GROUPE 2e.
(Temps *futur*, mode *conditionnel.*)

Si je le voulais
je serais	instruit
tu serais	ou instruite
il serait	(1).
nous serions	instruits ou
vous seriez	instruites
ils seraient	(1).

GROUPE 3e.
(Temps *présent*, mode *indicatif.*)

Maintenant
je suis	
tu es	jeune (1).
il est	
nous sommes	
vous êtes	jeunes (1).
ils sont	

GROUPE 4e.
(Temps *futur*, mode *impératif.*)

Je le veux
»	»	
»	sois	aimable (1).
»	»	
»	soyons	
»	soyez	aimables
»	»	(1).

GROUPE 5e.
(T. *passé simultané*, m. *indicatif.*)

Quand j'étais jeune.
j' étais	
tu étais	sauvage (1).
il était	
nous étions	
vous étiez	sauvages (1).
ils étaient	

GROUPE 6e.
(T. *présent* ou *futur*, m. *subjonctif.*)

Il faut
que je sois	
que tu sois	docile (1)
qu' il soit	
que nous soyons	
que vous soyez	dociles (1).
qu' ils soient	

GROUPE 7e.
(T. *passé périodique*, mode *indicatif.*)

Hier
je fus	malheureux
tu fus	on malheu-
il fut	reuse (1).
nous fûmes	malheureux
vous fûtes	ou malheu-
ils furent	reuses (1).

GROUPE 8e.
(T. *passé* ou *futur*, m. *subjonctif.*)

Il faudrait
que je fusse	attentif
que tu fusses	ou attentive
qu' il fût	(1).
que nous fussions	attentifs
que vous fussiez	ou atten-
qu' ils fussent	tives (1).

Adjectif actif (ou *participe présent*) : (*en*) étant.

Adjectif passif (ou *participe passé*) employé avec un mot du verbe *être* :
(*Il est*) ».

Adjectif passif (ou *participe passé*) employé avec un mot du verbe *avoir* :
(*Elle a*) été (*).

(*) *Nota.* Cet adjectif passif (ou *participe passé*) *été* ne change jamais d'orthographe.

(1) On peut placer un *adjectif* après tout mot du verbe *être*, — et :

L'adjectif qui est placé après un mot du verbe être est toujours du même genre et du même nombre que le substantif (ou le *pronom*) sujet du verbe *être*.

Infinitif : AVOIR une récompense (1).

Nota. Dans les mots du verbe *avoir* on ne doit pas séparer les racines des terminaisons.

GROUPE 1er.
(Temps *futur*, mode *indicatif*.)

Demain
{
j'	aurai
tu	auras
il	aura
nous	aurons
vous	aurez
ils	auront
}
une récompense (1).

GROUPE 2e.
(Temps *futur*, mode *conditionnel*.)

Si je le voulais
{
j'	aurais
tu	aurais
il	aurait
nous	aurions
vous	auriez
ils	auraient
}
une récompense (1).

GROUPE 3e.
(Temps *présent*, mode *indicatif*.)

Maintenant
{
j'	ai
tu	as
il	a
nous	avons
vous	avez
ils	ont
}
une récompense (1).

GROUPE 4e.
(Temps *futur*, mode *impératif*.)

Je le veux,
{
»	»
»	aie
»	»
»	ayons
»	ayez
»	»
}
une récompense (1).

GROUPE 5e.
(T. *passé simultané*, m. *indicatif*.)

Quand j'étais sage
{
j'	avais
tu	avais
il	avait
nous	avions
vous	aviez
ils	avaient
}
une récompense (1).

GROUPE 6e.
(T. *futur* ou *présent*, m. *subjonctif*.)

Il faut
{
que j'	aie
que tu	aies
qu' il	ait
que nous	ayons
que vous	ayez
qu' ils	aient
}
une récompense (1).

GROUPE 7e.
(T. *passé périodique*, m. *indicatif*.)

Hier
{
j'	eus
tu	eus
il	eut
nous	eûmes
vous	eûtes
ils	eurent
}
une récompense (1).

GROUPE 8e.
(T. *passé* ou *futur*, m. *subjonctif*.)

Il fallait
{
que j'	eusse
que tu	eusses
qu' il	eût
que nous	eussions
que vous	eussiez
qu' ils	eussent
}
une récompense (1).

Adjectif actif (ou *participe présent*) : (en) ayant.

Adjectif passif (ou *participe passé*) employé avec un mot du verbe *être* : (Il est) »

Adjectif passif (ou *participe passé*) employé avec un mot du verbe *avoir* : (Ils ont) eu (*).

(*) *Nota.* Cet adjectif passif (ou *participe passé*) eu s'écrit au féminin singulier eue, au masculin pluriel eus, au féminin pluriel eues.

(1) On peut placer un *substantif* après tout mot du verbe avoir.

www.ingramcontent.com/pod-product-compliance
Lightning Source LLC
Chambersburg PA
CBHW070736270326
41927CB00010B/2012